구속사적설교 52

구약에 나타난 예수 그리스도

김홍규 지음

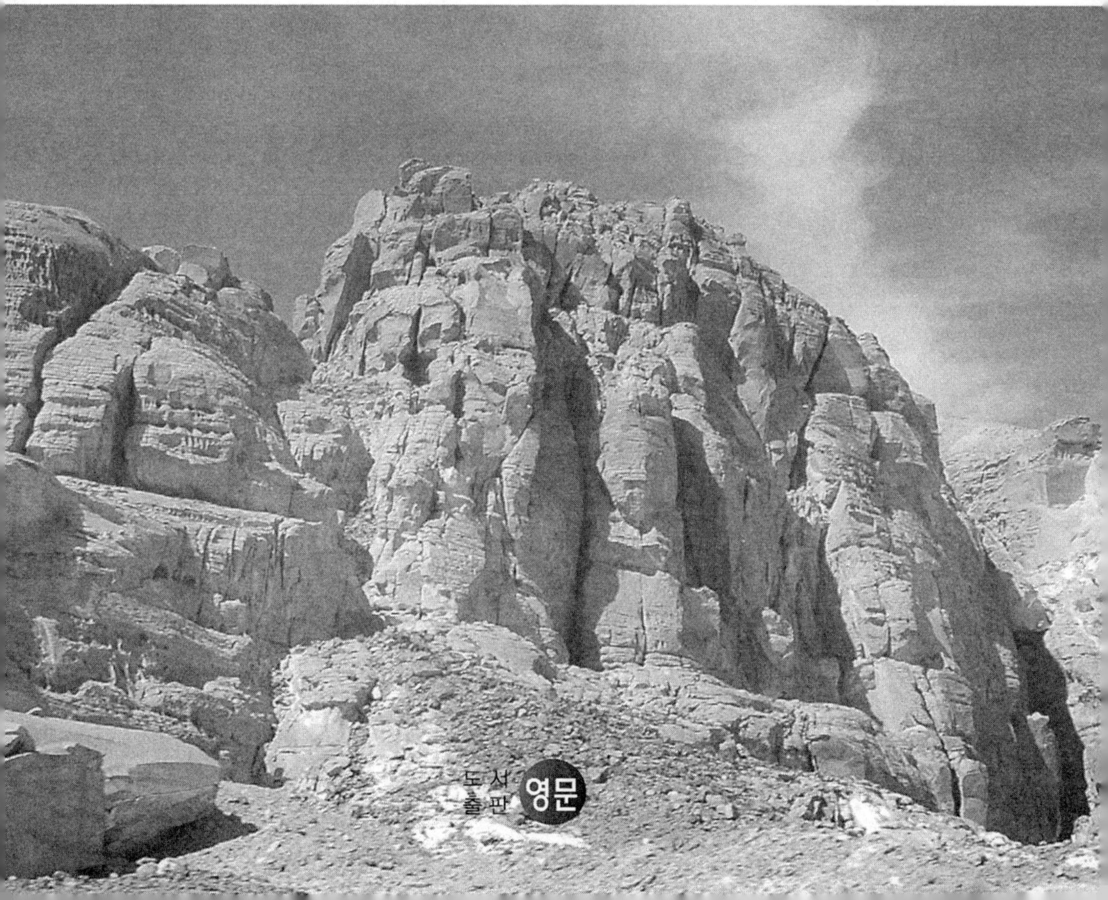

도서출판 영문

52 Portraits of Jesus Christ in the Old Testament

by

Hong Kyu Kim (Ph.D)

2013
Young Moon Publishing Co.,
Seoul, Korea

머·리·글

구약성경에서 그리스도를 만나다

하나님의 사랑과 진리의 보고(寶庫)인 성경을 가르치고 설교하는 것이 얼마나 큰 은혜인가? 그리고 성경에 관한 또 한 권의 책을 썼다는 것이 얼마나 감사하고 고마운 일인가? 하나님의 은혜로 말미암아 새로운 또 한 권의 책이 탄생되었다.

구약 과목을 강의하면서 "다음에 꼭 이런 책을 만들어야지"하고 스스로 다짐했던 책이 있었다. 모세오경부터 선지서까지 이론적인 신학을 다 공부했어도 구약에 나타난 그리스도의 구원 메시지를 설교하지 못한다면 그 동안의 공부가 별 의미가 없어진다. 그래서 구약성경에 나타나 있는 그리스도와 구원의 메시지를 모아놓은 책이 필요하다고 생각했다. 마음으로 계획하던 바로 그 책을 이번에 출간하게 되었다. 먼저 구약의 모세오경과 역사서에 나타난 그리스도의 모형에 대한 구속사적인 52편의 설교를 출판하고, 다음 기회에 시가서와 선지서에 나타난 그리스도의 예표적 설교를 출판하려고 한다. 52편으로 묶은 것은 성도들의 일 년 동안 구역모임이나 소그룹 모임을 위해서이다. 매주 한 과를 읽기만 하여도 예수 그리스도의 구원에 대한 확실한 신앙을 소유할 수 있기 때문이다.

필자보다 앞선 설교가 몇 분이 이와 유사한 책을 이미 발간하였다. 1998년 번역서로서 독일 튀빙겐대학에서 신학을 공부한 '빌헬름 부쉬' (P. Wilhelm Busch) 목사가 1950년에 쓴 '구약에 나타난 그리스도'란 설교집이 있고, 미국 웨스트민스터 신학교에서 공부한 '밥 비슬리'(Bob Beasley)장로의 '구약성경에 나타난 101가지 예수님의 형상'이란 책이 2008년에 한국 독자들에게 소개되었다. 국내 저자로는 서달석 목사가 2006년에 '생명의 서신' 출판사에서 구약성경의 모세오경을 책별로 묶어서 그의 설교를 그리스도의 구속사로 해석하려고 시도하였다. 성경의 모든 내용을 그리스도의 구원과 관련시켜 설교할 수는 있지만, 모든 내용이 그리스도의 모형이나 예표는 아니다. 그의 저서들은 구약의 메시야 예언이 다소 확대 해석된 경향이 있으나, 예수 그리스도와 관련시켜 해석하려고 최선을 다하였다. 그 외에도 국내 신학자나 목회자들 중에 구속사적인 설교집을 남긴 자들이 혹 있을 것이다. 이런 점에서 볼 때, 필자는 사실 비슷한 종류의 책을 한 권 더 추가한 셈이다. 그러나 그들의 책과 다소 차별화를 시도했다면, 섬기는 교회의 강단에서 선포된 말씀으로 좀 더 완성도 있는 설교를 만들려고 애썼다는 것이다. 모든 설교가들이 언제나 관심을 가지고 있는 구약의 구속사적인 설교에 대한 실제적인 샘플을 제공했다는 점에서 이번 출판의 의미가 있다.

구약에서 말하는 구원도 역시 예수 그리스도를 만남으로 가능하다. 구약과 신약성경은 하나로 연결되어 있고, 구약의 약속 또한 그리스도를 믿고 죄 사함을 받아야 구원을 받는다는 것이다. 검은 종이 위에 돋보기로 초점을 맞추면 잠시 후에 흰 연기가 나면서 종이가 타고 구멍이 뚫린다. 그와 같이 성령님의 감동으로 기록된 구약과 신약의 66권 성경의 초점은 한결같이 예수 그리스도이다. 구약 성경은 장차 오실 그리스도를 향하고 있고, 신약 성경은 이미 오신 그리스도와 재림하실 그리스도를 증거하고 있다. 신약의 그리스도는 온전한 구원의 실체이고, 구약의 그리스도는 십자가 지실 그리스도에 대한 그림자이며 모형이다. 그러나 구약시대에도 이미 예수 그리스도는 성자 하나님으로 존재하고 계셨다. 그러므로 구약시대의 사람들도 장차 십자가를 지시고 구원을 성취하실 예수 그리스도를 믿음으로 구원을 받았던 것이다.

선지자들의 메시야 사상에는 그리스도의 구원의 그림자와 십자가와 부활의 메시지가 많이 함축되어 있다. 설교가들은 구약을 읽으면서 예수 그리스도의 구원의 도리를 찾아 회중들에게 쉽게 이해시켜야 한다. 구약 속에도 그리스도의 대속의 사상이 잘 나타나 있다. 바로 그 예수 그리스도를 정확하게 만나야 은혜와 구원의 역사가 이루어진다.

우리 교회당 뒤에 작은 동산과 텃밭이 있다. 가뭄이 심할 때에는 아무리 수도 호스를 연결하여 물을 뿌려도 저녁이면 마르고 다음 날 아침이면 또 다시 물을 뿌려야 했다. 그러나 장마가 와서 며칠 동안 비가 흡족히 내린 후에는 거의 한 달 동안 정원과 밭에 물을 뿌릴 필요가 없었다. 사람의 힘으로 하는 일은 언제나 한계가 있고 부족하다. 그러나 하나님이 하시면 언제나 풍족하고 충분하다. 구약에 나타난 구원의 메시지는 무궁무진하다. 필자가 찾아낸 구속사적인 메시지는 한계가 있다. 그러나 이 책의 독자가 성령의 충만한 은혜를 입고 더 깊이 성경을 읽고 연구한다면 훨씬 더 풍족한 구원의 진리를 발견하게 될 것이다. 구약성경에서 예수님을 만나는 놀라운 기쁨이 있기를 바란다.

2013년 2월 28일
주님의 종 김홍규

Contents

머리글 3

구약에 나타난 예수 그리스도

1. 구약의 그리스도와 신약의 그리스도　　11
2. 모세오경에 나타난 그리스도　　16
3. 역사서에 나타난 그리스도　　19
4. 시가서에 나타난 그리스도　　21
5. 선지서에 나타난 그리스도　　22

구속사적 설교 52

01 창조주이신 그리스도 / 창 1:1-5　　27
02 생명나무이신 그리스도 / 창 2:8-9　　34
03 여자의 후손인 그리스도 / 창 3:15　　41
04 죄를 가려주신 그리스도 / 창 3:17-21　　46
05 아벨의 제사와 그리스도 / 창 4:1-8　　54
06 방주와 예수님의 십자가 / 창 7:1-12　　59
07 제사장 멜기세덱과 그리스도 / 창 14:17-20　　64
08 할례와 그리스도의 보혈 / 창 17:9-14　　69
09 모리아의 번제와 골고다의 그리스도 / 창 22:9-11　　74
10 야곱의 하늘 사다리와 십자가 / 창 28:12-15　　79
11 야곱의 신부와 그리스도의 신부 / 창 29:18-20　　84
12 야곱의 기도와 그리스도 / 창 32:24-32　　88

구속사적 설교 52

13 요셉과 그리스도의 고난 / 창 39:19-23	96
14 범죄자 취급을 받으신 그리스도 / 창 40:1-3	101
15 아기로 죽음에 처해진 그리스도 / 출 1:15-22	108
16 사탄을 정복하신 그리스도 / 출 11:4-6	114
17 홍해와 그리스도의 구원 / 출 14:27-29	120
18 생수와 그리스도 / 출 15:22-26	125
19 아말렉 전투와 그리스도 / 출 17:8-16	130
20 하늘의 장막이신 그리스도 / 출 25:8-9	135
21 아사셀 염소와 그리스도 / 레 16:20-22	140
22 금등대와 그리스도 / 레 24:1-4	146
23 죽은 자와 산 자의 경계에 선 대제사장 / 민 16:46-48	152
24 암송아지의 재와 정결 / 민 19:1-9	158
25 막대기로 친 반석과 그리스도 / 민 20:9-13	163
26 놋뱀이 달린 장대와 십자가 / 민 21:4-9	169
27 유월절 양과 그리스도 / 신 16:1-8	176
28 도피성과 그리스도의 구원 / 신 19:3-5	182
29 붉은 줄과 그리스도 / 수 2:18-21	188
30 길갈의 기념석 / 수 4:1-7	193
31 삼손의 죽음과 그리스도 / 삿 16:28-31	198
32 보아스와 사랑의 주님 / 룻 4:13-17	206

구속사적 설교 52

33	미스바의 어린 양과 그리스도 / 삼상 7:7-9	212
34	다윗 왕과 그리스도 / 삼상 16:12-13	217
35	최고의 친구이신 그리스도 / 삼상 20:16-17	225
36	다윗과 낮아지신 그리스도 / 삼상 21:11-22:2	229
37	광야로 내몰리신 그리스도 / 삼상 23:25-29	234
38	신랑 되신 그리스도 / 삼상 25:39-42	240
39	전리품을 획득한 그리스도 / 삼상 30:18-20	245
40	다윗과 므비보셋 / 삼하 9:6-8	251
41	배신당한 그리스도 / 삼하 15:10-12	258
42	시체 위에 엎드린 엘리야 / 왕상17:17-22	264
43	그리스도는 치료의 강물 / 왕하 5:10-14	270
44	그리스도는 기적의 나무 / 왕하 6:1-7	277
45	죽은 자를 살리시는 그리스도 / 왕하 13:20-21	284
46	법궤 이동과 그리스도 / 대상 13:5-14	289
47	오르난의 번제와 그리스도 / 대상 21:22-24	296
48	해방자 고레스와 그리스도 / 스 1:1-4	302
49	총독 스룹바벨과 그리스도 / 스 3:8	307
50	총독 느헤미야와 그리스도 / 느 1:3-7	312
51	에스더의 헌신과 그리스도의 십자가 / 에 4:16	318
52	부림절과 그리스도의 승리 / 에 9:24-28	322

52 Portraits of Jesus Christ in the Old Testament

제1부
구약에 나타난 예수 그리스도

구약의 그리스도와 신약의 그리스도

1.1 그리스도는 구약과 신약의 연결 고리

성경은 구약과 신약으로 나누어 편집되어 있다. 그러나 인류의 구원주이신 예수 그리스도의 구원의 역사는 하나로 연결되어 있다. 창조의 시작부터 성자 예수님이 계셨고 타락한 인간에게 구원의 길을 제시하셨으며, 마침내 신약의 그리스도로 임재하셔서 십자가에 죽기까지 하심으로 인간의 죄를 사하여 주셨다. 그리고 그 인간을 거듭나게 하시고 거룩하게 하셔서 완전한 구원의 영토인 영원한 천국으로 인도하실 것이다. 그래서 임택진 목사는 "성경은 '태초에 하나님이 천지를 창조하셨다'는 말씀에서 시작하여 '하나님이 세상을 이처럼 사랑하사 독생자를 주셨으니 이는 그를 믿는 자마다 멸망하지 않고 영생을 얻게 하려 하심이다'(요3:16)는 말씀에서 최고봉을 이루고, '아멘 주 예수여 오시옵소서'(계22:20)라는 기도로 끝을 맺고 있다고 했다.[1]

---

1) 임택진, 「알기 쉬운 모세오경」, 서울: 기독교문사, 1990, 17.

구약은 하나님의 위대한 구속 행위를 요구한다. 희생 제물의 대속의 죽음과 제사 행위를 통하여 죄를 사함받도록 하셨다. 이 행위들은 하나님이 자신의 아들을 보내셨을 때 신약에서 그 절정에 다다른다. 구속사는 옛 언약으로부터 새 언약으로 흘러가는 위대한 강이다. 구원역사의 큰 강줄기가 이 두 언약을 함께 연결시키고 있다. 물론 구속사는 진전이 있다. 그럼에도 불구하고 구약시대의 구속사와 신약시대의 구속사는 하나로 흐르고 있다. 옛 언약도 새 언약도 하나님의 은혜의 언약이다.[2] 구약의 약속들이 신약에서 성취되고 있고, 구약의 그리스도 모형들이 신약에서 구체화되고 있다. 성경 내의 주제들 사이의 연속성은 오직 구속사 가운데 드러난 언약에 대한 하나님의 신실하심 때문이다. 구약과 신약의 구속역사는 하나님이 친히 인도하고 계신다.

예수 그리스도는 구약과 신약의 연결고리 역할을 하신다. 일반적으로 예수님을 신약의 인물로 생각한다. 그러나 실제적으로 예수님은 구약 세계에 속하여 계셨던 분이다. 브리젠(T.C. Vriezen)은 "외경과 쿰란 문헌의 저자들이나 세례 요한처럼 예수님은 구약 세계에 속해 있다"고 했다.[3]

예수님은 팔 일만에 옛 언약의 징표인 할례를 받으셨고(눅2:21), 40일이 지나 요셉과 마리아는 예수님을 하나님께 드리려고 성전으로 데리고 갔다(눅2:23). 예수님은 구약성경을 공부하였고 율법학자들과 토론도 하셨다. 시편을 노래했고 성전에서 기도하셨다. 그리고 유월절을 지키셨다. 세례 요한처럼 예수님도 구약에 속하셨으며, 동시에 그는 신

---

2) Sidney Greidanus, 「구약의 그리스도, 어떻게 설교할 것인가」, 김진섭. 류호영. 류호준 역, 서울: 도서출판 이레, 2002, 92.
3) T.C.Vriezen, 「An Outline of Old Testament Theology」, Rev. ed. Trans. S.Neuijen, Oxford: Basil Blackwell, 1970, 123.

약에 가득 찬 사건들을 직접 행하신 분이다. 이런 점에서 예수님은 구약과 신약을 연결하고 계신다.

하나님의 계시는 신약에서 절정에 도달했다. 그 절정이 또 하나의 새로운 가르침이나 율법이 아니라, 십자가에 달리시고 부활하신 예수 그리스도이시다. 구약과 신약은 율법과 복음의 관계로 연결된 것이 아니라, 구원의 약속과 성취의 관계로 연결되어 있다.

> "옛적에 선지자들을 통하여 여러 부분과 여러 모양으로 우리 조상들에게 말씀하신 하나님이 이 모든 날 마지막에는 아들을 통하여 우리에게 말씀하셨으니 이 아들을 만유의 상속자로 세우시고 또 그로 말미암아 모든 세계를 지으셨느니라. 이는 하나님의 영광의 광채시오 그 본체의 형상이시라 그의 능력의 말씀으로 만물을 붙드시며 죄를 정결하게 하는 일을 하시고 높은 곳에 계신 지극히 크신 이의 우편에 앉으셨느니라"(히1:1-3).

사도 바울도 하나님 계시의 연속성에 대하여 말하면서 구약의 선지자들을 통하여 계시된 말씀이 신약의 그리스도의 등장을 통하여 신비롭게 나타났다고 했다.

> "나의 복음과 예수 그리스도를 전파함은 영세 전부터 감추어졌다가 이제는 나타내신 바 되었으며 영원하신 하나님의 명을 따라 선지자들의 글로 말미암아 모든 민족이 믿어 순종하게 하시려고 알게 하신 바 그 신비의 계시를 따라 된 것이니 이 복음으로 너희를 능히 견고하게 하실"(롬16:25,26).

이 신비는 죄 없으신 하나님이 인간의 몸을 입고 오신 예수 그리스도를 말한다. 그 예수님이 대속의 죽음을 죽으시고 삼 일만에 부활하시고 승천하셨다. 성육신하신 그리스도는 신약에 계시된 신비이며 동시에 구약과 신약을 잇는 연결 고리이다.

구약과 신약은 분리된 두 개의 책이 아니고 예수 그리스도를 말하려고 하는 하나의 책이다. 그러므로 구약은 구약 자체의 문맥에 비추어서 해석하는 것은 물론이고, 반드시 신약의 문맥에 비추어서 해석되어야 한다.[4] 구약을 신약의 관점에서 해석하게 되면 하나님의 구속역사가 희미한 데서 분명한 실체로 드러나게 된다.

"오늘까지 모세의 글을 읽을 때에 수건이 그 마음을 덮었도다. 그러나 언제든지 주께로 돌아가면 그 수건이 벗겨지리라. 주는 영이시니 주의 영이 계신 곳에는 자유가 있느니라. 우리가 다 수건을 벗은 얼굴로 거울을 보는 것 같이 주의 영광을 보매 그와 같은 형상으로 변화하여 영광에서 영광에 이르니 곧 주의 영으로 말미암음이니라"(고후3:15-18).

1.2 구약과 신약에 나타난 그리스도

성경 본문은 대부분 세 가닥으로 엮여져 있다. 문학적이고 역사적인 내용과 더불어 하나님이 의도하는 영적 의미인 그리스도 중심의 구속사적인 의미가 있다. 그리스도 중심의 해석을 할 때에는 구약의 내용이 신약 성경에 인용되거나 증거가 나타나 있어야 한다. 그리고 그리스도

---

4) Sidney Greidanus, op. cit. 96.

의 모형으로 밝혀져 있어야 한다. 아니면 구약의 약속이 신약에 성취되어야 한다. 점진적인 구속사는 그리스도의 십자가와 부활에서 그 정점을 이룬다.

구약에 나타난 그리스도는 구약 제사의 희생 제물로 상징화 되기도 하고, '생명나무'나 '붉은 줄'이나 '지혜'와 같은 사물이나 단어로 그 모형을 나타내기도 한다. 그러나 신약에 나타난 그리스도는 이스라엘 백성들에게 예언된 메시야가 실제 역사 속에 임재하셨다. 구약에서 그리스도의 그림자로 나타났던 번제의 제물이 인간의 모습을 입고 오신 하나님의 아들 예수 그리스도로 임하셔서 십자가에서 대속의 제물이 되셨다. 제물의 피나 붉은 줄로 상징화되었던 것이 예수님의 십자가의 보혈로 나타났다. 구약의 이스라엘의 왕이며 제사장이며 선지자로 중보적 입장에서 등장한 모세나 아론이나 다윗이나 여러 선지자의 역할이 신약에서는 실제 만왕의 왕이시고 대제사장이며 중보자이신 예수 그리스도로 나타났다.

신약에 나타난 그리스도는 저주와 형벌의 상징인 십자가에서의 대속의 죽음과 부활을 통하여 인간을 구원하셨다. 구약과 신약의 그리스도는 서로 다른 분이 아니라 한 분이시다. 영원 전부터 세상의 만물을 창조하시고 타락한 인간을 구원하시기 위하여 끝없이 사랑하시는 분이시다.

구약시대의 선택된 백성도 희생 양이 되신 예수 그리스도를 믿어야 구원을 받고, 신약시대의 성도들도 십자가에서 대속하신 예수 그리스도를 믿음으로 죄 사함을 받고 영생에 들어간다. 그리스도를 통한 인류의 구원은 구약시대와 신약시대를 다 통괄하여 나타나고 있다. 구약성경을 통하여 신약에 나타난 그리스도를 만나야 하고, 신약성경을 통하여 구약에 나타난 그리스도를 이해해야 한다.

모세오경에 나타난 그리스도

　모세오경은 천지창조와 인간의 타락과 홍수심판, 그리고 아브라함을 선택하셔서 이스라엘 민족을 태동하게 하셨다. 그 민족이 애굽의 우상문화에 세속화 되어 노예로 전락하였을 때, 하나님은 지도자 모세를 세우시고 애굽을 탈출하게 하여 새로운 땅 가나안을 향하여 가게 하신 구원의 역사이다.

　천지를 창조하실 때부터 구원주 그리스도는 계셨다. 하나님이 천지를 말씀으로 창조하셨는데 그 말씀이 곧 하나님이셨다. 사도 요한은 '그 말씀'이 그리스도라고 말하고 있다.

> "태초에 말씀이 계시니라. 이 말씀이 하나님과 함께 계셨으니 이 말씀이 곧 하나님이시니라. 그가 태초에 하나님과 함께 계셨고 만물이 그로 말미암아 지은 바 되었으니 지은 것이 하나도 그가 없이는 된 것이 없느니라"(요1:1-3).

　요한은 예수 그리스도가 신약시대에만 속한 분이 아니라 창조주였다는 것을 강조하고 있다. 그 예수님이 타락하여 저주와 형벌을 받을 수 밖에 없는 인간에게 참 빛으로 오셨다. 말씀으로 창조하셨던 그 분이 육신을 입고 인간을 구원하기 위하여 이 세상에 오셔서 십자가의 대속의 죽음을 죽으시고 부활하셨다고 말하고 있다.

"말씀이 육신이 되어 우리 가운데 거하시매 우리가 그의 영광을 보니 아버지의 독생자의 영광이요 은혜와 진리가 충만하더라"(요 1:14).

아담 부부의 타락으로 말미암아 온 인류는 죄를 대속하실 그리스도가 절실하게 요구되었다. 모세오경은 인생을 죄악에서 구속하실 메시야를 보내겠다는 약속으로 가득 차 있다. 그 분은 동정녀에게서 잉태하실 여자의 후손으로 오실 것이라고 예언하고 있다(창3:15). 믿음의 조상 아브라함의 후손(창12:3)과 이삭의 후손(창26:2-6)과 야곱의 후손(창28:14)과 유다의 후손(창49:10)으로 오실 것을 예언하고 있다.

"규가 유다를 떠나지 아니하며 통치자의 지팡이가 그 발 사이에서 떠나지 아니하기를 실로가 오시기까지 이르리니 그에게 모든 백성이 복종하리로다"(창49:10).

여기서 말하는 히브리어 '실로'(שִׁילוֹ)는 지명인 실로(שִׁילֹה)를 말하는 것이 아니라 "그에게 속한 자"란 의미를 가진 메시야를 일컫는 말이다. 유다의 승리와 통치로부터 시작하여 모든 민족들이 기다리는 큰 권능으로 오실 통치자를 의미한다.

그리스도의 그림자로 등장하는 사건들이 있다. 예수님의 승천의 그림자로 에녹의 승천 기사가 나오고(창5:22), 그리스도의 교회를 상징하는 노아의 방주가 나오고(창6:18,19), 그리스도의 제사장의 직분을 상징하는 멜기세덱의 직분이 나온다(창14:8). 그리고 예수 그리스도는 하나님의 독생자이신 것을 상징하는 모리아 산에서의 독자 이삭을 번제로 드리는 사건(창22:12)과 그리스도의 영광을 상징하는 요셉의 영광(창41:40)이 나온다. 특히 창3:15에 인간과 사탄과의 오랜 영적 투쟁 후에 마지막에는 여자의 후손에서 태어난 예수 그리스도가 사탄에 대하여 치명적인 타격을 주게 될 것이라는 구원의 약속이 나와 있다.

출애굽기와 민수기와 신명기의 애굽 탈출과 광야생활에는 그리스도의 구원의 상징성이 많이 나타나 있다. 하나님의 소명을 받은 모세는 중보자이신 예수 그리스도를 상징하고 있으며, 하나님의 백성을 박해하는 애굽의 '바로'는 사탄의 세력을 상징화하고 있다. 유월절 양의 피는 그리스도의 대속의 피를 상징하고, 반석을 쳐서 나오는 생수는 그리스도의 생명수를 상징한다.

출애굽기의 성막 구조와 성물들이 그리스도의 구원과 대속을 상징하고 있으며, 레위기에 나오는 번제와 속죄제를 비롯한 제사 의식들 역시, 그리스도의 희생을 통한 구원을 암시하고 있다. 모세오경에는 그리스도의 상징과 대속적 죽음의 사건으로 가득 차 있다.

역사서에 나타난 그리스도

　인간은 하나님을 떠나 타락하였고, 하나님은 그 인간을 때로 심판하셨지만 선택하신 자기 백성은 끝까지 사랑하셨다. 역사서는 광야에서 방황하던 이스라엘 백성이 가나안을 정복하는 것으로부터 시작하여 사사시대를 거쳐 왕정시대로 나아간다. 다윗 왕의 신앙심과 순종이 하나님의 마음에 드셨고 다윗의 후손을 축복하셨다. 그러나 왕들의 나라가 우상숭배와 이방 문화의 세속화로 이스라엘이 분열되었고 급기야는 앗수르와 바벨론에 멸망하게 되었다. 그리고 고통으로 인하여 부르짖는 이스라엘 백성들에게 은혜와 긍휼을 베푸시고 포로에서 귀향하게 하셨다.

　이스라엘의 역사가 진행됨에 따라 우상숭배와 교만과 타락의 정도는 깊어 갔고 인간의 왕에게는 소망이 없었다. 결국 이스라엘이 이방 나라에 망하면서 왕도 주권도 없어지고 말았다. 성전 중심의 제사와 절기나 안식일도 없어졌다. 이스라엘 백성들은 삶의 의미와 즐거움을 상실하였다. 오직 하나님이 보내실 구원자 메시야를 간절히 사모하게 되었다.

그 메시야는 오실 예수님이었다. 결국 인류를 향한 하나님의 구원 역사가 예수 그리스도에게 귀착되었다.

역사서에 나타난 그리스도는 주로 말씀대로 순종한 사사들이나 왕들을 통하여 중보자나 통치자이신 예수님의 모습이 잘 나타나 있다. 룻기에는 보아스와 룻의 관계가 그리스도와 교회의 관계로 상징화되어 있다. '사무엘상하' 나 '열왕기상하' 에는 다윗을 위시한 왕들의 역사가 나온다. 믿음의 사람 다윗이 그리스도의 표상으로 나타나는 때가 많다. 다윗과 요나단의 관계에서 우리는 최고의 친구이신 그리스도를 만난다. 다윗과 불쌍한 아비가일이 부부가 된 것을 통하여 신랑 되신 그리스도를 엿볼 수 있다. 다윗과 아들 압살롬의 관계를 통하여 장차 배신당할 그리스도에 대한 고통을 알 수 있다. 그리고 선지자들의 기적들을 통하여 예수 그리스도의 생명 구원의 기적들이 상징화 되어 있다.

에스라, 느헤미야, 에스더서에서 나타난 그리스도는 해방자이며 통치자이신 그리스도가 상징화 되어 있다. 에스더서의 부림절은 "죽으면 죽으리라"하고 헌신한 에스더로 인하여 죽게 되어 있었던 유대인들이 다시 살게 되는 놀라운 역사가 기록되어 있다. 예수 그리스도의 십자가의 고난이 지옥에 떨어질 자를 천국으로 올리는 역전의 은총을 가져온 것으로 영적으로 풀이할 수 있다.

역사서에는 왕들과 선지자의 기사들이 구속사적인 의미를 가지는 경우가 많다. 역사서에 나타난 그리스도는 자기 백성의 영혼을 구원하시고 해방시키시는 분으로 나타나기도 하고, 심판주와 통치자로 나타나기도 한다.

4 시가서에 나타난 그리스도

　시가서는 대부분 욥과 다윗과 솔로몬의 작품으로 이루어져 있다. 150편의 시로 구성된 방대한 시편은 다윗의 저작이 거의 반이 되고, 잠언과 전도서와 아가서는 솔로몬의 작품이다. 시의 주제나 사건에 따라서 장차 오실 그리스도의 모형이 상징화 되어 있다. 특히 시편에는 메시야 예언이 많이 나와 있다. 그리스도의 십자가 고난과 부활에 대한 내용과 자기 백성들에 의한 배반, 사랑, 보호와 통치에 대한 상징들이 많다.

　그리고 솔로몬의 저작인 잠언에는 '지혜'가 그리스도의 상징으로 사용되고 있고, 전도서에서는 허무한 인생의 문제를 극복하는 '하나님을 아는 지식'이 그리스도의 상징으로 사용되고 있다. 아가서는 솔로몬 왕과 술람미 여인의 사랑을 담고 있다. 연애하고 결혼하는 과정에서 그리스도의 사랑을 상징화 하고 있다. 욥기에는 고난의 문제가 집중적으로 다루어지고 있다. 욥의 고난을 통하여 그리스도의 고난이 상징화 되어 있다.

5 선지서에 나타난 그리스도

선지서는 이사야서부터 말라기까지 나온다. 많은 선지자들이 등장하여 예언하고 있지만 그들이 활동한 시기는 이스라엘의 패망 전과 포로기와 포로 후기로 나누어 진다. 북 이스라엘이 우상숭배와 도덕적 타락으로 부패하여 멸망하기(B.C.722) 전에 예언한 자들로서 북쪽 선지자는 아모스(B.C.750년경)와 호세아(B.C.745년경)이고, 남쪽 선지자는 이사야(B.C.742-700)와 미가(B.C.722-701)이다. 그리고 남쪽 유다가 멸망하기(B.C.586) 전에 예언한 자들은 스바냐, 예레미야, 나훔, 하박국이다. 바벨론 포로기 예언자는 에스겔과 다니엘이고, 포로 후기의 예언자는 요엘, 학개, 스가랴, 말라기이다.

선지서의 역사는 거의 이스라엘 멸망 전후의 역사이다. 그러므로 선지자들은 이스라엘의 우상숭배와 도덕적 타락을 회개하라고 부르짖었고, 하나님의 진노와 심판에 대하여 경고하였다. 그리고 소망 없는 시대가 와도 그들이 좌절하지 않도록 새 시대를 열게 될 메시야의 오심에 대한 예언을 거의 빠뜨리지 않고 있다. 그래서 선지서에는 장차 오실 메시야이신 그리스도에 대한 상징적인 예언들이 많이 나타나 있다.

특히 이사야서에는 오실 그리스도가 많이 예언되어 있다. 그리스도가 처녀의 몸에서 탄생하실 것과(사7:14, 마1:24,25) 하나님의 아들이며 평화의 왕으로 오실 것을 예언하고 있다(사9:6). 그 메시야는 이새의 줄기인 다윗 왕의 후손 가운데 오실 것과(사11:1) 십자가의 모진 고난을 당하시면서 죄를 대속해 주실 희생 양으로 오실 것을 예언하고 있다(사52:13-53:12).

에스겔과 다니엘은 바벨론 나라에 포로로 잡혀간 사람들이다. 장차 오실 메시야는 온 세상을 살리는 생명수가 되실 것이고(겔47:1-12), 온 세상의 권세를 통치하고 다스리실 구원주가 되실 것을 예언하고 있다(단2:44,45).

말라기 선지자는 메시야가 오시면 그는 '공의로운 해'가 되어 온 인류의 영혼을 치료하는 빛이 되실 것이라고 예언하였다. 그리고 은총을 입지 못한 악인들은 심판하시되 발바닥 밑의 재처럼 밟을 것이라고 예언하였다(말4:2,3).

선지자들이 한결같이 예언한 메시야는 장차 이스라엘에 오실 예수 그리스도이시다. 예언한 그 시대 상황이 암울하고 소망이 거의 없었기 때문에 백성들은 더 더욱 메시야가 오시기를 간절히 사모하였다. 말라기 선지자 이후 약 400여 년간 하나님의 계시가 단절되었다가 마지막 선지자인 세례요한이 요단강에서 "보라 세상의 죄를 지고 가는 어린 양이시다"고 외치면서 예수님을 소개하면서 메시야의 예언은 성취가 된다.

52 Portraits of Jesus Christ in the Old Testament

제 2 부
구속사적 설교 52

창조주이신 그리스도

창 1:1-5

1태초에 하나님이 천지를 창조하시니라 2땅이 혼돈하고 공허하며 흑암이 깊음 위에 있고 하나님의 영은 수면 위에 운행하시니라 3하나님이 이르시되 빛이 있으라 하시니 빛이 있었고 4빛이 하나님이 보시기에 좋았더라 하나님이 빛과 어둠을 나누사 5하나님이 빛을 낮이라 부르시고 어둠을 밤이라 부르시니라 저녁이 되고 아침이 되니 이는 첫째 날이니라

예수 그리스도는 창조주

천지만물의 신비로움과 아름다움을 통하여 위대하신 하나님의 솜씨를 느낀다. 구약성경의 첫 구절에서 창세기의 저자는 모든 만물의 주인은 하나님이라고 분명하게 명시하고 있다.

"태초에 하나님이 천지를 창조하시니라"(창1:1).

빛을 창조하기 전에, 원시의 지구는 혼돈하고 공허하며 흑암이 깊은 물 표면에 깔려있었다. '혼돈하고 공허했다'는 것은 질서 없이 뒤범벅이 된 혼란한 상태를 의미하는 것이 아니라, 인간이 거주하기에 아직 준비가 안 된 상태를 의미하는 것이다. 원시 지구는 물로 덮혀있었고 어둠이 깔려있었다. 그러나 하나님의 영이 통치하고 계셨다.

"땅이 혼돈하고 공허하며 흑암이 깊음 위에 있고, 하나님의 영은 수면 위에 운행하시니라"(2절).

지구는 천지창조 육일째가 되어서야 인간이 거주할 수 있는 준비가 완료되었다. 인간 아담과 하와는 모든 것이 완벽하게 창조된 후에 최상의 조건에서 창조되었다.

육일 동안 천지를 창조하신 하나님은 삼위일체의 하나님이시다. 성자 예수님 또한 창조주이심을 사도 요한은 밝히고 있다. 요한복음 1장 전반부(1:1-14)는 마치 성자 예수님의 관점에서 기록한 천지창조인 것처럼 보인다.

"태초에 말씀이 계시니라. 이 말씀이 하나님과 함께 계셨으니 이 말씀은 곧 하나님이시니라. 그가 태초에 하나님과 함께 계셨고 만물이 그로 말미암아 지은 바 되었으니, 지은 것이 하나도 그가 없이는 된 것이 없느니라"(요1:1-3).

진리의 말씀이신 예수 그리스도는 성부와 성령과 함께 천지를 창조하셨다. 창조된 만물이 예수님이 없이는 된 것이 없었다고 요한은 기록하고 있다. 창조물 중의 으뜸은 인간이다. 성자 예수님은 신약시대에 처음 오신 것이 아니라 이미 영원 전부터 계셨고, 인간을 창조하실 때에도 함께 하셨다.

"하나님이 이르시되 우리의 형상을 따라 우리의 모양대로 우리가 사람을 만들고 그들로 바다의 물고기와 하늘의 새와 가축과 온 땅과 땅에 기는 모든 것을 다스리게 하자"(창1:26).

히브리서 기자도 예수님은 모든 세계를 창조하신 분으로 기록하고 있다. 성부 하나님은 하나님의 아들을 만유의 상속자로 세우시고 그 예수 그리스도로 말미암아 모든 세계가 창조되었다고 말씀하셨다.

"이 모든 날 마지막에는 아들을 통하여 우리에게 말씀하셨으니 이 아들을 만유의 상속자로 세우시고 또 그로 말미암아 모든 세계를 지으셨느니라"(히1:2).

예수님은 신약시대에 속하신 분이 아니라 영원 전부터 계신 하나님이시다. 천지만물을 창조하신 하나님이시며, 그 세상의 구세주로 오신 분이다.

그리스도는 인간의 재창조주

예수님은 사람의 몸을 입고 이 세상에 오셔서 십자가에 죽으시고 부활하셨지만, 그분은 이미 태초에 천지를 창조하신 분이다. 하나님의 아들로 이 세상에 강림하신 까닭은 타락한 피조물을 다시 살리시기 위하여 사람의 몸을 입고 '재창조주'로 오신 것이다. 죄로 인하여 타락한 인간은 예수님을 영접하여 거듭나면 새로운 피조물이 되는 것이다. 따라서 예수님은 타락한 인간의 재창조주가 된 것이다.

"그런즉 누구든지 그리스도 안에 있으면 새로운 피조물이라. 이전 것은 지나갔으니 보라 새 것이 되었도다"(고후5:17).

우리가 예수님을 믿고 나면 모든 것이 새롭게 변한다. 거듭나는 성령의 은혜를 체험하게 되면 바로 그 시간에 하나님이 창조하신 모든 것은 새로워진다. 하늘도 땅도 어제와 달리 보인다. 꽃이 피어나는 신비로움을 보면서 하나님의 숨결을 느낀다. 피곤하게 부딪치는 사람들이 아니라 하나님의 형상으로 창조된 사람을 발견하게 된다. 자신도 세상에서 방황하고 좌절하는 존재가 아니라, 하나님의 거룩한 자녀이며 영생을 누리는 존귀한 존재인 것을 깨닫게 된다. 창조주이신 예수님이 우리를 거룩하게 재창조하신 것이다. 그래서 누구든지 예수님 안으로 들어오면 새로운 사람으로 거듭나게 되는 것이다. 예수님을 구주로 영접하는 순간에 지옥에 떨어질 가치 없는 죄인이, 영생을 얻은 위대하고 존귀한 존재가 된다.

"하나님이 세상을 이처럼 사랑하사 독생자를 주셨으니 이는 그를 믿는 자마다 멸망하지 않고 영생을 얻게 하려 하심이라"(요3:16).

예수님은 태초에 천지를 창조하신 전능하신 창조주이시면서, 이 세상에 사람의 몸을 입고 오셔서 죄인인 인간에게 믿음을 주시고 새 사람으로 재창조가 되게 하셨다. 우리를 새 존재로 만드시면서 예수님은 십자가의 보혈로 값진 대가를 지불하셨다. 창조는 하나님의 말씀으로 하셨지만, 인간의 재창조는 예수 그리스도의 피와 생명의 값으로 하셨다. 그러므로 누구든지 새 사람으로 재창조가 되려면, 예수님이 하나님의 아들인 것과 주님의 보혈로 대속을 이루셨다는 것을 믿어야 한다.

예수님의 재창조는 인간의 선행과 공로로 되는 것이 아니라 오직 성령과 말씀으로 된다. 하나님이 선택하셔야만 되고, 말씀을 듣고 깨달을 때 새 사람으로 거듭나게 된다. 그러므로 인간의 어떤 능력이나 실력으로 되는 것이 아니므로 오직 하나님의 은혜가 있어야 새 사람으로 재창조될 수 있는 것이다.

> "말씀이 육신이 되어 우리 가운데 거하시매 우리가 그의 영광을 보니 아버지의 독생자의 영광이요 은혜와 진리가 충만하더라"(요 1:14).

우리는 육신적으로 부모의 사랑으로 인하여 태어났다. 그리고 부모는 또 그 부모에게서 태어났다. 계속적으로 위로 올라가면 에덴동산의 아담 부부가 있을 것이고, 성부와 성자와 성령님은 최종 원인자가 될 것이다. 하나님은 스스로 존재하시는 분이시다. 그리고 영원하도록 존재하시는 분이다. 그 하나님이 세상의 모든 만물을 창조하셨고, 창조된 모든 것은 인간의 불순종으로 타락하였기 때문에 하나님의 뜻 가운데서 심판을 받게 될 것이다. 오직 죄의 형벌과 저주를 대신하신 예수 그리스도를 믿는 자만이 재창조가 되어 구원과 영생에 이르게 될 것이다.

예수 그리스도는 참 빛

하나님의 영은 어두운 수면 위를 운행하시다가 마침내 빛을 창조하셨다. 이 빛은 햇빛이 아니다. 온 우주를 밝히는 근본적인 빛이다. 우주 공간은 빛과 어둠이 나뉘게 되었다. 하나님이 빛을 낮이라 부르시고, 어둠을 밤이라 부르셨다. 저녁이 되고 어둠의 밤이 지난 후에 밝은 아침이 되니 천지창조의 첫째 날이었다(창1:5).

창조시에 어둠과 빛이 나뉨 같이 예수님의 탄생은 그의 빛으로 죄의 어두움이 사라지게 하셨다. 복음서 기자들은 예수님이 죄의 어둠을 물리치는 빛이심을 증거하였다.

> "참 빛 곧 세상에 와서 각 사람에게 비추는 빛이 있었나니 그가 세상에 계셨으며, 세상은 그로 말미암아 지은 바 되었으되 세상이 그를 알지 못하였고"(요1:9,10).
> "이방을 비추는 빛이요, 주의 백성 이스라엘의 영광이니이다"(눅 2:32).

인류의 뿌리 깊은 문제는 죄를 가까이 한다는 것이다. 그러므로 세상은 어둡고 인간의 심령도 캄캄하다. 인간은 자신들의 타락한 실체가 노출되는 것을 원하지 않으며 따라서 진리의 빛을 거부한다(롬1:18-20). 예수님은 이러한 어둠에서 우리를 인도하여 참된 빛으로 이끄시기 위하여 오셨다.

> "다시 내가 너희에게 새 계명을 쓰노니 그에게와 너희에게도 참된 것이라 이는 어둠이 지나가고 참빛이 벌써 비침이니라"(요일2:8).

빛이 창조되기 전에 이 지구가 흑암 가운데 있었던 것처럼, 참 빛이신 예수님이 계시지 않는다면 이 세상은 완전한 어두움이다. 오늘도 하나님은 이 어두운 세상 사람들을 향하여 창조 때처럼 "빛이 있으라"하고 명하신다. 그 음성을 듣고 예수님을 참 빛으로 믿는 자들은 그들도 빛의 자녀가 된다. 그리스도인들은 빛의 사람들이다. 죄와 사탄의 악을 물리칠 수 있어야 한다.

예수님은 천지를 창조하신 위대하신 하나님이다. 그리고 첫째 날 빛을 명하셨다. 예수님은 죄악의 어둠을 물러가게 하신 참 빛이다. 빛 되신 예수님을 구주로 믿는 자는 또한 빛의 자녀가 되어 세상을 밝히는 선한 일을 하게 될 것이다.

생명나무이신 그리스도

창 2:8-9

8여호와 하나님이 동방의 에덴에 동산을 창설하시고 그 지으신 사람을 거기 두시니라 9여호와 하나님이 그 땅에서 보기에 아름답고 먹기에 좋은 나무가 나게 하시니 동산 가운데에는 생명 나무와 선악을 알게 하는 나무도 있더라

에덴동산의 생명나무

하나님께서 아담 부부를 창조하실 때 그들은 영생하도록 창조되었다. 동산 중앙에 있는 생명나무의 실과를 먹고 살면 영생할 수 있었다(창3:22). 선악을 알게 하는 실과만 먹지 않으면 죽지 않았다(창2:17).

생명나무는 성경 세 곳에서 발견된다. 창세기(2:9, 3:22,24), 잠언(3:18, 11:30, 13:12, 15:4), 그리고 계시록(2:7, 22:2,14,19)이다. 잠언의 생명나무는 '지혜', '의의 열매', '장수', '양약이 되는 혀'에 대한 상징성을 가진다. 그러나 창세기와 계시록에 나오는 생명나무는 실제 나무이다. 이 나무는 예수 그리스도의 영생과 구원의 상징성을 가진다.

에덴동산의 생명나무의 실과를 따 먹으면 사람이 영생할 수 있었기 때문에, 아담 부부가 범죄하지 않았더라면 그들은 당연히 영생하였을 것이다. 아담 부부가 범죄하기 전에는 마음껏 생명나무의 실과를 먹을 수 있었지만, 하나님이 금하신 '선악을 알게 하는 실과'를 먹은 후에는 하나님께서 생명나무의 길을 막으셨다.

"이같이 하나님이 그 사람을 쫓아내시고 에덴동산 동쪽에 그룹들과 두루 도는 불 칼을 두어 생명나무의 길을 지키게 하시니라"(창3:24).

인간을 영생하도록 하는 생명나무는 더 이상 지상에 없다. 에덴동산도 어디쯤 있었는지 정확히 아는 자가 없다. 그 없어진 생명나무는 우리가 천국에 가면 다시 만나게 될 것이다. 예수님을 믿고 죄 사함을 받아 천국에 들어가는 믿음의 승자만이 생명나무의 실과를 따 먹을 수 있다.

"귀 있는 자는 성령이 교회들에게 하시는 말씀을 들을지어다 이기는 그에게는 내가 하나님의 낙원에 있는 생명나무의 열매를 주어 먹게 하리라"(계2:7).
"길 가운데로 흐르더라. 강 좌우에 생명나무가 있어 열두 가지 열매를 맺되 달마다 그 열매를 맺고 그 나무 잎사귀들은 만국을 치료하기 위하여 있더라"(계22:2).

갈보리 동산의 생명나무

우리가 예수님을 믿고 죽은 후에는 열두 가지 열매를 맺는 그 신비한 생명나무를 보게 될 것이다. 그러면 지금 현재 우리에게 주어진 생명나무는 무엇인가? 영적인 의미에서 예수 그리스도라 할 수 있다. 우리는 원죄로 말미암아 다 한 번은 죽게 될 것이다. 그러나 예수님을 구주로 믿으면 영생하기 때문에 생명나무는 예수 그리스도를 상징한다.

천국에 있는 하나님과 어린 양의 보좌로부터 맑은 생명수 강이 흐르고, 그 강 좌우에 열두 가지 열매를 맺는 생명나무가 서 있었다. 예수 그리스도의 보좌에서부터 생명수 강물이 흘러나왔고, 생명나무가 열매를 맺었다. 예수님이 계시면 생명이 약동하고, 예수님이 계시지 않으면 생명은 사라진다. "아들이 있는 자에게는 생명이 있고, 하나님의 아들이 없는 자에게는 생명이 없다"고 하셨다(요일5:12). 우리는 생명나무이신 예수 그리스도를 통하여 영생을 부여받는다.

생명나무의 실과를 먹을 수 있는 자는 죄를 회개하고 새 사람이 된 자와 하나님의 말씀에 순종하는 자이다(계22:14,19).

신학자 '아더 핑크'(Arthur W. Pink)는 지금은 존재하지 않는 생명나무의 역할을 예수님이 달리신 십자가의 갈보리 나무로 대체했다. 십자가도 나무로 만들어진 것이고, 갈보리 동산에 심어졌기 때문이다. 그 나무는 생명이 없지만 예수님이 그 십자가 위에서 대속의 피를 흘려주셨기 때문에 영적 생명을 주는 나무가 되었다. 갈보리 나무가 에덴동산에 있었던 생명나무의 역할을 하게 된 것이다. 누구든지 십자가의 믿음을 열매로 먹으면 영생을 누릴 수 있기 때문이다.

생명나무와 그리스도의 십자가

'생명나무'는 예수님의 십자가로 대체되고, '선악을 알게 하는 나무'는 인간의 죄와 교만으로 대체될 수 있다. 사실 이 두 나무는 지금 존재하지 않는 나무이지만, 영적인 의미는 그대로 살아 있다.

'아더 핑크'는 '생명나무'와 '선악을 알게 하는 나무'를 이렇게 비교하였다. 생명나무와 선악을 알게 하는 나무는 둘 다 동산 중앙에 있었다. 생명을 살리는 십자가 나무는 갈보리 동산에 세워졌다(요19:41). 그리고 예수님의 십자가는 그 죄인들의 중앙에 있었다.

십자가를 상징하는 '생명나무'는 주님이 우리 대신 저주를 담당한 나무이고, 죄와 교만을 상징하는 '선악을 알게 하는 나무'는 아담 부부가 먹고 그들과 온 자손들이 저주를 받은 나무이다.

우리에게 영생을 주는 그리스도의 십자가 나무는 사람들이 보기에 불쾌하고 싫은 나무였다. 갈보리 동산의 험한 십자가 나무의 실과는 주님과 함께 고난을 각오하지 않은 사람들은 먹기를 꺼려하였다고 말했다.

> "사람이 만일 죽을 죄를 범하므로 네가 그를 죽여 나무 위에 달거든 그 시체를 나무 위에 밤새도록 두지 말고 그 날에 장사하여 네 하나님 여호와께서 네게 기업으로 주시는 땅을 더럽히지 말라. 나무에 달린 자는 하나님께 저주를 받았음이니라"(신21:23).
> "그리스도께서 우리를 위하여 저주를 받은 바 되사 율법의 저주에서 우리를 속량하셨으니 기록된 바 나무에 달린 자마다 저주 아래에 있는 자라 하였음이라"(갈3:13).
> "멸시 천대 받은 주의 십자가에 나의 마음이 끌리도다. 귀한 어린양이 세상 죄를 지고 험한 십자가 지셨도다. 험한 십자가에 주가 흘린 피를 믿는 맘으로 바라보니 나를 용서하고 내 죄 사하시려 주가 흘리신 보혈이라"(찬송 150장 2,3절).

예수님께서 갈보리 동산을 오르실 때 구경하던 사람들이 비방하고 욕하며 침을 뱉고 채찍을 때렸다. 멸시와 천대를 받은 십자가였다. 그런데 우리 그리스도인들이 바로 그 십자가에 마음이 끌린 것이다. 깨달고 보니 예수님이 나의 죄를 짊어지고 고난을 받았음을 알았기 때문이다. 바로 그 모진 고난의 십자가의 보혈이 나의 죄를 용서해 주시고 죄를 사해 주신다는 것을 깨달았기 때문이다.

선악을 알게 하는 나무와 불순종의 죄

십자가의 생명나무와 달리, '선악을 알게 하는 나무'는 사람이 보기에 탐스러운 나무였다. 사탄은 모든 간교함을 다 동원하여 아담 부부에게 선악을 알게 하는 나무의 실과를 따 먹게 했다.

> "여자가 그 나무를 본즉 먹음직도 하고 보암직도 하고 지혜롭게 할 만큼 탐스럽기도 한 나무인지라 여자가 그 열매를 따먹고 자기와 함께 있는 남편에게도 주매 그도 먹은지라"(창3:6).

불순종의 죄와 교만함의 열매는 겉이 아름답고 윤기가 있어 한 입에 덥석 베어 먹고 싶다. 보기에도 멋져 보이고, 그것만 가지면 지혜롭게 될 것처럼 생각된다. 교회에 가서 십자가의 예수님을 바라보고 기도하고 찬송을 부르는 것은 지겹고 따분하게 보인다. 그러나 섹시한 청년들과 어울려 춤을 추고 술도 마시고 노래를 부르는 것은 생각만 해도 멋지지 않는가? 하나님의 간섭도 없고, 부모의 잔소리도 없는 곳에서 마음껏 돈을 쓰고 즐길 수 있다면 얼마나 신나고 즐겁겠는가? 세상에서 출세하고 성공하여 자기 하고 싶은 대로 살아보는 것이 무엇이 나쁜가? 이처럼 선악을 알게 하는 나무는 먹음직스럽고 보암직하고 탐스럽다. 그래서 그 유혹을 쉽게 뿌리치지 못한다. 그 열매를 먹자 아담 부부는 "눈이 밝아져 자기들이 벗은 줄을 알고 부끄러워 나무 잎을 엮어 치마를 둘렀다"(창3:7). 선악을 알게 하는 실과를 먹으니 눈이 밝아졌는데 사탄의 말대로 하나님처럼 거룩해지고 지혜로워진 것이 아니라, 수치심을 느꼈다. 죄는 나쁜 감정을 몰고 온다. 부끄럽고 불안하고 두려움이 몰려왔다. 그들은 눈이 밝아지면서 악한 세계를 보게 되었다.

물론 생명나무의 상징인 십자가의 보혈을 믿으면 그 또한 눈이 밝아진다. 그리고 영적인 것을 깨닫는다. 자신이 죄인일 것을 깨닫게 되고, 신령한 하나님의 세계가 있다는 것을 믿게 된다. 예수님을 믿고 회개한 사람의 눈에는 신령한 영의 세계가 보이는 것이다. 여러분이 먹는 나무의 실과에 따라 눈이 밝아질 때 보이는 세계가 달라지는 것이다.

아담은 선악을 알게 하는 나무의 실과를 먹고 자기의 영혼도 죽고 모든 사람들에게 육체의 죽음을 주었다. 둘째 아담이신 예수님도 십자가에서 죽었다. 그러나 그를 믿는 모든 사람들에게 영적 생명을 얻게 하셨다. 그리스도의 십자가는 하나님의 사랑과 선하심을 보여 주었다.

갈보리 나무와 천국

아담 부부는 선악을 알게 하는 나무의 실과를 훔쳐 먹고 정죄를 받았다. 반드시 죽게 되었다. 그러나 예수님이 십자가에 달렸을 때 한편 강도는 갈보리의 십자가 나무를 바라보고 회개하였다. 그리고 그는 그 날 곧바로 예수님과 함께 낙원에 들어갔다.

어떤 나무의 열매를 먹느냐에 따라 생사가 갈라진다. 생명나무의 열매를 먹으면 영생을 누리고, 선악을 알게 하는 열매를 먹으면 죽었다. 갈보리의 십자가의 열매를 먹으면 영혼이 구원을 받고, 자기 죄의 열매를 먹으면 영원히 멸망한다.

에덴에는 이미 열매 맺는 나무들이 수 없이 많았다. 구태여 선악을 알게 하는 실과를 따 먹을 필요가 없었다. 선악을 알게 하는 나무의 실과는 그들의 눈에 보기에는 탐스러워 보였지만 영혼과 육체를 죽이는 열매가 되었다. 그 열매는 지혜를 준 것이 아니라 죽음과 하나님과의 분리를 가져다 주었다.

반면에 갈보리 나무의 열매는 우리가 주 안에서 자랄 수 있도록 하나님의 말씀 안에서 참 양식이 된다. 이 진리의 열매야말로 진정한 능력과 참 지혜를 제공한다. 궁극적으로 갈보리 십자가로 인하여 우리는 죄사함을 받고 영생의 천국으로 들어가게 되는 것이다.

"자기 두루마기를 빠는 자들은 복이 있으니 이는 그들이 생명나무에 나아가며 문들을 통하여 성에 들어갈 권세를 받으려 함이로다"(계 22:14).

03 여자의 후손인 그리스도

창 3:15

15내가 너로 여자와 원수가 되게 하고 네 후손도 여자의 후손과 원수가 되게 하리니 여자의 후손은 네 머리를 상하게 할 것이요 너는 그의 발꿈치를 상하게 할 것이니라 하시고

성령으로 잉태된 그리스도

하나님께서는 에덴 동산 중앙에 생명나무와 선악을 알게 하는 나무를 주셨다. 동산의 모든 실과를 먹을 수 있으나 선악을 알게 하는 실과는 먹지 못하게 하셨다. 하와가 하나님의 말씀을 불순종하고 선악을 알게 하는 실과를 따 먹었다. 인간의 최초의 범죄로 인하여 영생을 누릴 수 있었던 인간은 하나님과 영적으로 단절되었고, 그 결과 죽음이 찾아왔다.

"선악을 알게 하는 나무의 열매는 먹지 말라. 네가 먹는 날에는 반드시 죽으리라 하시니라"(창2:17).

하나님께서는 여자인 하와를 유혹한 뱀에게 저주하였다. 살아 있는 동안 배로 기어다니며 흙을 먹도록 했다. 그리고 모든 가축과 들짐승보다 더욱 저주하였다(창3:14). 뱀은 사람들이 가장 혐오하는 동물이 되었다. 그리고 뱀을 이용한 사탄에 대하여 저주하였다.

> "내가 너로 여자와 원수가 되게 하고 네 후손도 여자의 후손과 원수가 되게 하리니 여자의 후손은 네 머리를 상하게 할 것이요 너는 그의 발꿈치를 상하게 할 것이니라"(창3:15).

히브리 원문은 "내가 너와 그 여자 사이를 적대 관계가 되게 하였고, 너의 후손과 그 여자의 후손도 적대 관계가 되게 하였다"고 되어 있다.

'너의 후손(בֵּין זַרְעֲךָ: 벤 짤아카)과 그 여자의 후손(בֵּין זַרְעָהּ: 벤 짤아흐)'은 적대관계가 된다고 하였을 때, 사탄과 그리스도의 관계를 말한다. 사탄과 하와의 사이도 원수가 되었지만, 사탄의 후손들과 여자의 후손으로 오실 그리스도도 서로 적대관계가 된다는 의미이다. '그 여자'는 누구인가? 일차는 죄를 지은 '하와'다. 하와는 자기를 유혹하여 하나님과 단절하게 만든 뱀과 사탄에 대하여 철저한 원수가 되었을 것이다. 하와는 하나님의 백성의 시조가 된다. 그래서 '그 여자'는 영적 공동체인 이스라엘 백성을 상징하며, 오늘날의 교회로 볼 수 있다. 사탄은 하나님을 믿는 자들과 철천지 원수가 되었다.

여자 '하와'를 통하여 이 세상에 죄가 들어왔다. 그리고 그 죄의 해결 역시 여자의 후손인 '그리스도'를 통하여 일어난다. 이스라엘 민족을 통하여 이 세상에 구세주로 오신 예수 그리스도가 인간의 타락과 죄도 해결하셨다. 인간의 죄는 '여자의 후손'인 예수 그리스도를 대속의 구주로 믿어야 한다. 다른 방법은 없다. 오직 예수 그리스도의 십자가의 은혜로만 죄를 용서받을 수 있다. 모든 사람은 '남자의 후손'이지만, 오직 예수 그리스도만은 성령으로 잉태되어 동정녀 마리아에게서 탄생하신 '여자의 후손'이시다. 그 예수님을 믿고 대속의 은혜를 입는 길만이 구원을 받는 유일한 길이다.

> "다윗의 자손 요셉아 네 아내 마리아 데려오기를 무서워하지 말라 그에게 잉태된 자는 성령으로 된 것이라 아들을 낳으리니 이름을 예수라 하라 이는 그가 자기 백성을 그들의 죄에서 구원할 자이심이라 하니라"(마1:20,21).

여자의 후손 즉 여자의 몸을 빌려 탄생하신 예수님은 성령의 능력으로 처녀 마리아를 통하여 오셨다. 결혼한 여자의 몸에서 잉태하셨다면 이미 혈육을 통하여 잉태된 자이다. 예수님은 혈육을 통하여 오신 평범한 인간이 아니시다. 그는 죄 없으신 하나님이시므로 인간의 혈통을 타고 나지 않으시고 처녀의 몸에서 성령으로 잉태되었다. 여자의 몸에서 잉태되었기 때문에 완전한 사람이면서, 또한 죄 없이 성령으로 잉태하셨기 때문에 완전한 하나님이시다.

사탄의 머리를 깨뜨린 그리스도

"여자의 후손이 사탄의 머리를 상하게 할 것"이란 말은 장차 오실 그리스도가 인간을 대속하기 위하여 사탄의 머리를 깨뜨리고 승리한다는 뜻이다. 사탄은 하나님의 뜻을 전하는 예수님을 십자가에 못 박아 죽이므로 모든 상황이 끝이 났다고 착각했다. 예수님이 십자가에 죽으심으로 저주와 형벌을 받아야 하는 범죄한 인간을 대속할 수 있었다. 그리고 누구든지 예수님을 구주로 믿는 자들을 구원할 수 있게 되었다.

예수님은 악의 권세를 잡은 사탄의 머리를 깨뜨리고 선택하신 자기 백성들을 건지게 되었다. 그래서 사탄은 예수님의 발꿈치를 상하게 하였고, 예수님은 사탄의 머리를 강타하게 되었다고 말씀하고 있다.

"여자의 후손은 네 머리를 상하게 할 것이요 너는 그의 발꿈치를 상하게 할 것이니라"(15절).
"여자가 아들을 낳으니 이는 장차 철장으로 만국을 다스릴 남자라 그 아이를 하나님 앞과 그 보좌 앞으로 올려가더라"(계12:5).

예수님을 구주로 믿는 자들에 대하여 사탄은 다시는 그들을 지옥으로 끌고 갈 수 없게 되었다. 예수 그리스도는 십자가에서 완전한 승리를 거두셨다. 그리스도께서 사탄의 권세를 깨뜨리고 승리하셨기 때문에, 성도들 역시 그리스도를 의지하면 사탄의 권세를 무찌를 수 있다.

"평강의 하나님께서 속히 사탄을 너희 발 아래에서 상하게 하시리라"(롬16:20).

이미 예수님께서 십자가에서 사탄의 머리를 깨뜨리셨다. 이제 우리는 그리스도가 하나님의 아들이시며 구세주이신 것을 믿으면 세상을 이기고 사탄을 이기게 된다.

"무릇 하나님께로부터 난 자마다 세상을 이기느니라. 세상을 이기는 승리는 이것이니 우리의 믿음이니라. 예수께서 하나님의 아들이심을 믿는 자가 아니면 세상을 이기는 자가 누구냐"(요일5:4,5).

최초의 여자인 '하와'는 사탄의 유혹에 빠져 하나님의 말씀에 불순종하는 죄를 범하였다. 그래서 인간은 반드시 죽을 수밖에 없었다. 육신뿐만 아니라 그 영혼까지 지옥에 떨어져 영원히 사망에 이르게 되었다. 그러나 여자의 후손이신 예수 그리스도께서 이 세상에 오셔서 인간의 모든 죄를 십자가 위에서 대속해 주심으로 사탄의 머리를 깨뜨리고 가련한 인간은 구원해 주셨다.

04 죄를 가려주신 그리스도

창 3:17-21

17아담에게 이르시되 네가 네 아내의 말을 듣고 내가 네게 먹지 말라 한 나무의 열매를 먹었은즉 땅은 너로 말미암아 저주를 받고 너는 네 평생에 수고하여야 그 소산을 먹으리라 18땅이 네게 가시덤불과 엉겅퀴를 낼 것이라 네가 먹을 것은 밭의 채소인즉 19네가 흙으로 돌아갈 때까지 얼굴에 땀을 흘려야 먹을 것을 먹으리니 네가 그것에서 취함을 입었음이라 너는 흙이니 흙으로 돌아갈 것이니라 하시니라 20아담이 그의 아내의 이름을 하와라 불렀으니 그는 모든 산 자의 어머니가 됨이더라 21여호와 하나님이 아담과 그의 아내를 위하여 가죽옷을 지어 입히시니라

죄로 인한 두려움과 수치

어릴 때 이런 동화가 있었다. 사냥꾼이 총으로 한 사슴을 쏘았는데, 그 사슴이 다급하여 나무꾼에게 찾아가서 숨겨달라고 하였다. 나무꾼은 피를 흘리며 달려온 사슴이 가여워 나뭇짐 사이에 숨겨 살려주었다.

우리의 인생은 위험을 당한 사슴처럼 어딘가에 숨을 곳이 필요하다. 바로 여러분이 안전하게 숨을 수 있는 곳이 바로 하나님의 집인 교회이며, 우리를 위하여 십자가에서 죽어주신 예수 그리스도이시다.

구약의 이스라엘에는 도피성이 있었다. 요단강을 중심으로 동편에 세 성읍, 서편에 세 성읍이 있었다(베셀, 길르앗 라못, 바산 골란, 게데스, 세겜, 헤브론). 고의가 아닌 우발적인 사고로 사람을 죽였을 때, 복수하려는 사람을 피하여 도피성에 들어가면 보호를 받을 수 있었다. 예루살렘은 중앙 성전이 있었고, 먼 지역의 백성을 위하여 도피성은 제사를 드리는 거룩한 성이었다. 거기는 레위인들이 거주하였다. 죽을 위기에 처했을 때 도피성으로 피하여 살아난 사람들이 있었다. 다윗의 아들 '아도니야'가 스스로 왕위를 취하려고 하다가 실패한 후에 도피성으로 피하여 솔로몬 왕의 용서를 받았다(왕상1:50-53).

죽게 된 자가 도피성에 들어가면서 안전하게 목숨을 부지할 수 있었던 것처럼, 우리는 예수 그리스도를 구주로 믿음으로 목숨을 건지고 지옥에서 천국으로 옮겨졌다. 영원한 저주와 형벌에서 영생을 얻게 되었다.

성경은 하나님이 죄를 지은 자의 산성이 되고, 피난처가 되고, 바위가 된다고 말씀한다. 이 모든 것은 우리를 숨겨주고 덮어주어 안전하다는 뜻이다. 아담의 후손은 누구에게나 죄와 허물이 있다. 그 죄는 저주의 형벌을 받게 하고 수치를 준다. 오직 예수 그리스도만이 우리의 죄와 허물을 가려주고 덮어주실 수 있다.

사탄의 유혹으로 하나님이 금하신 열매를 먹은 아담 부부는 씻을 수 없는 불순종의 죄를 범하게 되었다. 육체적으로 곧 죽지는 않았지만, 창조주 하나님과의 관계는 즉시 단절되었다. 에덴 동산에서 하나님과 동행하던 아담 부부는 하나님의 방문이 두려워 숨게 되었다. 그리고 자신들의 벌거벗음에 대하여 무화과나무 잎사귀로 수치를 가렸다.

"이에 그들의 눈이 밝아져 자기들이 벗은 줄을 알고 무화과나무 잎을 엮어 치마로 삼았더라"(창3:7).

"이르되 내가 동산에서 하나님의 소리를 듣고 내가 벗었으므로 두려워하여 숨었나이다"(창3:10).

죄는 최초의 인간에게 두려움과 수치를 안겨 주었다. 그 두려움과 수치는 감히 하나님 앞에 설 수 없게 하였다. 죄에 대한 저주와 징계는 곧 효력이 발생되었다. 아담 부부뿐만 아니라 그 모든 후손에게도 원죄의 저주와 형벌은 유전되었다.

"아담에게 이르시되 네가 네 아내의 말을 듣고 내가 네게 먹지 말라 한 나무의 열매를 먹었은즉 땅은 너로 말미암아 저주를 받고 너는 네 평생에 수고하여야 그 소산을 먹으리라"(17절).

하나님의 말씀에 대한 불순종은 인간만 저주를 받은 것이 아니었다. 그들의 땅, 삶의 환경 전체가 저주를 받았다. 평생 수고하고 고생하여야 땅의 소산을 먹을 수 있었다. 땀 흘려 수고하지 않고 살아갈 수 있는 사람은 아무도 없다. 인생은 모두 수고와 고생의 길을 걸어야 한다. 특히 죄에 대한 두려움과 수치로 고통을 당해야 한다. 사람들은 이 문제를 해결해 보려고 각종 신을 숭배하고 종교의식에 참여한다. 또 선행을 통하여 자기의 죄를 감추려 한다. 고아나 가난한 자들에게 자선을 베풀거나 병든 자와 감옥에 갇힌 자를 돌보면서 죄의 값에 대한 보상을 치르려고 한다. 하지만 그런 것으로는 심판주이신 하나님의 마음을 만족시킬 수 없다. 하나님은 죄의 값은 생명으로 받으시기 때문이다.

"선악을 알게 하는 나무의 열매는 먹지 말라 네가 먹는 날에는 반드시 죽으리라"(창2:17).

"죄의 삯은 사망이요"(롬6:23).

우리의 죄와 허물을 가릴 수 있는 길은 선행에 있지 않고, 목숨을 바쳐 저주와 형벌을 받는 것이다. 죄를 지은 본인이 죽어야 한다. 피를 흘리고 죽어야 죄값을 치르게 되는 것이다.

대속의 원칙

하나님께서는 두려움과 수치로 떨고 있는 아담 부부에게 가죽옷을 입혀주셨다. 죄가 없는 동물이 그들을 위하여 희생된 것이다. 피를 흘리고 죽은 후에 가죽을 남긴 것이다.

"여호와 하나님이 아담과 그의 아내를 위하여 가죽옷을 지어 입히시니라"(21절).

인간의 죄를 가리기 위한 대속의 원칙은 죄 없는 제물이 대신 죽어야 하는 것이다. 그래서 구약시대에는 죄사함을 받기 위하여 소나 양이나 염소나 비둘기와 같은 제물들이 희생되었다. 번제나 속죄제는 제물이 피를 흘리고 죽어야 하고, 인간의 죄를 대신하여 온전히 불태워졌다.

모세시대에 레위기를 통하여 희생 제사의 법이 주어졌지만, 이미 아담 부부가 타락한 후부터 대속을 위한 희생 제사가 등장했다. 창4:4에 아벨이 양의 첫 새끼로 하나님께 제사를 드렸으며, 창8:20에 대홍수 이후에 노아가 동물과 새들로 하나님께 번제를 드렸다. 아브라함과 이삭과 야곱과 같은 족장들의 시대에도 희생의 번제를 드림으로 죄사함을 받았다.

이 대속의 원칙은 구약 전반에 흐르고 있으며 마침내 갈보리 십자가 사건을 통하여 예수 그리스도의 희생으로 그 완성을 이루었다. 그리스도는 우리의 죄와 허물을 가려 주시려고 십자가에서 저주와 형벌을 대신 받고 죽으셨다. 옷 벗김을 당하시고 우리의 수치를 가려주셨으며, 모진 채찍질을 당하시고 우리의 영과 육을 치유해 주셨다. 십자가에서 목숨을 바치시므로 우리에게 새 생명을 얻게 하셨다.

우리는 하나님 앞에 죄가 적나라하게 다 들어난 '벌거벗은 죄인' 이므로 예수 그리스도의 구원의 흰 옷이 필요하다. 죄 없이 보혈을 흘려 주신 예수님의 희생이 우리의 가죽옷이 될 때에 우리는 하나님 앞에서 속죄함을 입고 의롭다고 칭해지는 것이다.

구약의 제사장들이 드리는 번제나 속죄제는 그 때만 유효하다. 언제든지 죄를 지으면 또 다시 제사를 드려야 한다. 소나 양이 다시금 죽어서 피를 흘려야 속죄되었다. 그러나 예수님은 단 한 번 십자가에서 희생의 제물이 됨으로 우리는 영원한 죄사함을 받았다. 계속해서 제물을 드리지 않아도 언제든지 예수님의 이름으로 죄 용서를 받고 구원을 받게 된 것이다.

> "제사장마다 매일 서서 섬기며 자주 같은 제사를 드리되 이 제사는 언제나 죄를 없게 하지 못하거니와 오직 그리스도는 죄를 위하여 한 영원한 제사를 드리시고 하나님 우편에 앉으사"(히10:11,12).

가죽 옷과 십자가 보혈

하나님은 아담 부부를 추방하시면서 그들을 긍휼히 여기시고 가죽 옷을 지어 입히셨다(창3:21). 하나님은 그들이 죄 씻음을 받고 다시 구원받도록 하셨다. 가죽 옷을 준 희생 제물처럼 장차 오실 그리스도를 통하여 죄사함을 받고 구원을 얻게 하셨다. 하나님이 그들에게 가죽옷을 입히시기 위하여 죽이신 그 이름 없는 동물들은 하나님의 어린 양이신 예수님의 그림자이다.

이 동물들이 죽임을 당하는 그 때, 최초의 죽임 당하는 그 순간에 고통의 소리가 신선한 창조 세계에 울렸다. 죄 없는 동물의 죽음에서 인간의 죄와 타락은 무서운 고통과 형벌을 동반한다는 것을 깨닫게 하셨다. 인간의 범죄와 타락이 없었더라면 이 동물들은 죽지 않았을 것이고, 예수 그리스도도 십자가에서 죽지 않았을 것이다. 죄로 말미암아 수치와 두려움과 고통으로 떨고 있는 인간을 향하여 하나님은 예수님의 보혈로 덮어주신 것이다. 죄에 대하여 의롭게 하셨고, 수치와 두려움에서 평안하도록 의의 옷을 입혀주신 것이다.

예수님의 십자가 없이는 거룩하신 하나님 앞에서 우리를 가릴 옷이 없다. 우리의 교만과 수치와 추함을 덮을 수 있는 옷은 오직 예수님의 보혈의 옷밖에 없다.

구약 성경의 제사에는 제물의 가죽을 벗긴다(레1:6, 7:8). 죄를 담당하신 예수님도 십자가에서 옷 벗김을 당하였고 수치를 당하셨다(마 27:35, 막15:24, 눅23:34). 메시야가 옷 벗김을 당하고 수치와 모욕당할 것을 시편 기자는 이미 예언하였다(시22:18).

십자가에서 수치를 당하신 예수님은 우리의 허물과 죄를 덮으시기 위하여 거룩한 옷, 흰 세마포 옷을 입혀주신다(출35:19, 레8:30, 창 41:42, 눅15:22, 계3:5, 19:8).

"이기는 자는 이와 같이 흰 옷을 입을 것이요 내가 그 이름을 생명책
에서 결코 지우지 아니하고 그 이름을 내 아버지 앞과 그의 천사들
앞에서 시인하리라"(계3:5).

이겨야 한다. 죄와 싸워서 이기고 사탄과 싸워서 이기고, 세상의 물질적인 우상숭배로부터 이기고 경건하고 진실하게 사는 자가 그리스도의 흰 옷을 입게 된다. 말씀으로 이기는 자에게 예수님은 의의 옷으로 가려주신다.

"그에게 빛나고 깨끗한 세마포 옷을 입도록 허락하셨으니 이 세마포
옷은 성도들의 옳은 행실이로다 하더라"(계19:8).

죽은 자에게 염을 할 때 흰 모시나 삼베 옷을 입힌다. 까만색이나 붉은 색이나 화려한 색깔의 수의는 없다. 모두 흰 옷을 입는 것은 성경적이다. 수의를 흰 옷만 입힌다고 구원을 받는 것이 아니다. 하나님의 뜻대로 바르게 살아야 한다. 예수 그리스도의 십자가의 구원을 굳게 믿어야 한다. 어린 양의 혼인잔치에 청함을 받고 흰 옷을 입은 그리스도의 신부만이 구원을 받는 것이다. 그 흰 옷은 예수 그리스도의 피로 세탁을 한 것이다(계7:14, 19:13). 예수님의 피 흘림이 없이는 죄 사함도 불가하다.

"율법을 따라 거의 모든 물건이 피로써 정결하게 되나니 피흘림이

없은즉 사함이 없느니라"(히9:22).

오직 예수님이 우리를 위하여 저주와 형벌을 다 받으시고 십자가에서 보혈을 흘려주셨다는 진리를 믿는 자만이 구원을 얻는다. 예수님만이 우리의 죄와 허물을 덮으실 수 있는 분이다. 예수님만이 죄인인 우리를 숨겨주실 수 있는 분이다. 우리에게 예수님이 반석이 되시고 피난처가 되시고, 죄의 수치와 더러움을 가리는 가죽옷이 되기를 바란다.

05
아벨의 제사와 그리스도

창 4:1-8

1아담이 그의 아내 하와와 동침하매 하와가 임신하여 가인을 낳고 이르되 내가 여호와로 말미암아 득남하였다 하니라 2그가 또 가인의 아우 아벨을 낳았는데 아벨은 양 치는 자였고 가인은 농사하는 자였더라 3세월이 지난 후에 가인은 땅의 소산으로 제물을 삼아 여호와께 드렸고 4아벨은 자기도 양의 첫 새끼와 그 기름으로 드렸더니 여호와께서 아벨과 그의 제물은 받으셨으나 5가인과 그의 제물은 받지 아니하신지라 가인이 몹시 분하여 안색이 변하니 6여호와께서 가인에게 이르시되 네가 분하여 함은 어찌 됨이며 안색이 변함은 어찌 됨이냐 7네가 선을 행하면 어찌 낯을 들지 못하겠느냐 선을 행하지 아니하면 죄가 문에 엎드려 있느니라 죄가 너를 원하나 너는 죄를 다스릴지니라 8가인이 그의 아우 아벨에게 말하고 그들이 들에 있을 때에 가인이 그의 아우 아벨을 쳐죽이니라

가인과 아벨의 제사

성경에 나오는 첫 제사는 가인과 아벨의 제사이다. 아벨은 하나님의 마음에 합당한 제사를 드리고 형 가인에게 미움을 받는다(창4:1-8). 가인도 나름대로 최선을 다하여 하나님께 제사를 드렸을 것이다. 땀 흘려 거둔 "땅의 소산으로 제물을 삼아 여호와께 드렸다"(창4:3)고 성경은 기록하고 있다.

가인도 정성을 다하여 제사를 드렸는데, 왜 하나님은 그의 제사를 받지 않으셨을까? 아벨의 제사를 받으시고 제단에 불을 내려주셨으면, 가인의 제사에도 함께 불을 내려주셔야 공평하지 않는가? 그랬더라면 그

가 동생 아벨을 시기하지도 않고 살인하지도 않았을지 모른다.

아벨의 제사는 하나님 중심의 제사였다. 하나님이 기뻐하시는 믿음의 제사였다. 그러나 가인의 제사는 인본주의적인 자기 중심적인 제사였다. 스스로는 정성을 다했지만, 하나님의 마음에 들지 않았던 것이다.

> "믿음으로 아벨은 가인보다 더 나은 제사를 하나님께 드림으로 의로운 자라 하시는 증거를 얻었으니, 하나님이 그 예물에 대하여 증거하심이라. 저가 죽었으나 그 믿음으로써 오히려 말하느니라"(히 11:4).

성경은 아벨의 제사는 가인의 제사보다 더 나은 것이 있었다고 기록하고 있다. "더 나은 것"이 무엇이었을까? 아벨의 제사에는 분명 하나님이 기뻐하시는 것이 있었다. 하나님이 원하시는 희생의 피가 있었다. 하나님은 제사를 통하여 인간의 죄를 사하실 때, 반드시 대속의 피를 원하셨다. 물론 가인의 제사에도 땀과 정성과 노력이 있었을 것이다. 그러나 가인의 제사는 인본주의의 제사였다. 하나님이 기뻐하실 희생의 피가 없었다.

어쩌면 전에는 가인도 아벨처럼 양의 첫 새끼로 제사를 드렸는지도 모른다. 3절은 "세월이 지난 후에 가인은 땅의 소산으로 제물을 삼아 여호와께 드렸다"고 말하고 있기 때문에, 전에는 하나님이 원하시는 제사를 올바로 드리다가 점차 자기 중심적인 제사를 드렸을 가능성이 있다. 아니면 가인은 처음부터 땅의 소산으로만 제사를 드렸는데 하나님이 결산하시는 어느 때에 여전히 그런 제사를 드렸는지도 모른다. 좌우간 하나님은 한 동안 두 형제의 제사를 지켜보신 것 같다. 그러다가 어느 날 그 둘의 제사를 평가하신 듯하다.

하나님은 불신앙의 가인의 마음을 받지 않으셨기 때문에 그의 제물도 받지 않으셨다. 그러나 믿음의 사람 아벨의 마음을 받으셨기 때문에 그의 제물도 받으셨다. 사람의 마음과 제물은 함께 드려지는 것이다. 만약에 아벨이 믿음이 없었더라면 그가 양의 첫 새끼를 바쳤더라도 하나님께서 그 제물을 받지 않으셨을 것이다. 가인이 믿음이 있었더라면 반드시 하나님이 기뻐하실 양의 첫 새끼를 바쳤을 것이다. 하나님이 제사를 받고 받지 않으심은 사람의 믿음과 제물, 둘 다 상관이 있다. 가인은 그의 제물도 문제였지만, 하나님은 첫째 가인이 마음에 들지 않으셨다.

"가인과 그의 제물은 받지 아니하신지라 가인이 몹시 분하여 안색이 변하니"(5절).

제사란 하나님 앞에 자기 자신을 온전히 죽이는 것이다. 낮아지고 자신이 죄인인 줄 알아 하나님의 은총이 없으면 도무지 하나님 앞에 설 수 없다는 것을 깨달을 때 참된 제사와 예배를 드린다고 말할 수 있다. 그러나 가인은 그렇지 못했다. 하나님께 대들듯이 몹시 분하여 안색이 변했다. "당연히 내 제사를 받아주어야 하는데 왜 안 받아주시나"하고 마음으로 항거하는 교만한 자세를 취하였다. 그러므로 그가 어떠한 제물을 바치든지 하나님은 가인의 제사는 받으실 수 없었던 것이다.

우리는 가끔 가인과 같이 자기를 죽이지 않은 제사를 드릴 때가 있다. 주일날 교회는 겨우 출석하지만 자기의 사상과 고집이 그대로 살아 있어 자기 중심적인 예배를 드리는 자들이 있다. 기도도 하고 헌금도 드리고 바쁜 시간을 쪼개어 주일예배에 참석도 한다. 그러나 믿음이 없이 교회에 나와 주는 듯한 사람이 있다. 자기의 공로나 얼굴이나 알리고, 자기의 열심으로 예배를 드리고 있다면 그것은 가인의 제사와 다를 바가 없다.

자기에게는 아무 공로가 없는 줄 알고 오직 예수님의 십자가 피의 공로를 믿고 예배를 드리면 하나님께서 받으신다. 즉 믿음으로 드리는 예배를 하나님은 받으신다.

자신의 인격 수양이나 가족이나 목회자에게 인정받기 위하여 드리는 예배나 진정성이 결여된 형식적인 예배는 노력과 정성이 있음에도 불구하고 하나님은 열납하지 않으신다.

피의 제사

아벨의 제사에는 양의 피가 있었다(창4:4). 양의 기름을 드렸다는 것은 양을 죽여서 드렸다는 것이다. 양을 죽이지 않고는 고기의 기름을 불에 태울 수 없기 때문이다. 아벨 제사에 등장하는 '양의 첫 새끼'는 하나님께 구별된 제물을 말하는 것이다. 처음 난 것은 성별된 하나님의 소유이다. 아벨은 아무 양이나 대충 한 마리를 끌고와서 제사한 것이 아니다. '양의 첫 새끼'를 눈여겨 보았다가 하나님의 성별된 제물로 끌고온 것이다. 하나님이 희생의 대속물로 받기 원하는 성별된 양으로 제사를 드렸다. 바로 그 성별된 희생 양은 예수 그리스도를 상징한다.

세례 요한은 예수님을 "보라 세상 죄를 지고 가는 하나님의 어린 양이라"고 말씀했다(요1:29). 주님의 대속의 피를 통하여 하나님은 죄인을 만나 주시고 그 죄를 사하신다.

"우리는 그리스도 안에서 그의 은혜의 풍성함을 따라 그의 피로 말미암아 속량 곧 죄사함을 받았느니라"(엡1:7).

아벨의 제사는 바로 하나님이 원하시는 희생의 제사였다. 그 희생 양의 제사가 곧 예수 그리스도의 모형이다. 예수님의 십자가 희생의 피가 없고서는 우리에게 구원이 없다.

희생의 제사에서 우리가 본받아야 할 점은 교회의 직분자들에게 희생의 제사가 있어야 한다는 것이다. 교회를 섬긴다는 것은 그냥 다니는 것이 아니고, 금식하며 기도하고 시간을 바쳐 전도하고 물질과 몸을 희생하면서 하나님께 드리는 것이다. 예수님의 희생을 본받아 희생의 예배자가 되어야 한다.

결국 아벨은 성별된 제사를 드리다가 순교하게 된다. 아벨이 드린 양의 첫 새끼도 그리스도의 모형이고, 자신의 목숨까지 바친 첫 순교자 아벨 자신도 그리스도의 모형이다.

06 방주와 예수님의 십자가

창 7:1-12

1여호와께서 노아에게 이르시되 너와 네 온 집은 방주로 들어가라 이 세대에서 네가 내 앞에 의로움을 내가 보았음이니라 2너는 모든 정결한 짐승은 암수 일곱씩, 부정한 것은 암수 둘씩을 네게로 데려오며 3공중의 새도 암수 일곱씩을 데려와 그 씨를 온 지면에 유전하게 하라 4지금부터 칠 일이면 내가 사십 주야를 땅에 비를 내려 내가 지은 모든 생물을 지면에서 쓸어버리리라 5노아가 여호와께서 자기에게 명하신 대로 다 준행하였더라 6홍수가 땅에 있을 때에 노아가 육백 세라 7노아는 아들들과 아내와 며느리들과 함께 홍수를 피하여 방주에 들어갔고 8정결한 짐승과 부정한 짐승과 새와 땅에 기는 모든 것은 9하나님이 노아에게 명하신 대로 암수 둘씩 노아에게 나아와 방주로 들어갔으며 10칠 일 후에 홍수가 땅에 덮이니 11노아가 육백 세 되던 해 둘째 달 곧 그 달 열이렛날이라 그 날에 큰 깊음의 샘들이 터지며 하늘의 창문들이 열려 12사십 주야를 비가 땅에 쏟아졌더라

방주의 안과 밖

노아시대의 인류는 심히 타락하여 세상에 죄를 가득하게 하였다. 하나님께서는 사람 지으신 것을 한탄하시고 대홍수로 심판하시겠다고 선포하셨다.

"여호와께서 사람의 죄악이 세상에 가득함과 그의 마음으로 생각하는 모든 계획이 항상 악할 뿐임을 보시고, 땅 위에 사람 지으셨음을

한탄하사 마음에 근심하시고 이르시되 내가 창조한 사람을 지면에서
쓸어버리되 사람으로부터 가축과 기는 것과 공중의 새까지 그리하리
니 이는 내가 그것들을 지었음을 한탄함이니라 하시니라"(창6:5-7).

하나님은 심판에 대한 자신의 의지를 알려 주시고(창6:13), 노아에게 방주를 준비하게 하셨다(창6:14,21). 이렇게 온 인류가 타락한 중에도 노아의 가족은 하나님의 은혜를 입었다. 악인들은 심판의 경고를 무시했지만, 의인은 심판을 피할 준비를 했다. 세상 마지막 때에도 악한 자들은 하나님의 계시의 말씀을 무시하고 계속 범죄할 것이다. 그러나 성도들은 하나님의 말씀을 믿고 심판을 벗어나 구원받을 수 있도록 예수 그리스도의 신앙으로 무장할 것이다.

물심판을 피할 수 있는 구원의 장치는 방주였다. '테바'(תֵּבָה)는 상자라는 의미이다. 이 단어는 출2:3의 '갈대상자'와 같이 쓰인다. 선장과 키가 달린 배와 다른 단어이다. 단지 하나님이 움직이는 구원의 상자이며, 하나님이 생명을 구하는 도구이다. 이 단어는 홍수 사건과 아기 모세의 구출 사건에만 사용되고 있다.[5]

신약시대의 구원의 상자인 하나님의 구원 장치는 교회라 할 수 있다. 장차 올 불 심판에서 구원받을 수 있는 길은 오직 예수 그리스도를 믿는 거룩한 공동체인 교회 밖에 없다.

교회 주변에서 맴도는 정도로는 구원을 받지 못한다. 교회 안으로 들어와야 하고, 교회의 주인이신 예수 그리스도를 마음에 영접해야 한다. 노아시대의 사람들이 방주를 보는 것만으로 구원을 얻지 못했다. 방주 안으로 들어가야 구원이 있었다.

---

5) 차준희, 「창세기 다시보기」 (서울: 대한기독교서회, 1999), 55.

창6:17-18에 ".... 땅에 있는 것들이 다 죽으리라. 그러나 너와는 내가 내 언약을 세우리니 너는 네 아들들과 네 아내와 네 며느리들과 함께 그 방주로 들어가고"라고 하였다. '그 방주로' (אֶל־הַתֵּבָה: 엘 하테이바) 들어간 사람과 동물들은 구원을 얻었다. 노아시대의 대홍수는 죄인들을 향한 하나님의 물 심판이었다. 하나님의 진노와 심판에서 구원받은 자들과 동물들은 오직 방주 안으로 들어갔다(창7:13-16). 방주 밖에 있는 사람이나 동물들은 다 죽었다.

어떤 사람들은 방주를 만드는 일에 동참하기도 하고, 노아를 잘 아는 친구나 친척들도 있었을 것이다. 아마 방주 안에 들어와 구경한 사람도 있었을 것이다. 그러나 하나님의 때에 방주 안에 들어가지 못했기 때문에 그들은 심판을 받았다.

수 많은 사람들이 교회당을 구경하였고, 성경이 무엇인지도 알 것이다. 목사나 성도들과 가까운 친구나 친척들도 있다. 그러나 그들이 예수님의 십자가 안으로 들어오지 않으면 구원을 받지 못한다.

하나님께서 마지막 날 방주의 문을 친히 닫으셨다(창7:16). 그리고 안에 있는 자와 밖에 있는 자에게는 영생과 심판의 선이 그어졌다. 생명의 경계선은 예수 그리스도의 십자가이다. 예수님의 십자가의 진리를 믿는 자는 구원을 받고, 그렇지 못한 자는 멸망을 당한다. 예수님이 재림하실 때에도 양과 염소를 가르듯이 구분하실 것이다.

구원의 문은 오직 하나

방주는 잣나무로 만들어졌고, 역청으로 그 안팎에 칠해졌다(창6:14).

빛이 들어오는 창은 있지만, 출입문은 오직 하나였다. 우리가 구원받는 문은 오직 하나뿐이다. 예수 그리스도를 통하지 않고는 하나님께 도달할 수 없다(요14:6). 방주가 엄청나게 크기 때문에 출입문을 여러 군데 내면 좋았을 것을 하나님은 그렇게 만들라고 지시하지 않으셨다. 오직 구원받기 위하여 들어오고 나가는 문은 오직 하나뿐이다(요10:9)

물이 방주 안으로 스며 들어오지 못하도록 역청을 안팎으로 칠했다. 세상의 죄와 심판의 세력이 우리를 침범하지 못하도록 우리 영혼의 안팎으로 꼼꼼하게 발라야 하는 것은 예수님의 보혈이다. 십자가의 피가 아니면, 죄와 마귀의 세력이 우리 영혼을 침범하고 쓰러뜨린다. 방주는 곧 예수 그리스도다. 예수 안으로 들어오는 자에게는 구원이 있다. 하나님이 닫으시는 마지막 순간이 오기 전에 속히 예수님 안으로 들어와야 한다.

구원은 하나님의 은총이다. 하나님께서 우리의 생명을 인도하시지 않으면 그 누구도 구원을 받을 수 없다. 하나님께서 교회로 인도하시고, 교회에 와서 성령의 은혜를 체험하고 믿음을 선물로 받을 때에 비로소 구원을 받게 된다.

> "나를 보내신 아버지께서 이끌지 아니하면 아무라도 내게 올 수 없으니 오는 그를 내가 마지막 날에 다시 살리리라"(요6:44)

노아시대의 대홍수는 하나님의 심판이다. 창조 이전의 혼돈의 상태로 되돌아가게 하셨다(창1:2). 하나님께서 혼돈의 세력을 묶어 놓으실 때 우주의 질서가 세워지고 안전하게 보존된다. 인간의 타락과 죄로 말미암아 하나님은 은총과 보호의 손길을 풀어버리신 것이다. 하나님이 간섭하지 않으시면 세상은 저절로 혼돈과 어둠으로 돌아간다. 하나님은 타락한 인간을 심판하신 후에 다시 새로운 질서를 만드셨다. 노아시대의 타락은 물의 혼돈이 있었지만, 말세의 심판에는 불의 혼돈이 있을 것이다. 지구에만 해당되지 않고 온 우주적인 불의 혼돈이 있을 것이다.

인간의 죄를 말끔히 청산하신 후에야 영원한 새 하늘과 새 땅을 구원받은 자들에게 주실 것이다. 방주 안으로 들어온 자들만 구원을 받았다. 예수님을 구주로 영접하고 오직 예수 그리스도만 의지하는 자가 구원을 받는다.

07

제사장 멜기세덱과 그리스도

창 14:17-20

17아브람이 그돌라오멜과 그와 함께 한 왕들을 쳐부수고 돌아올 때에 소돔 왕이 사웨 골짜기 곧 왕의 골짜기로 나와 그를 영접하였고 18살렘 왕 멜기세덱이 떡과 포도주를 가지고 나왔으니 그는 지극히 높으신 하나님의 제사장이었더라 19그가 아브람에게 축복하여 이르되 천지의 주재이시요 지극히 높으신 하나님이여 아브람에게 복을 주옵소서 20너희 대적을 네 손에 붙이신 지극히 높으신 하나님을 찬송할지로다 하매 아브람이 그 얻은 것에서 십분의 일을 멜기세덱에게 주었더라

하나님의 제사장

아브람이 조카 롯의 가족을 구하기 위하여 엘람 왕 '그돌라오멜'을 치고 돌아올 때에 살렘 왕 '멜기세덱'을 만났다. 그는 지극히 높은 하나님의 제사장으로 떡과 포도주를 가지고 와서 아브람에게 축복하였다. 그리고 아브람은 얻은 것의 십분의 일을 그에게 주었다(창14:20).

히브리서 기자는 그를 "살렘의 왕이며 지극히 높으신 하나님의 제사장"으로 소개하고 있다(히7:1). '살렘'은 예루살렘의 고대 명칭이다(시 76:2). 멜기세덱은 신비로운 인물이다. 히브리서 기자가 소개하고 있는 '멜기세덱'은 쉽게 이해될 수 있는 인물이 아니다.

"아버지도 없고 어머니도 없고 족보도 없고 시작한 날도 없고 생명

의 끝도 없어 하나님의 아들과 닮아서 항상 제사장으로 있느니라"
(히7:3).

사실 부모도 없고 태어난 날도 생명의 끝도 없는 사람은 없다. 그러므로 예수님이 잠시 사람의 몸을 입고 오신 것이 아닌가 하고 생각할 수도 있다.

박윤선 박사는 그의 주석에서 멜기세덱의 제사장직은 레위 지파처럼 조상과 부모로부터 타고난 제사장직이 아니기 때문에 예수님의 대제사장직과 유사하니 그는 그리스도의 예표적 인물이라고 했다.[6] 대부분의 학자들이 '그리스도의 예표적 인물'이나 '하나님의 아들의 모형'이라고 말하는 정도에서 더 나아가지 않으려고 했다. 성경이 말하지 않는 부분을 말할 수 없기 때문이다. 또 어떤 학자는 그가 이방인이지만 순수하고 올바른 신앙을 가진 가나안의 살렘 왕으로 보는 견해가 있다.

멜기세덱의 떡과 포도주

멜기세덱이 아브람에게 가지고 온 떡과 포도주는 가나안 지역의 일상 식물이나, 전쟁에 지친 병사들에게 줄 식사 대용이었을 것이다. 아니면 지금의 성찬과 같이 그리스도의 대속의 의미를 지닌 제의 음식이었는지도 모른다. 아브람이 그 땅의 평화와 자유와 재산을 회복시켜 주었기 때문에 감사하는 마음으로 찾아왔을 것이다.

---

6) 박윤선, 「구약주석 창세기」 (서울: 영음사, 1987), 211.

"살렘 왕 멜기세덱이 떡과 포도주를 가지고 나왔으니 그는 지극히 높으신 하나님의 제사장이었더라"(18절).

멜기세덱은 그 당시 일반 왕과 달리 떡과 포도주를 가지고 왔다. 전쟁의 승리를 축하한다면 적어도 기름진 수양이나 소를 잡아와서야 한다. 그리고 많은 음식과 술을 가지고 왔어야 한다. 멜기세덱의 성품은 거룩하신 예수 그리스도를 닮았다. 주님은 제자들에게 최후의 만찬으로 떡과 포도주을 마시게 하셨다.

"축사하시고 떼어 이르시되 이것은 너희를 위하는 내 몸이니 이것을 행하여 나를 기념하라 하시고, 식후에 또한 그와 같이 잔을 가지시고 이르시되 이 잔은 내 피로 세운 새 언약이니 이것을 행하여 마실 때마다 나를 기념하라 하셨으니, 너희가 이 떡을 먹으며 이 잔을 마실 때마다 주의 죽으심을 그가 오실 때까지 전하는 것이니라"(고전11:24-26).

쪼개진 떡은 하나님과 죄인과의 화목을 위하여 희생 제물이 되신 그리스도의 몸을 상징하고, 포도주는 골고다 십자가 위에서 흘리신 그리스도의 피를 의미한다. 이 피는 능력이 나타난다. 우리가 그 주님을 믿으면 모든 죄를 깨끗하게 사하여 주시기 때문이다.

"그 아들 예수의 피가 우리를 모든 죄에서 깨끗하게 하실 것이요"(요일1:7).

멜기세덱 제사장이 전쟁에 지친 아브람의 군사들에게 떡과 포도주를 주었다면, 예수님은 자기의 영적 군사들에게 그리스도의 몸과 피를 주셔서 새 힘과 능력을 주셨다. 누구든지 십자가에 달리신 예수 그리스도를 바라보면 강력한 힘과 은혜를 입는다.

평화의 왕

멜기세덱은 왕과 제사장이라는 이중 신분을 가지고 있었는데, 모세의 장인 '이드로'의 경우도 미디안의 통치자이면서 제사장이었다(출 3:1). 멜기세덱은 타락한 시대에 하나님을 경외하며 의와 평강으로 백성을 다스린 점과 시작과 끝, 출생과 족보가 없이 갑자기 나타난 신비한 출현은 예수 그리스도의 특성과 유사하다. 그래서 히브리서 기자는 멜기세덱이 예수님을 예표하는 인물로 언급하고 있다.

아브람과 그의 군사들이 목숨을 걸고 전쟁을 하였다. 그들이 진정으로 원한 것이 무엇이었을까? 평화가 아니었겠는가? 더 이상 전쟁을 하지 않고 자기의 목숨을 희생시키지 않는 것이 그들의 소원이었을 것이다. 악한 세상과 사탄의 세력과 싸워야 하는 우리도 진정한 하늘의 위로와 평화를 구가한다. 우리의 주님이신 그리스도는 평화의 왕이시다. 온 세상 사람들을 악한 사탄과 죄의 사슬에서 해방시키신 평강의 왕이시다. 이사야 선지자도 오실 그리스도는 '전능하신 하나님이시며, 평강의 왕'이라고 예언하였다.

> "이는 한 아기가 우리에게 났고 한 아들을 우리에게 주신 바 되었는데 그의 어깨에는 정사를 메었고 그의 이름은 기묘자라, 모사라, 전능하신 하나님이라, 영존하시는 아버지라, 평강의 왕이라 할 것임이라"(사9:6).

아기 예수님이 탄생하실 때 천군천사들은 땅 위에 평화가 임하였다고 찬송하였다.

"지극히 높은 곳에서는 하나님께 영광이요 땅에서는 하나님이 기뻐하신 사람들 중에 평화로다"(눅2:14).

사도 바울은 그리스도가 평화의 왕으로 오셨기 때문에, 성도들 역시 죄 용서함을 받고 하나님과 화목해야 하고, 모든 사람들과도 화목하도록 권면했다.

"아무에게도 악을 악으로 갚지 말고 모든 사람 앞에서 선한 일을 도모하라. 할 수 있거든 너희로서는 모든 사람과 더불어 화목하라"(롬 12:17,18).

예수 그리스도는 레위 지파의 제사장이 아닌 영원한 제사장이시다. 성부 하나님과 죄인 사이를 십자가의 대속의 피로 화해를 시켜 주신 중보자이시다. 자신을 희생 양으로 단번에 드려 제물로 삼으신 대제사장이시다. 멜기세덱이 전쟁에 승리한 아브람을 축복하고 떡과 포도주를 주신 것처럼 그리스도는 영적 전쟁에서 승리한 우리를 축복하신다. 예수님을 믿고 거듭난 자들에게 영생을 선물로 주시고 영원한 천국으로 인도하신다.

08

할례와 그리스도의 보혈

창 17:9-14

9하나님이 또 아브라함에게 이르시되 그런즉 너는 내 언약을 지키고 네 후손도 대대로 지키라 10너희 중 남자는 다 할례를 받으라 이것이 나와 너희와 너희 후손 사이에 지킬 내 언약이니라 11너희는 포피를 베어라 이것이 나와 너희 사이의 언약의 표징이니라 12너희의 대대로 모든 남자는 집에서 난 자나 또는 너희 자손이 아니라 이방 사람에게서 돈으로 산 자를 막론하고 난 지 팔 일 만에 할례를 받을 것이라 13너희 집에서 난 자든지 너희 돈으로 산 자든지 할례를 받아야 하리니 이에 내 언약이 너희 살에 있어 영원한 언약이 되려니와 14할례를 받지 아니한 남자 곧 그 포피를 베지 아니한 자는 백성 중에서 끊어지리니 그가 내 언약을 배반하였음이니라

죄 씻음의 증표인 할례

구약에서 '할례'란 남자 아이가 출생한지 여드레 만에 생식기 끝의 피부를 끊어내는 의식이다. 신학자 '기스펜'(W.H.Gispen)은 남자 아기를 낳은 여인이 7일 동안 부정하기 때문에 아기가 8일째에 할례를 행한 것으로 보았다(레12:2). 할례의 히브리어 '말랄'(מָלַל)은 '말하다'라는 뜻인데, 하나님께서 자신의 약속을 아브라함에게 말했다는 의미일 것으로 짐작된다. 남자의 생식기를 뜻하는 히브리어 '바사르'는 '살, 육체, 혈기' 등 다양한 의미를 지닌 단어이다. 이 의식의 중요성은 육체에만 있는 것이 아니라 죄 씻음을 받으려고 하는 성결한 마음에 있다.

하나님은 아브라함에게 "너희 중 남자는 다 할례를 받으라. 이것이 나와 너희와 너희 후손 사이에 지킬 내 언약이니라"고 말씀하셨다(10절). 이 명령대로 아브라함은 99세 때, 이스마엘은 13세 때 그 양피를 베었다(24,25절). 이삭과 이스마엘에게 하나의 차이점이 있다면, 이삭은 아브라함이 할례를 받은 후에 얻은 아들이고, 이스마엘은 할례받기 전에 태어난 아들이다.

하나님께서 아브라함에게 할례를 행하도록 하신 것은 하나님의 선택된 백성의 표로서 죄를 깨끗이 씻으라는 의미가 있다. 그는 하나님의 명령에 불순종하여 임의대로 여종 '하갈'을 취하여 이스마엘을 낳음으로 자신의 육체에 죄를 남기게 되었다. 그 죄의 뿌리를 제거하지 않고는 결코 경건한 자손, 약속의 자손을 얻을 수 없었다. 아브라함의 죄의 본질이 육체에 있었기 때문에 죄악의 피를 씻기 위하여 할례를 통하여 피를 흘리도록 하셨다.

이스마엘은 이미 아브라함이 죄악 가운데서 잉태하고 출생한 아들이었다. 그러나 이삭은 하나님이 약속하신 거룩한 자녀이다. 그러므로 하나님은 아브라함의 모든 죄를 씻은 다음에 약속의 자녀를 잉태하게 하신 것이다. 그래서 할례는 죄 씻음에 대한 언약의 표증이 되었다.

마음의 할례

할례를 받은 자만이 하나님의 거룩한 언약의 백성, 선택된 백성이 될 수 있었다. 그래서 할례를 받지 않은 남자는 선택된 백성 중에 끊어진다고 하셨다.

"할례를 받지 아니한 남자 곧 그 포피를 베지 아니한 자는 백성 중에서 끊어지리니 그가 내 언약을 배반하였음이니라"(14절).

할례는 육체적인 의식이나 표시를 넘어서 하나님의 언약의 백성이 되는 중요한 표식이며 이스라엘 백성들의 자부심이었다. 그래서 그들은 자신들이 할례 받은 민족임을 자랑하고 그에 대한 자부심이 대단하였다.

그러나 보다 더 중요한 할례의 의미는 마음에 있다. 모세는 이스라엘 백성들에게 마음의 할례를 행하라고 권면했다. 즉 하나님을 사랑하고 스스로의 고집을 버리라는 뜻이었다.

"그러므로 너희는 마음에 할례를 행하고 다시는 목을 곧게 하지 말라"(신10:16).

특별히 포로기를 전후하여 이스라엘의 죄악이 극에 달했을 때 예레미야 선지자는 육신의 할례 의식에만 젖어있는 이스라엘 백성들에게 '마음의 할례'를 받으라고 촉구했다.

"유다인과 예루살렘 주민들아 너희는 스스로 할례를 행하여 너희 마음 가죽을 베고 나 여호와께 속하라. 그리하지 아니하면 너희 악행으로 말미암아 나의 분노가 불 같이 일어나 사르니 그것을 끌 자가 없으리라"(렘4:4).

하나님께서 이스라엘에게 주신 할례의 본질이 회개에 있음에도 불구하고, 이를 깨닫지 못한 백성들은 할례를 통하여 선민된 것을 자랑하고 교만해졌다. 그래서 예레미야 선지자는 육체의 할례를 행함에도 전혀 회개할 줄 모르는 그들을 향하여 마음에 할례를 행하고 회개하는 마음으로 하나님께 돌아오라고 외쳤던 것이다.

그리스도의 피

신약에서 바울 사도는 표면적인 할례보다는 마음의 할례가 중요하다고 강론하였다.

> "무릇 표면적 유대인이 유대인이 아니요 표면적 육신의 할례가 할례가 아니니라. 오직 이면적 유대인이 유대인이며 할례는 마음에 할지니 영에 있고 율법 조문에 있지 아니한 것이라. 그 칭찬이 사람에게서가 아니요 다만 하나님에게서니라"(롬2:28,29).

유대 그리스도인들은 이방의 그리스도인들이 모세의 율법대로 할례를 받아야 구원을 얻는다고 주장함으로써 안디옥 교회에서 다툼과 변론이 일어났다(행15:1,2). 이 문제는 예루살렘 공의회에서도 거론되었으며, 이방인 그리스도인들이 다시 할례를 받아야 할 필요가 없다는 것으로 결론이 내려졌다.

> "믿음으로 그들의 마음을 깨끗이 하사 그들이나 우리나 차별하지 아니하셨느니라. 그런데 지금 너희가 어찌하여 하나님을 시험하여 우리 조상과 우리도 능히 메지 못하던 멍에를 제자들의 목에 두려느냐. 그러나 우리는 그들이 우리와 동일하게 주 예수의 은혜로 구원받는 줄을 믿노라 하니라"(행15:9-11).

"성령과 우리는 이 요긴한 것들 외에는 아무 짐도 너희에게 지우지
아니하는 것이 옳은 줄 알았노니"(행15:28).

예루살렘 공의회가 개종한 이방인들의 규례에 대하여 내린 결론은 우상의 제물과 피와 목매어 죽인 것과 음행은 스스로 삼가도록 하였고 할례를 받지 않아도 무방하다고 결정을 하였다(행15:28,29). 유대인이나 이방인이나 구원을 받을 수 있는 것은 할례에 있는 것이 아니라 예수 그리스도의 대속의 피에 있기 때문이다.

진정한 할례는 육신의 표시가 아니라 마음으로 회개하고 죄 씻음을 받는 것이다. 할례가 피를 흘리므로 거룩한 백성, 언약의 백성된 것을 증표로 삼은 것처럼, 우리는 예수 그리스도의 십자가의 보혈을 믿음으로 회개하여 죄 씻음을 받고 거룩한 하나님의 자녀가 되는 것이다.

"우리는 그리스도 안에서 그의 은혜의 풍성함을 따라 그의 피로 말
미암아 속량 곧 죄 사함을 받았느니라"(엡1:7).
"그러므로 형제들아 우리가 예수의 피를 힘입어 성소에 들어갈 담력
을 얻었나니"(히10:19).

구약의 할례는 흔히 신약의 세례에 비교되곤 한다. 모든 죄를 씻어 의롭게 해 주시는 할례와 물로 씻어 성결하게 하시는 세례는 맥을 같이 한다. 세례는 죄에 대하여 죽고 그 죄를 씻음 받고 다시 살아남을 의미하는데, 예수 그리스도가 십자가에 죽으심을 믿을 때에 우리의 죄도 함께 죽어 장사지냄이 되었고, 주님이 부활하심으로 우리도 다시 살게 되었다. 할례의 피가 죄 씻음과 성결함을 가져다 준 것처럼 신약의 그리스도의 십자가 보혈이 우리의 죄를 씻어주시고 의롭게 해 주셨다.

09
모리아의 번제와 골고다의 그리스도

창 22:9-11

9하나님이 그에게 일러 주신 곳에 이른지라 이에 아브라함이 그 곳에 제단을 쌓고 나무를 벌여 놓고 그의 아들 이삭을 결박하여 제단 나무 위에 놓고 10손을 내밀어 칼을 잡고 그 아들을 잡으려 하니 11여호와의 사자가 하늘에서부터 그를 불러 이르시되 아브라함아 아브라함아 하시는지라 아브라함이 이르되 내가 여기 있나이다 하매

이삭의 순종, 그리스도의 순종

아브라함이 아들 이삭을 모리아 산에 올라가 번제로 바치려 했던 사건은 하나님이 독생자 예수 그리스도를 골고다 언덕의 십자가에서 피를 흘리고 죽게 하신 사건과 영적으로 유사한 점이 있다.

모리아 산에 오르면서 아브라함과 이삭은 번제드릴 양에 대하여 한 마디의 대화를 나눈다.

"아버지, 불과 나무는 있는데 번제할 어린 양은 어디 있습니까?"

이삭의 질문에 아버지는 "번제할 어린 양은 하나님이 자기를 위하여 친히 준비하신다"(창22:8)고 대답하게 된다. 그리고 둘 사이에는 침묵이 흐른다. 아브라함은 너무 괴로워서 아무 말도 할 수 없었다. 아브라함의 침묵은 곧 괴로운 마음의 표현이었다. 그리고 하나님이 비록 아들

이삭을 번제로 받으시더라도 다시 살릴 줄 믿었다. 그는 종들에게 다시 이삭과 돌아오겠다고 말했기 때문이다.

> "이에 아브라함이 종들에게 이르되 너희는 나귀와 함께 여기서 기다리라 내가 아이와 함께 저기 가서 예배하고 우리가 너희에게로 돌아오리라"(창22:5).

아브라함이 이삭을 결박하여 단 위에 올려놓고 칼을 잡을 때까지 이삭은 말없이 복종했다. 얼마든지 이해 할 수 없는 부친에 대하여 항거할 수 있었다. 그는 번제에 대한 지식도 있었으며, 산길을 오르면서 땔감을 지고 갈만큼 힘도 있었다. 이해할 수 없는 아버지의 위험한 행동을 얼마든지 제지할 수 있었다. 그러나 이삭은 항거하지 않고 순종했다. 부친의 믿음에 대하여 아들은 절대적으로 신뢰했던 것이다.

하나님이 예수님께 십자가를 질 것을 명하셨을 때, 예수님은 겟세마네 동산에서 밤을 지새우며 기도하셨다. 피땀의 기도를 하셨다. "아버지여 만일 아버지의 뜻이거든 이 잔을 내게서 옮기시옵소서 그러나 내 원대로 마시옵고 아버지의 원대로 되기를 원하나이다"(눅22:42)라고 십자가의 고난의 길을 순종하고 따랐다. 채찍에 맞으면서도 손과 발에 못 박히면서도 예수님은 절대적으로 아버지 하나님을 신뢰하고 그 목숨을 맡겼다. 이삭의 순종에서 예수 그리스도의 순종을 볼 수 있다.

> "그가 곤욕을 당하여 괴로울 때에도 그 입을 열지 아니하였음이여 마치 도수장으로 끌려가는 어린 양과 털 깎는 자 앞에 잠잠한 양 같이 그 입을 열지 아니하였도다. 그가 곤욕과 심문을 당하고 끌려 갔으나

그 세대 중에 누가 생각하기를 그가 살아 있는 자들의 땅에서 끊어짐은
마땅히 형벌 받을 내 백성의 허물 때문이라 하였으리요"(사53:7-8).

아브라함이 이삭을 결박할 때에 그는 직감적으로 번제의 제물이 양이 아니고 자기구나 하고 생각했다. 그는 죽을 줄 알았으면서도 아버지의 뜻에 항거하지 않았다. 하나님의 뜻이라면 목숨이라도 바쳐야 한다는 순교의 믿음이 있었다. 그 순종은 그리스도 십자가의 순종의 표상이 되었다.

모리아와 골고다의 고난

모리아 산으로 올랐던 이삭의 길은 골고다 언덕에 올랐던 예수님의 고난의 길로 비유된다. 이삭은 번제에 쓸 나무를 지고 산을 올랐다. 예수님은 저주와 형벌의 나무 십자가를 지고 골고다 언덕을 오르셨다. 이삭은 자신이 곧 번제의 제물인 줄 몰랐다. 그러나 하나님께서는 이삭을 제물로 바치라고 말씀하셨다. 예수 그리스도 역시 십자가를 지고 갈보리 언덕에서 자신이 대속의 제물이 되셨다. 불 같은 고통의 십자가에 손과 발이 못 박히셨다. 그리고 보혈을 흘려 목숨을 바치셨다.

이삭은 아브라함의 독자이고, 예수님은 하나님의 독생자이다. 번제로 바쳐지는 것은 대속의 의미를 지닌다. 이삭 대신에 하나님은 준비된 숫양을 바치게 하셨고(창22:13), 예수님은 십자가에서 죽으심으로 대속을 이루셨다. 예수님의 죽음 이후에 부활의 영광이 있었고, 이삭의 번제 사건 뒤에 하나님의 축복의 약속이 재확인되었다.

"내가 네게 큰 복을 주고 네 씨가 크게 번성하여 하늘의 별과 같고 바닷가의 모래와 같게 하리니 네 씨가 그 대적의 성문을 차지하리라. 또 네 씨로 말미암아 천하 만민이 복을 받으리니 이는 네가 나의 말을 준행하였음이니라"(창22:17,18).

그리스도 한 분으로 온 인류가 대속의 은혜를 입고 구원을 받을 수 있게 되었다. 누구든지 그리스도를 구주로 믿기만 하면 구원과 영생을 얻게 되었다. 아브라함과 이삭의 믿음을 통하여 온 인류에게 구원의 길이 열렸다.

"너를 축복하는 자에게는 내가 복을 내리고 너를 저주하는 자에게는 내가 저주하리니 땅의 모든 족속이 너로 말미암아 복을 얻을 것이라 하신지라"(창12:3).

아브라함의 믿음이 축복의 통로가 되어 땅의 모든 족속이 복을 받게 되고 구원과 죄씻음의 놀라운 은총을 입게 되었다. 바로 그 아브라함의 후손에서 유다가 태어나고, 그 유다의 후손에서 다윗이 태어나고, 그 다윗의 후손에서 요셉과 마리아가 태어나고, 동정녀 마리아에게서 예수 그리스도가 탄생하셨다. 그 예수님의 십자가의 은혜로 땅의 모든 족속들이 구원을 받을 수 있는 길이 열리게 된 것이다.

"이 예수는 너희 건축자들의 버린 돌로서 집 모퉁이의 머릿돌이 되었느니라. 다른 이로써는 구원을 받을 수 없나니 천하 사람 중에 구원을 받을 만한 다른 이름을 우리에게 주신 일이 없음이라 하였더라"(행4:11,12).

하나님의 뜻에 순종하여 대속의 십자가를 지신 예수 그리스도 외에는 결코 구원주가 없다. 오직 그리스도만이 우리를 구원하신다.

야곱의 하늘 사다리와 십자가

창 28:12-15

12 꿈에 본즉 사닥다리가 땅 위에 서 있는데 그 꼭대기가 하늘에 닿았고 또 본즉 하나님의 사자들이 그 위에서 오르락내리락 하고 13 또 본즉 여호와께서 그 위에 서서 이르시되 나는 여호와니 네 조부 아브라함의 하나님이요 이삭의 하나님이라 네가 누워 있는 땅을 내가 너와 네 자손에게 주리니 14 네 자손이 땅의 티끌 같이 되어 네가 서쪽과 동쪽과 북쪽과 남쪽으로 퍼져나갈지며 땅의 모든 족속이 너와 네 자손으로 말미암아 복을 받으리라 15 내가 너와 함께 있어 네가 어디로 가든지 너를 지키며 너를 이끌어 이 땅으로 돌아오게 할지라 내가 네게 허락한 것을 다 이루기까지 너를 떠나지 아니하리라 하신지라

야곱이 본 사닥다리

육지와 섬을 연결하기 위하여 다리를 놓는다. 강을 사이에 두고 서로 통행하기 위하여 다리를 놓는다. 사람도 남녀가 만나 결혼을 하도록 중매 서는 자가 있다. 그러면 거룩하신 하나님과 인간을 연결하는 다리는 없는가? 어느 분이 하나님과 죄인인 인간의 중보자 역할을 하는가? 물론 우리가 믿는 예수님이다.

"하나님은 한 분이시요 또 하나님과 사람 사이에 중보자도 한 분이 시니 곧 사람이신 그리스도 예수라"(딤전2:5).

예수님이 중보자가 되셔서 우리를 하나님께 인도하신다는 진리의 예표가 야곱이 꿈에 본 사닥다리에 잘 나타나 있다. 이삭의 아들 야곱은 형과 부친을 속이고 장자권을 빼앗은 후에 형 '에서' 의 보복이 두려워서 하란에 있는 외가집으로 피신을 하였다. 어머니 '리브가' 는 야곱을 살리기 위하여 지혜롭게 피신을 시켰다. 야곱은 브엘세바 광야의 '루스' 라는 곳에서 하룻밤을 보내게 되었다. 하란까지는 약 500마일이나 걸리는 먼 거리였다. 겨우 10% 정도 여행한 상태였다. 그는 앞 길이 막막하고 두려웠다. 그 동안 어떤 위험한 일이 닥칠지 모르고 장차 부모도 없는 곳에서 어떻게 버티며 살까 염려되었다. 그 때 꿈 속에서 하늘과 땅을 이어주는 사닥다리를 보았고 하나님의 음성을 들었다.

야곱은 살아계신 하나님을 체험했다. 야곱이 본 하늘의 사닥다리는 땅에서 하늘로 올라간 사다리가 아니다. 하늘에서 야곱에게로 내려온 사다리다. 사닥다리는 하나님과 죄인인 야곱을 만나게 했다.

"꿈에 본즉 사닥다리가 땅 위에 서 있는데 그 꼭대기가 하늘에 닿았고 또 본즉 하나님의 사자들이 그 위에서 오르락내리락 하고, 또 본즉 여호와께서 그 위에 서서 이르시되 나는 여호와니 너의 조부 아브라함의 하나님이요 이삭의 하나님이라 네가 누워 있는 땅을 내가 너와 네 자손에게 주리니"(12,13절).

야곱이 꾼 꿈은 하나님의 계시와 예언의 꿈이어서 아주 선명하게 보았다. '보았다' 라는 구체적인 단어가 여러 번 사용되고 있다. 그 사닥다리에 천사들이 오르락내리락 한 것을 보아 천국이 정말 존재한다는 것과 하늘에 계신 하나님이 야곱에게 말씀하신 것으로 보아 하나님은 땅위에 사는 믿음의 사람들에게 대단히 관심이 많다는 것을 보여주고 있다. 그들을 구원의 길로 인도하시기 위하여 택하신 아브라함과 그의 후손들에게 메시야를 통하여 구원을 얻도록 약속하셨다(창22:17). 그리스도의 복음은 모든 민족들이 복을 얻고 구원을 받게 될 것을 말씀하셨다.

"네 자손이 땅의 티끌 같이 되어 네가 서쪽과 동쪽과 북쪽과 남쪽으로 퍼져나갈지며 땅의 모든 족속이 너와 네 자손으로 말미암아 복을 받으리라"(14절).

사다리가 되신 그리스도

타락한 우리가 하나님을 만나고 죄 사함을 받고 천국의 거룩한 백성이 된다는 것은 얼마나 놀라운 일인가? 그 놀라운 은혜를 얻기 위하여 우리는 하늘과 땅을 잇고 감히 하나님께 나갈 수 있도록 도우시는 중보자가 필요하다. 그 분이 바로 죄 없으신 예수 그리스도다. 우리의 죄로 인한 저주와 형벌을 대신 받으시고 속죄양이 되셔서 십자가를 지신 예수님이시다. 그러므로 우리가 하나님을 만나는 영적인 사다리는 십자가이다. 십자가의 보혈의 공로가 없고서는 아무도 하나님을 아버지라 부를 수 없다.

"또 이르시되 진실로 진실로 너희에게 이르노니 하늘이 열리고 하나님의 사자들이 인자 위에 오르락내리락 하는 것을 보리라 하시니라"(요1:51).

우리 앞에 하늘이 열리고 구원의 길이 열릴 것인데, 십자가를 지신 그리스도가 사다리가 되실 것이다. 그래서 '인자' 위에 천사들이 오르락내리락 하는 것을 볼 것이라고 말씀하셨다.

"이제는 전에 멀리 있던 너희가 그리스도 예수 안에서 그리스도의
피로 가까워졌느니라"(엡2:13).
"또 십자가로 이 둘을 한 몸으로 하나님과 화목하게 하려 하심이라
원수 된 것을 십자가로 소멸하시고"(엡2:16).

오직 그리스도의 보혈로만 하나님과 가까워질 수 있고 하나님을 아버지로 부를 수 있다. 예수님의 십자가가 우리와 하나님 사이를 화목하게 하셨고, 하나님과 원수가 되게 했던 악한 죄와 사탄의 세력을 소멸시킬 수 있다. 그리고 성도들도 그 십자가의 은혜로 친밀해졌고 거룩한 교회 공동체를 형성할 수 있게 되었다.

"너희는 사도들과 선지자들의 터 위에 세우심을 입은 자라 그리스도
예수께서 친히 모퉁잇돌이 되셨느니라. 그의 안에서 건물마다 서로
연결하여 주 안에서 성전이 되어 가고"(엡2:20,21).

예수님의 십자가 진리를 깨닫게 될 때에 죄인이 하나님을 만나서 죄 용서와 구원의 은혜를 체험하게 된다. 예수님의 십자가의 은혜가 거룩하신 하나님과 죄인을 연결하는 사다리가 되었다. 그와 같이 우리도 다른 사람들의 영혼을 그리스도께로 연결시키는 다리의 역할을 잘 감당해야 한다.

구원의 문이 되신 그리스도

야곱이 하늘의 사다리를 보고 그 지역을 '벧엘'(בֵּית אֵל)이라고 했다. 벧엘은 하나님의 집이라는 뜻이다. 야곱이 하나님의 음성을 들은 후에 두려운 마음으로 "이 곳이 하나님의 집이며, 하늘의 문이라"고 말했다(창28:17-19)

하늘 사다리를 본 곳이 하늘의 문이라면, 십자가를 지신 예수님은 곧 인생의 문이다. 십자가의 보혈의 문을 통과하지 않은 사람은 누구든지 천국에 들어갈 수 없다. 반드시 십자가의 보혈의 은혜로 죄씻음을 받아야 구원을 받는다.

> "내가 문이니 누구든지 나로 말미암아 들어가면 구원을 얻고 또는 들어가며 나오며 꼴을 얻으리라"(요10:9).

십자가의 은혜로 구원을 받은 자는 화목하게 하는 직분을 받은 자들이다. 여러 사람들과 이어주는 화목의 사다리가 되어야 하고, 예수 그리스도께로 인도해 주는 사다리가 되어야 한다. 가정에서나 교회에서나 직장에서나 화목을 이루는 일에 앞장 서야 한다. 특히 불신자들에게 전도하여 그리스도를 만나게 하는 영적 중보자의 일을 잘 감당해야 한다.

> "모든 것이 하나님께로서 났으며 그가 그리스도로 말미암아 우리를 자기와 화목하게 하시고 또 우리에게 화목하게 하는 직분을 주셨으니 …. 그러므로 우리가 그리스도를 대신하여 사신이 되어 하나님이 우리를 통하여 너희를 권면하시는 것 같이 그리스도를 대신하여 간청하노니 너희는 하나님과 화목하라"(고후5:18-20).

야곱의 신부와 그리스도의 신부

창 29:18-20

18야곱이 라헬을 더 사랑하므로 대답하되 내가 외삼촌의 작은 딸 라헬을 위하여 외삼촌에게 칠 년을 섬기리이다 19라반이 이르되 그를 네게 주는 것이 타인에게 주는 것보다 나으니 나와 함께 있으라 20야곱이 라헬을 위하여 칠 년 동안 라반을 섬겼으나 그를 사랑하는 까닭에 칠 년을 며칠 같이 여겼더라

라헬을 사랑한 야곱

'야곱'은 형 '에서'를 피하여 하란에 있는 외삼촌 '라반'의 집에 왔다. 그는 고달픈 목축생활 중에서도 외삼촌의 딸 '라헬'을 사랑하므로 세월 가는 줄 몰랐다. 야곱은 사랑하는 신부 '라헬'(רָחֵל)을 얻기 위하여 14년 동안 '라반'에게 무보수로 봉사하였다.

"야곱이 라헬을 더 사랑하므로 대답하되 내가 외삼촌의 작은 딸 라헬을 위하여 외삼촌에게 칠 년을 섬기리이다"(창29:18).

라헬이란 뜻은 '암양'이다. 그녀는 곱고 아름다웠다. 그리고 특히 야곱이 그녀를 사랑하였기 때문에 7년의 세월을 며칠처럼 여겼다. 외삼촌 라반은 무보수로 일할 수 없으니 보수를 어떻게 주면 좋은지 야곱에게 물었다. 야곱은 돈이나 가축으로 요구할 수 있었다. 그는 고향을 떠나

왔기 때문에 성공해서 돌아가고 싶었을 것이다. 그러나 야곱은 재물보다도 사랑을 더 귀하게 생각했다. 라반의 작은 딸 라헬을 사랑하여 연애하고 있었기 때문에, 라헬을 아내로 받는 조건으로 7년을 무보수로 일하기로 했던 것이다.

"야곱이 라헬을 위하여 칠 년 동안 라반을 섬겼으나 그를 사랑하는 까닭에 칠 년을 며칠 같이 여겼더라"(창29:20).

고대 히브리인들은 신랑이 신부를 데리고 올 때에 신부의 아버지에게 예물을 지불했다. 이 예물은 신부의 몸값이라기 보다는 신부가 속한 가문의 손실에 대한 보상이었다(창34:12, 삼상18:25). 훌륭한 가문의 규수일수록 예물의 수준도 높았다.

무일푼인 야곱은 라헬을 신부로 삼기 위하여 줄 수 있는 예물이 없었다. 그래서 7년 동안 노동으로 대가를 지불했던 것이다. 그 동안은 야곱이 종처럼 라반을 섬기면서 열심히 헌신했던 것이다. 그런데 7년 후에 라반은 작은 딸을 주지 않았다. 어두워진 저녁 시간에 결혼을 하고 신방에 들여보낸 신부는 라반의 큰 딸 '레아'였다. 첫 날 밤을 지나고 보니 외삼촌이 약속했던 라헬이 아니고, 그 밤을 지새운 신부는 레아였던 것이다. 화가 난 야곱은 외삼촌에게 항의를 했고, 라반은 자기 지방에서는 언니보다 동생을 먼저 주는 법이 없다고 변명을 했다. 라반은 작은 딸 라헬도 아내로 줄 터이니 7년을 더 일하라고 요구했다. 그래서 야곱은 아름다운 신부 라헬을 얻기 위하여 무려 14년을 무보수로 종살이를 했던 것이다.

야곱이 라헬을 사랑하여 무려 14년 동안 고생했던 것처럼, 예수 그리스도는 우리를 사랑하셔서 이 세상에 사람의 몸을 입고 오셔서 고난을 받으셨다. 야곱이 라헬을 신부로 삼은 것처럼 그리스도도 우리를 영적인 신부로 삼으시고 사랑해주셨다. 그러므로 이제 우리는 우리의 것이 아니라 그리스도가 피를 값 주고 사신 그리스도의 소유가 되었다. 주님은 자기의 신부를 맞이하기 위하여 너무나 큰 대가를 지불하셨다.

"…너희는 너희 자신의 것이 아니라 값으로 산 것이 되었으니 그런 즉 너희 몸으로 하나님께 영광을 돌리라"(고전6:19,20).

호세아 선지자도 음란하여 가출한 아내 '고멜'을 끝까지 사랑하여 집으로 데리고 오면서 값을 지불하였다.

"…그 여자를 사랑하라 하시기로 내가 은 열다섯 개와 보리 한 호멜 반으로 나를 위하여 그를 사고"(호3:1,2).

야곱의 신부 사랑과 호세아의 신부 사랑은 값을 지불한 사랑이었다. 그리스도가 우리를 신부로 삼으시면서는 십자가의 값진 보혈을 지불하셨다. 돈이 아닌 목숨을 바치시고 우리를 사 주셨다.

교회를 사랑하신 예수님

성경은 예수님과 교회의 관계를 신랑과 신부로 묘사하고 있다.

"남편들아 아내 사랑하기를 그리스도께서 교회를 사랑하시고 그 교회를 위하여 자신을 주심 같이 하라"(엡5:25).

예수님이 헌신적으로 사랑하신 것처럼, 가정의 남편도 그렇게 아내를 사랑하라고 바울 사도는 교훈하고 있다. 사랑은 말로만 되는 것이 아니다. 야곱이 라헬을 위하여 긴 시간과 정열을 투자한 것처럼, 남편은 아내를 위하여 수고와 정성을 쏟아야 한다. 자신을 온전히 헌신하는 사랑이 있어야 한다.

예수님은 신부인 성도들을 사랑하기 위하여 이 세상에 오셔서 종으로 섬기시며(막10:44-45) 그 신부를 영원히 사랑하기 위하여 십자가에서 죽기까지 희생하셨다. 예수님이 우리를 신부로 삼기 위하여 지불하신 대가는 값으로 매길 수 없는 가장 고귀한 주님의 생명이었다. 예수님은 자신의 피값으로 신부인 우리 영혼을 사 주셨다.

야곱이 신부 라헬을 아내로 삼기 위하여 14년을 종살이 한 것처럼, 예수님은 교회를 사랑하시기 위하여 이 세상에 종으로 오셔서 섬기셨다. 그 신부를 구원시켜 영생을 얻도록 하기 위하여 십자가의 고난을 당하시고 고귀한 목숨을 바치셨다. 그리스도의 사랑은 엄청난 대가를 지불하신 사랑이다. 우리가 후일에 천국에서 주님을 만나는 것을 성경은 신랑과 신부가 만나는 혼인잔치에 비유하고 있다(계19:7-9).

예수님은 십자가의 대속적인 죽음을 통하여 우리를 천국 혼인잔치의 신부로 맞이하실 것이다. 야곱과 라헬의 결혼이 값을 지불한 귀한 사랑이라면, 그리스도와 성도들의 사랑 또한 십자가의 보혈의 값을 지불한 사랑이다. 그리스도의 희생을 통하여 맺어진 영원한 사랑이다.

야곱의 기도와 그리스도

창 32:24-32

24야곱은 홀로 남았더니 어떤 사람이 날이 새도록 야곱과 씨름하다가 25자기가 야곱을 이기지 못함을 보고 그가 야곱의 허벅지 관절을 치매 야곱의 허벅지 관절이 그 사람과 씨름할 때에 어긋났더라 26그가 이르되 날이 새려하니 나로 가게 하라 야곱이 이르되 당신이 내게 축복하지 아니하면 가게 하지 아니하겠나이다 27그 사람이 그에게 이르되 네 이름이 무엇이냐 그가 이르되 야곱이니이다 28그가 이르되 네 이름을 다시는 야곱이라 부를 것이 아니요 이스라엘이라 부를 것이니 이는 네가 하나님과 및 사람들과 겨루어 이겼음이니라 29야곱이 청하여 이르되 당신의 이름을 알려주소서 그 사람이 이르되 어찌하여 내 이름을 묻느냐 하고 거기서 야곱에게 축복한지라 30그러므로 야곱이 그 곳 이름을 브니엘이라 하였으니 그가 이르기를 내가 하나님과 대면하여 보았으나 내 생명이 보전되었다 힘이디리 31그가 브니엘을 지날 때에 해가 돋았고 그의 허벅다리로 말미암아 절었더라 32그 사람이 야곱의 허벅지 관절에 있는 둔부의 힘줄을 쳤으므로 이스라엘 사람들이 지금까지 허벅지 관절에 있는 둔부의 힘줄을 먹지 아니하더라

야곱의 얍복강변에서의 기도

우리의 일생에서 가장 놀라운 축복은 우리가 하나님과 영적으로 만나는 것이다. 예수님을 구주로 영접하고 자신의 죄를 회개하고 완전히 깨어져 새사람이 되는 것이다. 이것보다 더 크고 충격적인 사건은 없다. 인간은 하나님께서 창조하셨기 때문에 인간이 하나님을 만날 때 자신의 존재를 진실로 발견하게 된다. 그래서 성경은 하나님을 만나고 성령의 충만한 은혜를 입어 변화되는 것을 '거듭난다' 고 말한다.

야곱에게 바로 그 거듭나는 때가 있었다. 자기의 힘으로는 안 되는 줄 알고 간절히 부르짖고 기도하다가 하나님을 만나고, 환도뼈가 위골되어 철저하게 낮아지는 순간이 있었다. 야곱은 하나님을 만나고 완전히 변화된 인생을 살았다.

'야곱'은 형 '에서'를 피하여 하란 땅으로 가서 20년의 세월을 보냈다. 이제 가족들을 데리고 고향으로 돌아가는 길이었다. 그 때에 형 '에서'가 사백인의 하솔들을 데리고 온다는 소식을 듣고 덜컥 겁이 났다. 자기에게 장자권을 빼앗기고 복수하려던 형의 얼굴이 생각났다. 형은 원래부터 거친 사냥꾼이었다. 자기뿐만 아니라 아내들과 자식들까지 다 죽일지도 모른다. 그리고 그 동안 애써 모았던 재물과 종들까지 다 강탈해 갈지도 모르는 일이었다.

그는 얍복강 나루에서 가족들과 종들, 그리고 모든 가축 떼를 다 보내고 자기 혼자만 남았다. 그 위험한 고비를 잘 넘기기 위하여 하나님께 기도하는 수밖에 없었다. 마침내 해가 지고 강변은 어두워졌다.

그런데 누군가 한 사람이 자기 곁으로 다가왔다. 성경은 자세히 기록하고 있지는 않지만, 야곱은 어두운 밤에 만난 그 사람에게 "당신은 누굽니까"라고 물었을 것이고, 그 분은 야곱에 대하여 너무나 잘 알고 있었을 것이다. 야곱의 지난 세월의 어리석음과 장차 닥칠 일에 대하여 말씀했을지도 모른다. 그 순간 눈치 빠른 야곱은 하나님이 보내신 사자라고 생각했을 것이다. 그리고 자기의 문제를 해결해 달라고 간절히 매달렸을 것이다. 힘 겨루기를 위한 씨름이 아니라 하나님께 도움을 요청하는 씨름이었을 것이다.

야곱이 만난 그리스도

야곱은 얍복강가에서 '어떤 사람'을 만나 씨름하였다고 하였는데, 히브리 성경에는 '한 사람'(이쉬)을 만났다고 기록되어 있다.

"야곱은 홀로 남았더니 어떤 사람이 날이 새도록 야곱과 씨름하다가"(24절).

"한 사람이 그와 함께 씨름하였다"(יֵאָבֵק אִישׁ עִמּוֹ: 예아베크 이쉬 이모)고 기록하고 있다. 처음 만났을 때는 '사람'이었지만, 나중에는 야곱이 '하나님'을 대면하여 보았다고 고백하고 있다(30절). 도대체 그 사람은 누구였을까? 신학자들 중에는 '하나님의 사자'나 '천사'로 해석하기도 하지만, 박윤선 박사를 비롯한 다른 학자들은 '예수 그리스도'로 이해한다. 구약시대에는 사람이 하나님을 직접 만나고 접촉할 수 없었다. 거룩하신 하나님과 직접 접촉한다면 그 사람은 살지 못했다. 그래서 하나님이 사람의 형체를 입고 오신 것이다.

신약시대에 오신 그리스도는 사람으로 오셨지만 하나님의 아들이셨다. 죄 없으신 하나님이 우리의 죄를 위하여 십자가에 죽으시기 위하여 사람의 몸이 필요했던 것이다. 사람이시면서 하나님이신 분은 오직 예수 그리스도밖에 없다.

아브라함도 인간의 형체를 입으신 하나님을 만난 적이 있었다. 그가 '마므레' 상수리나무 곁의 장막에 있을 때 찾아오셨다.

"여호와께서 마므레의 상수리나무들이 있는 곳에서 아브라함에게 나타나시니라 날이 뜨거울 때에 그가 장막 문에 앉아 있다가"(창 18:1).
"그 사람들이 거기서 떠나 소돔으로 향하여 가고 아브라함은 여호와 앞에 그대로 섰더니 아브라함이 가까이 나아가 이르되"(창18:22,23).

아브라함의 장막에 나타난 사람은 세 사람이었는데, 두 사람은 소돔으로 떠나고 한 분은 그대로 서서 아브라함과 대화를 하였는데 성경은 그를 '여호와' 라고 기록하고 있다.

모세도 호렙산의 불타는 떨기나무 안에서 '여호와의 사자' 가 나타난 것을 보았는데, 그는 고백하기를 "하나님 뵈옵기를 두려워하여 얼굴을 가렸다"고 말하고 있다(출3:2-6). 이와 같이 아브라함과 야곱과 모세는 사람의 모습을 지닌 하나님을 만났던 자들이다. 사람의 몸을 입고 오신 하나님은 예수 그리스도시니, 야곱이 얍복강에서 만난 '어떤 사람' 은 구약시대에 나타나신 '그리스도' 로 해석하는 것이 바람직할 것이다.

기도를 들으시는 그리스도

야곱이 만난 그리스도는 그의 간절한 기도를 들으신 분이다. 지금 야곱에게 당면한 일은 군사를 이끌고 마주 오고 있는 형 '에서' 의 마음을 푸는 것이다. 그리고 장차 모든 일이 형통하게 풀리는 것이다. 야곱은 '그 사람' 과 날이 새도록 씨름하였다.

우리의 기도는 마음의 수양을 위하여 하는 것이 아니다. 우리의 기도는 삶의 전투이다. 생사(生死)가 걸려 있고 미래의 운명이 걸려 있는 문제를 해결하고 푸는 것이다. 그래서 야곱은 "당신이 내게 축복하지 않으면 안 된다"고 말했다(26절). 하나님의 은혜와 도움이 없다면 자신과 가족들이 살아갈 수 없다는 것을 확신했다.

'저드슨'(Judson)은 말하기를 "어떤 희생을 치르더라도 기도를 계속하라"고 말하였고, '사무엘 루더포드'(Ruderforth)는 "나는 일곱 지옥을 건너서라도 하나님을 만나야 한다"고 말했다. 하나님께 드리는 기도가 자기 인생에 절대적인 영향을 끼친다는 것을 아는 사람들의 고백이다.

야곱은 자기에게 오신 그리스도께서 돕지 아니하시면 안 된다는 것을 알고, 환도뼈가 위골이 되었음에도 불구하고 그 사람을 붙잡고 놓아주지 않았다. 마침내 그는 야곱을 축복해 주셨다. 인간의 꾀와 간교함으로 살아왔던 '야곱'(발꿈치를 잡았다는 뜻)이라는 이름을 '이스라엘'(יִשְׂרָאֵל : 하나님과 겨루어 이김)이라는 영적 승리의 이름으로 바꾸어 주셨다. 이름을 바꾸었다는 것은 그에게 완전히 새로운 인생, 변화된 인생이 주어졌다는 것을 의미한다. 그 동안 그의 인생은 아버지와 형을 속이고, 삼촌 '라반'에게 속기도 했던 지극히 인간적인 삶이었다. 그러나 이제 야곱은 하나님의 축복과 은총을 입어 하나님 중심적인 삶을 살게 되었다는 것이다.

그리스도는 우리의 기도를 들어주시고 지난 세월의 자기 중심의 삶을 하나님 중심의 삶으로 변화시켜 주시는 분이다. 실패의 인생을 영적 성공의 인생으로 바꾸어 주시고, 패배와 좌절의 인생을 승리와 기쁨의 인생으로 바꾸어 주시는 분이다.

죄와 아집을 깨뜨리시는 그리스도

주님은 우리가 복을 받기 전에 먼저 자신의 죄와 아집을 깨뜨리신다. 마치 야곱의 환도뼈를 쳐서 위골이 되게 하시고 그를 낮추신 것처럼 우리를 철저히 깨뜨리신다. 기도의 응답은 자신의 죄를 철저히 회개하고 자기의 꾀와 방법으로는 더 이상 살아갈 수 없다는 것을 고백하고 온전히 주님을 의지할 때 도움과 축복의 손길을 내미신다.

> 우리가 회개하고 낮아지면 주님께서는 새사람으로 거듭나게 하신다. 예수님께서는 유대인의 관원이었던 '니고데모'에게 "진실로 진실로 네게 이르노니 사람이 거듭나지 아니하면 하나님의 나라를 볼 수 없느니라"고 말씀하셨다(요3:3).

그리스도는 우리가 마음으로 자유롭지 못하고 늘 고민과 근심으로 사는 것을 기뻐하지 않으신다. 진리의 말씀을 믿게 하고 인생의 참 자유를 누리게 하신다.

> "진리를 알지니 진리가 너희를 자유롭게 하리라"(요8:32).

어둠 속에서 방황하고 헤매는 삶을 살게 하지 않고 밝고 당당하게 살게 하신다. 그리스도는 '생명의 빛'이시다. 그리고 우리는 그 분의 빛을 받아 빛 가운데 살아가게 된다. 어떤 사람은 예수님을 믿는다고 하면서도 늘 걱정 근심에 사로잡혀 어둠의 자녀처럼 사는 사람이 있다. 또 남을 속이고 사기치고 도망다니는 사람이 있다. 야곱과 같이 늘 무엇인가를 두려워하고 해결하지 못해서 전전긍긍하는 사람들이 있다.

이제 진리의 말씀을 믿고 빛으로 나오라. 자신의 죄를 철저히 고백하고 하나님 앞에 자신의 죄악과 허물을 토해내라. 더 이상 여러분들이 어둠 속에서 살지 않도록 하나님께서 건져내실 것이다. 야곱이 고민하던 문제가 한 순간에 풀려져서 형과 화해를 하고 복을 받았던 것처럼, 여러분의 삶에 놀라운 변화가 일어날 것이다. 목마른 여러분의 심령에 생수의 강이 흘러넘칠 것이고, 굶주린 여러분의 심령이 생명의 떡으로 배부르게 될 것이다(요6:35, 7:37,38). 예수 그리스도를 구주로 믿고 영접하여 변화 받고 복 받기를 바란다.

브니엘의 축복

야곱이 만난 그리스도는 하나님의 얼굴을 뵙게 하시는 분이다. 야곱은 그리스도를 만나 '이스라엘' 이라는 사람으로 변화되었다. 복을 받은 그는 그 곳 이름을 '브니엘' 이라 불렀다.

> "그러므로 야곱이 그 곳 이름을 브니엘이라 하였으니 그가 이르기를 내가 하나님과 대면하여 보았으나 내 생명이 보전되었다 함이더라. 그가 브니엘을 지날 때에 해가 돋았고 그의 허벅다리로 말미암아 절었더라(30,31절)."

우리가 예수님을 구주로 믿은 것은 곧 하나님의 얼굴을 본 것이다. 예수님을 통하여 거룩하신 하나님을 만나게 된 것이다.

> "예수께서 이르시되 내가 곧 길이요 진리요 생명이니 나로 말미암지 않고는 아버지께로 올 자가 없느니라. 너희가 나를 알았더라면 내 아버지도 알았으리로다 이제부터는 너희가 그를 알았고 또 보았느니라"(요14:6,7).

우리는 예수님의 십자가의 대속으로 죄 용서를 받고 하나님을 만나게 되었다. 예수님이 십자가 위에서 운명하실 때, 하나님과 만나지 못하도록 막아놓았던 성전의 휘장이 위로부터 아래로 찢어졌다. 이제는 누구든지 예수 그리스도를 구주로 믿는다면 하나님을 만날 수 있게 되었다. 더 이상 우리와 아주 멀리 계시고 얼굴을 숨기고 계신 하나님이 아니라, 야곱처럼 대화하고 붙잡고 씨름할 수 있는 가까이 계신 아버지 하나님이 되셨다. 그리스도는 거룩하신 하나님의 얼굴을 뵈올 수 있게 해 주신 생명의 은인이시다.

야곱은 하나님의 얼굴을 대면하였으나 죽지 않았다. 자기 인생의 문제를 해결하고 기쁨으로 형을 만나러 갈 때에 밝은 아침 해가 떠올랐다. 자기를 죽일 줄 알았던 형 '에서'는 동생 야곱을 보자 미움의 마음이 다 풀리고 말았다. 그리고 달려와서 형과 아우가 서로 안고 울었다.

> "에서가 달려와서 그를 맞이하여 안고 목을 어긋맞추어 그와 입맞추고 서로 우니라"(창33:4).

야곱이 하나님을 만나고 변화되더니 고민하던 문제도 한 순간에 다 해결되었다. 당신의 인생에 하나님을 만나는 '브니엘의 축복'이 임하기를 바란다.

요셉과 그리스도의 고난

창 39:19-23

19그의 주인이 자기 아내가 자기에게 이르기를 당신의 종이 내게 이같이 행하였다 하는 말을 듣고 심히 노한지라 20이에 요셉의 주인이 그를 잡아 옥에 가두니 그 옥은 왕의 죄수를 가두는 곳이었더라 요셉이 옥에 갇혔으나 21여호와께서 요셉과 함께 하시고 그에게 인자를 더하사 간수장에게 은혜를 받게 하시매 22간수장이 옥중 죄수를 다 요셉의 손에 맡기므로 그 제반 사무를 요셉이 처리하고 23간수장은 그의 손에 맡긴 것을 무엇이든지 살펴보지 아니하였으니 이는 여호와께서 요셉과 함께 하심이라 여호와께서 그를 범사에 형통하게 하셨더라

요셉의 꿈과 고난

창세기 37장부터 50장에 이르는 요셉의 일대기는 곧 예수 그리스도의 고난과 영광의 표상이다. 요셉의 인생 여정은 어떤 신앙 인물보다도 더 유사하게 그리스도의 생애를 잘 반영하고 있다. 그래서 우리는 요셉의 삶을 단순한 개인의 역사로 취급하지 않고, 장차 오실 이스라엘의 구원자 그리스도에 대한 구속 역사로 해석해야 한다.

요셉은 소년기에 부친 야곱에게 가장 사랑받는 아들이었으며(창 37:3-4), 하나님이 주신 꿈을 가지고 있었다. 하나님은 그에게 어린 시절부터 세상을 통치하는 비전을 품게 하셨다(창37:5-11).

"그의 형들이 그에게 이르되 네가 참으로 우리의 왕이 되겠느냐 참으로 우리를 다스리게 되겠느냐 하고 그의 꿈과 그의 말로 말미암아 그를 더욱 미워하더니"(창37:8).
"서로 이르되 꿈 꾸는 자가 오는도다. 자, 그를 죽여 한 구덩이에 던지고 우리가 말하기를 악한 짐승이 그를 잡아먹었다 하자 그의 꿈이 어떻게 되는지를 우리가 볼 것이니라 하는지라"(창37:19,20).

요셉은 하나님이 주신 꿈을 숨길 줄 몰랐다. 어리기 때문에 너무나 순진했던 것이다. 그리고 그의 적극적인 성향도 있었을 것이다. 시기와 미움의 눈길로 지켜보기만 하던 형들이 집 떠나온 요셉을 죽이려고 했다. 요즘 같으면 요셉이 형들에게 심하게 왕따를 당했다고 해석할 수 있다. 우리가 하나님의 뜻을 이루기 위하여 세상에서 왕따가 되고 시기와 미움의 대상자가 된다고 해도, 하나님이 인도하시면 아무도 그를 해할 수 없다.

요셉은 급기야 그의 형들의 시기와 미움으로 애굽의 종으로 팔려가는 고난을 당했다. 그리고 '보디발'이라는 애굽 바로 왕의 친위 대장의 집에서 종살이를 하게 되었다(창39:1). 하도 지혜롭고 신실하게 일을 하여 주인에게 인정을 받고 가정의 총무가 되었다(4절). 하나님께서는 정규 교육을 받을 수 없는 노예였던 요셉에게 장차 나라를 맡기시기 위하여 밑바닥부터 훈련을 시키셨다. 권력자의 집에서 모든 소유를 맡아 주관하는 총무의 일을 하게 함으로 재정관리의 경험을 쌓게 하셨다.

그의 고난과 훈련은 거기에서 멈추지 않았다. 안주인의 유혹으로 죄 없었던 그가 성폭력범으로 취급받아 감옥에 3년 동안 갇히는 고통을 받았다. 거기서 또 왕 측근에 있던 고위 관리들을 만나게 하시고 정치에 대해서도 조금 알 수 있는 기회를 주셨다. 그는 감옥에서도 신실하고 지혜롭게 행동하여 간수의 인정을 받았다. 그에게 고난이 거듭될수록 유익한 훈련도 수준이 높아졌다. 하나님이 주신 꿈이 성취되기 위하여 하나님은 노예와 감옥살이를 통하여 요셉을 연단시키셨다.

> "간수장이 옥중 죄수를 다 요셉의 손에 맡기므로 그 제반 사무를 요셉이 처리하고, 간수장은 그의 손에 맡긴 것을 무엇이든지 살펴보지 아니하였으니 이는 여호와께서 요셉과 함께 하심이라 여호와께서 그를 범사에 형통하게 하셨더라"(22, 23절).

그는 마침내 하나님의 은혜로 출옥하여 애굽의 총리가 되는 영광을 얻었다. 그리고 부친 '야곱'에게 속한 이스라엘의 가족들을 기근으로부터 살려내고, 고대 근동의 나라들을 장기적인 7년 흉년과 굶주림에서 구원했다.

그리스도의 고난과 영광의 표상

예수 그리스도는 하나님 아버지의 사랑받는 독생자이며, 온 인류를 죄에서 구원하기 위하여 이 세상에 오셨다. 무지한 자기 백성들에게 고소를 당하시고 빌라도에게 재판을 받아 십자가를 지셨다. 죄 없으신 주님은 십자가에 죽으시고 삼 일 동안 무덤에 계셨다. 그리고 영광스럽게 부활하셨다. 하나님의 선택을 받은 자는 누구든지 예수님의 십자가의 은혜로 구원을 받게 되었다.

요셉은 그리스도의 그림자이다. 그는 부친 야곱으로부터 가장 사랑을 많이 받았던 인물이었다. 형들이 서로 짜고 요셉이 죽은 것처럼 거짓 보고를 했을 때 야곱은 식음을 전폐하고 며칠 동안 울었다. 그런데 그 죽었던 줄로 알았던 아들이 후일에 이스라엘의 집안 식구 70여 명을 기근으로부터 구원해 내었다.

요셉은 잘못이 없었지만 형들의 미움으로 애굽의 종으로 팔려갔고, 또 보디발의 처로 말미암아 억울하게 고소를 당하여 감옥살이까지 하였다. 그와 유사하게 죄 없으신 예수님이 유대 지도자들과 무지한 군중들에게 고소를 당하고 억울하게 빌라도 총독에게 재판을 받고 십자가에 달려 돌아가셨다.

요셉은 형들의 미움을 받아 구덩이에 던져졌다(창37:4). 나쁜 형들이 재판관이 되고 요셉은 죄인이 되었다. 아버지의 심부름을 왔던 요셉을 마치 죄수를 다루듯 형들은 그의 옷을 벗겼다(37:23). 처음에는 죽이려고 하다가 차마 동생을 죽일 수 없다는 유다의 말에 종으로 팔기로 했다(37:26,27). 그리고 미디안 상인에게 은 이십에 종으로 팔아 넘겼다(37:28). 마치 가룟유다가 예수님을 은 삼십 개에 팔아 넘기고, 나쁜 재판관 빌라도에게 고난을 받으시고, 십자가에서 옷 벗김을 당한 것까지 너무나 유사한 점이 많다.

요셉은 감옥에서 두 죄수와 함께 거하였고, 그 중 한 사람은 구원을 받았고 다른 사람은 구원을 받지 못했다(40:2-3). 그리고 감옥에 들어간 후에, 만 2년이 지난 후(창41:1) 석방되어 애굽 총리의 영광스러운 자리에 앉고 자기를 미워하여 팔았던 그 형들이 오히려 머리를 숙이고 절을 하게 된다.

이것 역시 예수님과 흡사한 점이 있다. 주님은 십자가에 달리실 때에 곁에 두 죄수가 있었는데, 한 강도는 회개하고 구원을 받았고, 한 강도는 예수님을 비방하고 영원히 멸망을 받았다. 요셉이 3년이란 시간을 감옥에 갇혀있었고, 예수님은 죽은 후에 삼 일 동안 무덤에 갇혀있었다. 결국 요셉이 해방되어 감옥에서 석방되고 영광스러운 총리의 자리에 앉게 된 것처럼, 예수님도 무덤 속에서 부활하시고 영광스러운 몸을 입으시고 승천하시게 되었다.

요셉은 고난 후에 크게 존귀하게 되었다(41:41-44). 총리로 높임을 받은 후에 아름다운 여인 '아스낫'을 신부로 맞이하게 되었다(41:45). 요셉이 공직생활을 시작한 때가 나이 30세였다(41:46). 가뭄에 굶어죽게 생긴 애굽과 고대 근동의 백성들을 살렸다(41:57). 이런 모든 요셉의 인생 여정이 그리스도의 33년의 여정과 닮은 점이 너무나 많다.

그리스도도 십자가의 고난을 통하여 부활의 영광을 차지하게 되셨고, 그 구원의 은혜로 성도들을 신부로 삼아주셨다. 예수님이 나이 삼십에 공생애를 시작하신 것처럼, 요셉도 나이 삼십에 공직생활을 시작했고 하나님의 계획된 일을 수행하게 되었으며, 주님이 세상의 구주가 되신 것처럼 그 또한 기근과 굶주림에 시달리던 이스라엘의 공동체와 애굽, 그리고 고대 근동 사회에서 구원자의 역할을 감당했다. 요셉은 성경에 한 번도 죄가 언급되지 않았다. 그의 삶의 과정에서 우리는 구원자 예수님의 그림자를 여실히 살필 수 있다.

범죄자 취급을 받으신 그리스도

창 40:1-3

1그 후에 애굽 왕의 술 맡은 자와 떡 굽는 자가 그들의 주인 애굽 왕에게 범죄한지라 2바로가 그 두 관원장 곧 술 맡은 관원장과 떡 굽는 관원장에게 노하여 3그들을 친위대장의 집 안에 있는 옥에 가두니 곧 요셉이 갇힌 곳이라

죄인 취급을 받은 요셉과 그리스도

양심적으로 살아온 사람이 어느 날 범죄자 취급을 받았다면 그 충격이 얼마나 커겠는가? 남의 물건을 훔치지도 않았는데 도둑으로 취급을 받았다면 얼마나 놀라고 당황하겠는가? 죄 없는 착한 사람이 성폭행범으로 몰렸다면 얼마나 황당하고 기가 막히겠는가?

무죄한 요셉이 그런 황당한 일을 당했다. 그가 종으로 일하는 보디발의 집에서 그런 누명을 쓰고 억울하게 죄인 취급을 받았다. 요셉을 성적으로 희롱하던 여주인이 자기의 말에 순순히 따르지 않자 요셉에게 죄를 뒤집어 씌웠다. 요셉은 친위대장의 집 감옥에 3년 동안 갇히게 되었다.

죄 없으신 예수님도 자기 백성인 유대 지도자들과 무리들에게 고발을 당했다. 하나님의 아들이라 칭하였다는 신성모독죄와 로마의 반역자로 낙인이 찍혀 십자가에 못 박혀 죽으시고 삼 일 동안 무덤에 갇히셨다.

마치 예수님이 범죄자인 것처럼 취급을 받아 십자가에서 처형을 당하셨다. 그러나 실상은 죄와 허물로 죽어 지옥에 떨어져야 할 사람들을 대신하여 예수님께서 죄를 짊어지셨다.

"… 이는 그가 자기 영혼을 버려 사망에 이르게 하며 범죄자 중 하나로 헤아림을 받았음이니라 그러나 그가 많은 사람의 죄를 담당하여 범죄자를 위하여 기도하였느니라"(사53:12).
"우리는 다 양 같아서 그릇 행하여 각기 제 길로 갔거늘 여호와께서는 우리 모두의 죄악을 그에게 담당시키셨도다"(사53:6).

예수 그리스도는 죄 없으신 하나님의 아들이시다. 재판관이었던 빌라도 총독도 심문하였지만 예수님에게서 죄를 찾지 못하였다. 재판자 빌라도는 세 번씩이나 그리스도에게서 악한 죄를 찾지 못했다고 말했다. 그러나 유대의 권력자들에 의해 예수 그리스도는 억울하게 십자가형을 당하게 되었다.

"빌라도가 대제사장들과 관리들과 백성을 불러 모으고 이르되 너희가 이 사람이 백성을 미혹하는 자라 하여 내게 끌고 왔도다. 보라 내가 너희 앞에서 심문하였으되 너희가 고발하는 일에 대하여 이 사람에게서 죄를 찾지 못하였고"(눅23:14).
"빌라도가 세 번째 말하되 이 사람이 무슨 악한 일을 하였느냐 나는 그에게서 죽일 죄를 찾지 못하였나니"(눅23:22).

십자가의 한편 행악자도 예수님이야말로 죄가 없으신 분이라고 고백
하였다.

> "우리는 우리가 행한 일에 상당한 보응을 받는 것이니 이에 당연하
> 거니와 이 사람이 행한 것은 옳지 않은 것이 없느니라"(눅23:41).

죄 없으신 그리스도께서 유대 지도자들과 로마 권력자들에 의해 십
자가에 처형 당하신 것과 무죄한 요셉이 애굽의 권력자인 친위대장에
의해 감옥에 들어갈 수밖에 없었던 사건은 맥을 같이 한다.

두 죄수 사이에 있었다

요셉은 감옥에 들어갔지만 좌절하지 않고 변함없이 하나님을 믿고 의
지하였다. 하나님의 뜻이 있다고 생각하고 거기에서도 최선을 다하여
감옥에 갇힌 자들을 섬겼다. 특별히 요셉은 왕의 두 관원장을 섬겼다.

> "바로가 그 두 관원장 곧 술 맡은 관원장과 떡 굽는 관원장에게 노하
> 여 그들을 친위대장의 집 안에 있는 옥에 가두니 곧 요셉이 갇힌 곳
> 이라 친위대장이 요셉에게 그들을 수종들게 하매 요셉이 그들을 섬
> 겼더라"(2-4절).

어느 날 두 관원장이 꿈을 꾸었는데, 요셉이 해몽을 해 주었다. 요셉
의 해몽대로 술 맡은 관원장은 왕에게 용서를 받아 출옥하게 되었고,
떡 굽는 관원장은 사형을 당해 죽었다(21, 22절). 요셉의 말대로 한 사람

은 구원을 받았고, 또 한 사람은 처형 당했다.

예수 그리스도가 처형을 당할 때, 요셉이 두 죄수 사이에 있었던 것처럼 그리스도도 두 죄수 사이에 있었다. 갈보리 산에는 세 개의 십자가가 세워졌다. 그 중간의 십자가에 예수님이 달리셨다.

"해골이라 하는 곳에 이르러 거기서 예수를 십자가에 못 박고 두 행악자도 그렇게 하니 하나는 우편에, 하나는 좌편에 있더라"(눅 23:33).

요셉이 섬겼던 두 관원장 중 한 사람은 전직이 회복되어 구원을 받았고, 한 사람은 처형을 당했다. 그와 유사하게 그 죽음의 마지막 순간에 한 죄수는 예수님을 구주로 믿고 구원을 받았고, 한 죄수는 예수님을 끝까지 비방하다가 구원을 받지 못했다.

"이르되 예수여 당신의 나라에 임하실 때에 나를 기억하소서 하니, 예수께서 이르시되 내가 진실로 네게 이르노니 오늘 네가 나와 함께 낙원에 있으리라 하시니라"(눅23:42,43).

구원받은 한편 강도는 교회사에서 '성 디디커스'(St. Didicus)로 알려져 있다. 그는 자신의 구주이신 예수 그리스도의 약속으로 죄 용서를 받고 새 사람이 되었다. 죽어가는 인생의 그 마지막 순간에 그는 구원을 받았다. 그의 믿음의 고백이 그를 구원받도록 했다.

예수님은 삶과 죽음을 구분 짓는 분이시다. 구원과 멸망, 천국과 지옥의 길을 갈라 놓는 분이시다. 어떤 사람은 교회도 알고 예수님도 알고 성경도 알지만 구원의 은총을 입지 못하고 지옥에 들어간다. 그러나 어떤 사람은 마지막 순간에 예수님을 구주로 고백하고 죄를 시인하여 죄사함을 받고 천국에 들어간다. 여러분들은 예수님을 굳게 믿고 구원의 반열에 들어가기를 바란다. 믿음의 고백을 통하여 천국에 들어가는 자 되기를 바란다. 교회 다니는 것만으로, 예수님이 누구인가를 아는 것에서 머물지 않고, 예수 그리스도가 하나님의 아들이며 구주이신 것을 굳게 믿고 구원을 받는 자 되기를 바란다.

예수님께서 구원받은 한편 행악자에게 하신 말씀을 통하여 '영혼 수면'이 없다는 것을 알 수 있다. "오늘 네가 나와 함께 낙원에 있을 것"이라 말씀하셨으니, 예수님의 재림 때까지 죽은 자들의 영혼이 잠들어 있다는 말은 성경적이지 않다는 것을 알 수 있다. 물론 우리는 예수님이 재림하실 때 영혼과 육체가 함께 부활할 것이다. 그러나 영혼이 그때까지 잠들어 있지 않고, 우리가 죽는 즉시 예수님이 계신 낙원으로 들어가거나 지옥으로 떨어진다. 바울 사도가 말씀하신 것처럼 "몸을 떠나 주와 함께 거하는" 상태가 될 것이다(고후5:8).

십자가 후에 참 그리스도인 것이 드러남

요셉은 종으로 팔린 뒤에도 사람들에게 인정을 받았다. 친위대장 보디발의 집에서도 성실하고 지혜롭게 행하여 주인의 인정을 받았다. 그래서 그는 집안의 재정을 맡은 총무가 되었다. 그리고 억울하게 감옥에 갇힌 뒤에도 간수에게 인정을 받았다. 책임자 간수가 요셉에게 감옥 안의 제반 사무를 다 맡긴 것을 보면, 그가 진실하고 무죄하다는 것을 알았던 것 같다.

예수님도 십자가 처형을 받으시면서 신성모독자나 사기꾼이나 로마의 반역자로 인식된 것이 아니라, 오히려 사형을 담당한 로마의 백부장에게 하나님의 아들로 인정을 받았다. 골고다 사형장에서 구경하던 사람들마저 그가 죄인이 아닌 것을 깨닫게 되었다.

> "백부장이 그 된 일을 보고 하나님께 영광을 돌려 이르되 이 사람은 정녕 의인이었도다 하고, 이를 구경하러 모인 무리도 그 된 일을 보고 다 가슴을 치며 돌아가고"(눅23:47,48).

예수님은 여느 죄수와 달리 십자가에 못 박는 자들을 위하여 기도하셨다. 그리고 죽음의 고통 가운데서도 한편 강도를 사랑하시고 구원해 주셨다. 예수님이 십자가에 달려 정오쯤 되었을 때, 약 3시간 동안 해가 빛을 잃고 온 땅에 어둠이 임하였다. 그리고 성소의 휘장 한 가운데가 찢어졌다. 땅이 진동하며 바위가 터지며 무덤들이 열려 자던 성도의 몸이 많이 일어나는 놀라운 기적들이 일어났다. 무덤에서 회생한 자들은 예수님의 부활 후에 무덤에서 나와서 거룩한 성 예루살렘에 들어가 많은 사람들에게 보였다(마27:51-53). 처형을 지시했던 백부장과 예수님의 무덤을 지키던 자들이 지진을 비롯한 이러한 일련의 기적들을 목격하고는 그리스도는 죄수가 아니고 과연 거룩하신 하나님의 아들이 맞다고 고백했다(마27:54).

예수님은 십자가의 처형으로 그의 생이 비참하게 막을 내린 것이 아니라, 십자가의 처형 때문에 불신자들에게도 진정으로 하나님의 아들인 것이 밝혀졌다. 예수님의 죽음과 부활을 통하여 사람들은 예수 그리스도야말로 이스라엘이 기다리던 참된 메시야이시며 인류의 구세주이신 것을 믿게 되었다.

　우리는 예수님이 참으로 우리를 구원하실 그리스도인 것을 믿고, 십자가의 보혈로 죄씻음을 받고 의롭게 되는 것을 믿어야 한다. 예수님이 마치 범죄자인 것처럼 십자가를 지셨지만, 실상은 우리의 죄와 허물을 대신 짊어지신 것이다. 우리의 영혼을 구원하기 위하여 저주와 형벌을 대신 받으신 것이다. 이제 우리는 그 예수님의 십자가의 은혜로 구원을 받았다.

　　"긍휼이 풍성하신 하나님이 우리를 사랑하신 그 큰 사랑을 인하여 허물로 죽은 우리를 그리스도와 함께 살리셨고 너희는 은혜로 구원을 받은 것이라"(엡2:4,5).

　요셉이 범죄자 취급을 받고 3년 동안 감옥에 갇혔고, 감옥에서도 그의 무죄함이 인정되고 결국 출옥하여 애굽의 영광스러운 총리가 되었다. 그와 같이 그리스도도 범죄자의 취급을 받고 십자가에 처형당했지만, 오히려 참 하나님의 아들이며 구세주로 인정을 받았고, 3일만에 부활하셔서 영광을 받으시고 인류의 구세주가 되셨다. 예수님이 범죄자 취급을 받으신 것은 우리의 허물과 죄를 대신 짊어지신 것이다. 그리스도의 대속의 십자가 보혈을 믿고 구원을 받는 여러분들이 다 되기를 바란다.

아기로 죽음에 처해진 그리스도

출 1:15-22

15애굽 왕이 히브리 산파 십브라 하는 사람과 부아라 하는 사람에게 말하여 16이르되 너희는 히브리 여인을 위하여 해산을 도울 때에 그 자리를 살펴서 아들이거든 그를 죽이고 딸이거든 살려두라 17그러나 산파들이 하나님을 두려워하여 애굽 왕의 명령을 어기고 남자 아기들을 살린지라 18애굽 왕이 산파를 불러 그들에게 이르되 너희가 어찌하여 이같이 남자 아기들을 살렸느냐 19산파가 바로에게 대답하되 히브리 여인은 애굽 여인과 같지 아니하고 건장하여 산파가 그들에게 이르기 전에 해산하였더이다 하매 20하나님이 그 산파들에게 은혜를 베푸시니 그 백성은 번성하고 매우 강해지니라 21그 산파들은 하나님을 경외하였으므로 하나님이 그들의 집안을 흥왕하게 하신지라 22그러므로 바로가 그의 모든 백성에게 명령하여 이르되 아들이 태어나거든 너희는 그를 나일 강에 던지고 딸이거든 살려두라 하였더라

히브리인의 아기들을 죽인 '바로' 왕

하나님은 장차 그리스도가 아기로 탄생할 것을 아기 모세를 통하여 예표하셨다. 인간을 구원하기 위해서는 인간의 모든 것을 대신해 주셔야 한다. 인간의 죄는 잉태되면서부터 타고 나오는 것이다.

이스라엘 백성들은 요셉의 시대에 흉년을 면하려고 애굽에 들어갔다. 그리고 이방의 우상을 숭배하는 나라에서 안일하게 주저앉았고, 그 세월이 약 430년이다. 하나님은 아브라함에게 이스라엘의 미래에 대하여 예언하시면서 애굽에서 객이 되어 그들을 섬기게 될 것이라고 말씀

하셨다.

"여호와께서 아브라함에게 이르시되 너는 반드시 알라 네 자손이 이 땅에서 객이 되어 그들을 섬기겠고 그들은 사백 년 동안 네 자손을 괴롭히리니"(창15:13).

애굽의 바로 왕은 이스라엘 노예들이 강성해지고 수가 많아지자 장차 애굽을 전복할 위험성이 있다고 판단했다.

"이스라엘 자손은 생육하고 불어나 번성하고 매우 강하여 온 땅에 가득하게 되었더라"(출1:7).
"자, 우리가 그들에게 대하여 지혜롭게 하자 두렵건대 그들이 더 많게 되면 전쟁이 일어날 때에 우리 대적과 합하여 우리와 싸우고 이 땅에서 나갈까 하노라"(출1:10).

바로 왕은 히브리 산파 '십브라'와 '부아'에게 "히브리 여인의 해산을 도울 때 아들이 태어나면 죽이고 딸이면 살리라"고 명령하였다. 그러나 그들은 하나님을 두려워하여 왕의 명령을 순종하지 않았다(15-17절). 왕은 그 방법이 먹혀들지 않자, 히브리 여인이 낳은 남자 아기들을 나일강에 던져서 죽게 하였다. 애굽인에게 나일강은 그들에게 풍요를 전달하는 신이었는데, 아마 히브리 아기들을 던지면서 제물로 삼았는지 모른다.

그 때 갓 태어난 모세는 죽을 수밖에 없는 상황이었다. 석 달 동안 숨겨서 키웠으나 더 이상 숨겨둘 수 없었다. 자칫 잘못했다가는 그 가족 모두가 생명을 잃을 판이었다. 모세를 살리기 위하여 그 부모인 '아므람'과 '요게벳'은 갈대상자를 만들어 역청과 나무 진을 칠하고 아기를 거기에 담아 나일 강 갈대 숲 사이에 두었다(출2:3). 그 갈대상자는 생명을 보호하는 작은 방주인 셈이었다. 혹시 하나님의 은총으로 아기의 생명을 살려보려는 부모의 마지막 방법이었다.

베들레헴의 아기 살해 사건

모세에게서 예수 그리스도의 모형이 많이 나타나지만 모세의 유아 시절은 예수 그리스도의 유아 시절을 예표하고 있다. 모세가 태어나면서부터 바로 왕으로 인하여 생명의 위협을 느끼며 살해될 위기에 처해졌던 것처럼, 아기 예수님 역시 악한 헤롯 왕이 죽이려고 하였다.

헤롯은 동방에서 온 박사들로부터 새로운 왕이 유대에서 태어났다는 소식을 듣고, 자신의 왕위를 빼앗길까 염려하였다. 그리고 대제사장들과 서기관들을 통하여 구약성경 미가서5:2에 예언된 장소인 '베들레헴'에서 탄생할 것을 안 후에 동방박사들에게 자세히 알아보고 찾으면 자기에게도 알려달라고 당부하였다. 자신도 그에게 경배하겠다고 거짓말을 했다(마2:8).

동방박사들은 천사들을 통하여 헤롯에게 돌아가지 말라는 지시를 받고 다른 길로 떠났다. 자신이 속은 줄을 안 헤롯은 베들레헴 주변의 두 살 미만의 아기들을 다 죽이도록 명령하였다.

"이에 헤롯이 박사들에게 속은 줄 알고 심히 노하여 사람을 보내어 베들레헴과 그 모든 지경 안에 있는 사내아이를 박사들에게 자세히

알아본 그 때를 기준하여 두 살부터 그 아래로 다 죽이니, 이는 선지
자 예레미야를 통하여 말씀하신 바 라마에서 슬퍼하며 크게 통곡하
는 소리가 들리니 라헬이 그 자식을 위하여 애곡하는 것이라 그가
자식이 없으므로 위로 받기를 거절하였도다 함이 이루어졌느니라"
(마2:16-18).

예레미아 선지자는 렘31:15에서 이 사건을 예언하였다. 많은 아기들
이 죽어 그 어머니들이 '라마' 에서 슬퍼하며 통곡하는 소리가 들릴 것
이라고 했다. '라마' 는 예루살렘 남쪽 8km 지점에 있는 베들레헴 지역
이다. 거기에 '라헬' 의 무덤이 있었다(창35:19,20). 헤롯이 두 살 아래
의 아기들을 다 죽였을 때, 마태는 예레미야 선지자의 이 글을 그대로
인용하였다.

유대인 역사가 '요세푸스' 에 의하면 헤롯 대왕은 매우 잔인한 왕이
었다. 그는 평소에 질투심이 많았고 자기 왕위를 지키기 위하여 가족까
지도 살해했던 인물이다. 그의 광적인 질투심 때문에 그의 아내였던 마
리암(Mariamme)이 처형되었다(B.C. 29). 그리고 그의 아들인 아리스
토불루스(Aristobulus)와 알렉산더(Alexander)가 유대인들로부터 많은
호의를 받는다는 이유로 처형했다. 그리고 그가 죽기 4-5일 전에는 첫
아내 '도리스' 가 낳은 아들 '안티파터' (Antipater)가 자기의 생명을 노
린다고 의심하여 처형하였다. 헤롯은 자기의 왕위를 지키려고 조금이
라도 반역의 기미가 보이면 그 누구라도 즉각 처형하였다. 이러한 헤롯
의 성향을 고려해 볼 때, 동방박사들이 "유대인의 왕으로 오신 분이 어
디 있습니까"라고 물었기 때문에, 왕위를 찬탈할 가능성이 있는 아기라
고 판단한 헤롯이 그냥 넘어갔을 리가 없다.

마태복음의 권위자 '마이클 윌킨스' 교수는 베들레헴은 기껏해야 수백 명이 모여 사는 작은 시골 마을이라고 했다. 아마 그 당시의 2세 이하의 아기들은 대략 10-30명쯤 있었을 것이라고 말한다. 게다가 그 당시는 오늘날과 같은 방송과 언론매체가 없었기 때문에 고대 역사가의 눈에 띌 만큼 중대하게 여겨지지 않았을 가능성이 크다고 말했다. 또 그 사건은 로마가 주목해야만 하는 대단한 사건도 아니었기 때문에 후대 역사가들이 이 사건을 반드시 기록해야 할 당위성도 없었을 것이라고 말했다.[7)]

아기 모세가 악한 왕 바로에게 죽을 뻔했던 것과 아기 예수님이 헤롯 왕에게 죽을 뻔하였던 것은 일맥상통하는 관계다. 모세가 그런 잔인한 시대에 와서 이스라엘을 구원한 것처럼, 예수 그리스도도 그렇게 잔혹한 시대에 오셔서 온 인류를 구원하셨다.

생명을 건진 아기 예수님

요셉은 주님의 천사에 의하여 아기 예수와 마리아를 데리고 애굽으로 도망하라고 경고를 받는다(마2:13-15). 헤롯의 영향력이 미치지 않는 애굽으로 아기 예수를 피신시켰고 헤롯이 죽을 때까지 거기에 머물게 된다. 악한 헤롯은 그리 오래 살지 못했던 것 같다. 아기들을 죽인 잔인한 헤롯이 죽자 요셉은 주님의 천사의 지시대로 아기와 그 모친 마리아를 데리고 자기들 고향인 나사렛으로 돌아가게 되었다(마2:19-23).

---

7) 박명룡 (서울큰나무교회. 기독교 변증가), "헤롯의 유아 살해 사건은 허구다?", 국민일보 2012년 12월 21일자 32면.

아기 모세가 살아날 수 있었던 것은 바로 왕의 공주 덕택이었다. 공주는 히브리인의 아기인 줄 알면서도 비밀로 하고 아기의 생명을 살려주었고, 자기의 양자로 삼았다. 정말 마음씨 착한 천사 같은 공주였다. 아기 예수님이 헤롯의 잔인한 손에서 벗어날 수 있었던 것은 천사의 도움이었다. 이것 또한 아기 모세와 아기 예수님의 비슷한 경우이다. 아기 모세가 성장하여 이스라엘의 구원자가 된 것처럼, 아기 예수님 역시 성장하여 온 인류의 구세주가 되셨다. 구약에 등장하는 메시야 예언의 사건 하나 하나마다 장차 오실 그리스도의 그림자 역할을 하고 있다.

예수님은 아기로 탄생하면서부터 많은 위험과 고난을 겪었고, 성장하면서 목수의 아들로 땀을 흘리며 고생을 하였다. 인간의 고생스러운 삶을 대신하셨다. 그리고 죄로 인하여 지옥의 고통을 받을 인간을 대신하여 십자가에서 못 박혀 돌아가셨다. 지옥의 불과 같은 고난을 십자가 위에서 당하시고 무덤에 들어가셨다. 인간이 당해야 할 모든 고난의 과정을 다 통과하셨다. 그러므로 누구든지 예수님을 구주로 믿으면 그 모든 죄를 용서받게 된다. 그리고 예수님처럼 부활의 영광을 맞이하게 될 것이다.

사탄을 정복하신 그리스도

출 11:4-6

4모세가 바로에게 이르되 여호와께서 이와 같이 말씀하시기를 밤중에 내가 애굽 가운데로 들어가리니 5애굽 땅에 있는 모든 처음 난 것은 왕위에 앉아 있는 바로의 장자로부터 맷돌 뒤에 있는 몸종의 장자와 모든 가축의 처음 난 것까지 죽으리니 6애굽 온 땅에 전무후무한 큰 부르짖음이 있으리라

인류 역사는 사탄과의 전쟁

우리의 구원주 그리스도는 죄와 사탄을 이기신 승리자이시다. 예수 그리스도께서 세상을 이기셨고 악한 사탄의 권세를 이기셨기 때문에 우리도 예수님을 의지하면 반드시 승리하게 될 것이다.

> "이것을 너희에게 이르는 것은 너희로 내 안에서 평안을 누리게 하려 함이라 세상에서는 너희가 환난을 당하나 담대하라 내가 세상을 이기었노라"(요16:33).

사탄은 이 세상의 영혼들을 타락시켜 지옥에 데리고 가려고 역사 속에서 꾸준히 등장하고 있다. 에덴동산에서 하와에게 나타나 하나님이 금하신 '선악을 알게 하는 실과'를 따먹고 범죄하게 하였다. 그리고 사탄은 노아시대의 사람들을 음식과 성적 향락에 취하여 타락하게 하고 결국 홍수심판을 받게 하였다. 노아의 아들 함은 저주를 받고 그 자녀들이 이스라엘의 원수가 된다. 함의 아들 '구스'가 '니므롯'을 낳았는데 앗수르와 바벨론의 조상이 된다. 함의 아들 '가나안'은 이스라엘과 전쟁을 했던 가나안 족속의 조상이 되었다. 사탄은 니므롯 속에 나타나고(창10:6-14), 가나안 원주민들에게 나타나 그들을 타락시켜 심판을 받게 하였다. 그뿐 아니라 출애굽기에서는 애굽 왕 바로의 마음 속에 등장하여 선택받은 이스라엘 백성들을 괴롭게 하였다. 사탄은 지금도 우리의 마음에 찾아와 범죄하게 하고, 허물과 부끄러움을 남긴다. 악한 사탄은 피할 대상이 아니라 우리가 대적해야 할 대상이다.

"그런즉 너희는 하나님께 복종할지어다 마귀를 대적하라 그리하면 너희를 피하리라"(약4:7).

'바로'를 굴복시키신 하나님

출애굽기 7장부터 12장까지는 애굽의 열 가지 재앙에 대하여 기록하고 있다. 하나님께서 악한 '바로'와 싸우시는 장면이 잘 나타나 있다. 사탄은 '바로'의 마음을 완악하게 하여 이스라엘 백성을 보내지 않으려고 하였다. 하나님께서는 열 가지 재앙을 내려 애굽의 신들과 그 백성을 치면서 애굽 왕 '바로'를 굴복하게 하셨다. 마지막 재앙은 장자를 죽이는 재앙이었다.

"애굽 땅에 있는 모든 처음 난 것은 왕위에 앉아 있는 바로의 장자로부터 맷돌 뒤에 있는 몸종의 장자와 모든 가축의 처음 난 것까지 죽으리니 애굽 온 땅에 전무후무한 큰 부르짖음이 있으리라"(5, 6절).

더 이상 하나님께 대항하지 못하게 한 재앙은 장자를 죽이는 재앙이었다. 이 죽음은 어쩌면 자기가 죽는 것보다 더 두렵고 고통스러운 것이다. 그 모든 부모들은 "차라리 내가 죽었더라면 더 좋았을 뻔했다"고 가슴을 치며 울부짖었을 것이다. 장자는 집안의 대를 이을 중요한 자식이었다. 왕자 중 장자는 왕위 계승자가 아닌가? 이런 중요한 아들이 죽었을 때, 애굽의 바로는 더 이상 하나님과 대항할 생각을 접고 항복하게 되었다.

그리스도는 사탄을 대적하시며 확실히 악을 정복하신다. 더 이상 하나님과 교회를 괴롭히지 못하도록 사탄의 머리를 깨뜨리셨다.

"내가 너로 여자와 원수가 되게 하고 네 후손도 여자의 후손과 원수가 되게 하리니 여자의 후손은 네 머리를 상하게 할 것이요 너는 그의 발꿈치를 상하게 할 것이니라"(창3:15).

사탄은 인류의 구원주로 오신 예수 그리스도를 십자가에 못박아 죽게 하였다. 육신을 입고 오신 예수님을 죽이기만 하면 자기들이 이기는 줄 알았다. 그러나 그 십자가의 죽음은 발꿈치를 상하게 할 정도밖에 아니 되었다. 정작 굴복을 당한 것은 사탄이었다. 예수님의 십자가의 죽음이 온 인류의 죄를 용서받게 하였고, 그들이 복을 받도록 하였다. 예수님의 죽음으로 인하여 믿는 자들은 죄에서 해방되었고 거룩한 삶을 살게 되었다.

출애굽기에 나타난 애굽 왕 '바로'와 그 군대를 제압하고 정복하신 하나님은 요한계시록에 나타난 세상을 정복하고 심판하시는 그리스도의 나라와 비슷하다. 출애굽기에는 바로의 군대를 홍해에 던져 넣어 다 죽게 하였다. 요한계시록은 우리 주님께서 사탄을 지옥 불못에 던져 넣을 것이라고 말씀한다(계20:10).

출애굽기에는 마법사들이 하나님의 기적을 요술을 부려 흉내를 내었다. 계시록에는 적그리스도가 기사와 이적을 행한다(계13:13-16). 비슷한 재앙으로는 물이 변하여 피가 되고(계8:8,16:4-5), 사탄의 세 더러운 영이 개구리처럼 나타난다(계16:13). 황충이라고 불리는 메뚜기 떼들이 등장하였다(계9:2). 하나님을 대적하는 자들에게 독종이 발생하였는데(계16:2), 계시록에도 독종으로 많은 사람이 죽는다. 출애굽기의 재앙에 흑암이 임했는데, 계시록에도 해가 어두워지는 종말의 징조가 나온다(계16:10). 그리고 마지막 재앙은 왕으로부터 천민에 이르기까지 장자를 다 죽게 하였다. 그와 같이 계시록에도 많은 전쟁과 질병으로 사람들이 죽음에 이르게 될 것이다(계9:15). 출애굽 시대에 사탄을 정복하신 하나님은 세상의 종말에 예수 그리스도가 심판주가 되어 재림하실 것이다. 그리고 열 가지 재앙과 유사하게 여러 재앙과 환난을 겪게 하실 것이다. 이스라엘 백성들이 바로의 손에서 벗어났듯이, 그리스도는 사탄을 굴복시키시고 죄에서 해방시키실 것이다.

> "죄를 짓는 자는 마귀에게 속하나니 마귀는 처음부터 범죄함이라 하나님의 아들이 나타나신 것은 마귀의 일을 멸하려 하심이라"(요일3:8).

그리스도를 믿고 따르라

이제 사탄을 정복하신 그리스도를 믿고 따르는 신앙생활은 어떠해야 하는가? 우리는 영원한 승리자이신 예수 그리스도를 뒤따라야 한다. 승리자이신 그리스도를 따를 때, 어둠의 영인 사탄의 속임수에 빠지지 않게 된다. 사탄은 속이는 자의 아비이다. 사기꾼의 달인이다. 그리스도를 굳게 믿고 의지하지 않으면 사탄의 유혹에 쉽게 넘어가고 말 것이다.

사탄은 첫 인간 하와를 속였다. 창조주로서의 첫 율법을 인간에게 주었다. 창조주 하나님과 피조물 인간과의 화목과 사랑의 관계를 유지하기 위한 법이었다. "너는 선악을 알게 하는 실과를 먹지 말라"고 하셨고, 첫 인간은 그 명령을 따르기로 약속했다. 그런데 하루는 사탄이 뱀 속으로 들어가서 말했다.

"그것을 먹는 날에는 눈이 밝아져 하나님처럼 선악을 알게 된다"고 유혹하였고, 연약한 여자 하와는 불순종하게 된다. 죄로 인하여 두려워하고 수치를 느꼈다. 그리고 하나님의 낯을 피하여 숨게 되었다.

이제 우리 인간이 용서를 받고 구원을 받을 수 있는 길은 오직 그리스도 예수님을 믿고 따르는 길밖에 없다. 우리를 사랑하셔서 사람의 형상을 입고 오신 하나님, 예수 그리스도를 믿고 따르면 다시 승리자가 될 수 있다.

> "무릇 하나님께로부터 난 자마다 세상을 이기느니라 세상을 이기는 승리는 이것이니 우리의 믿음이니라"(요일5:4).

예수님을 굳게 믿고 따르는 길이 사탄을 이기고 세상을 이기는 길이다. 영혼의 인도자이며 코치이신 예수 그리스도의 인도하심을 받아야 우리의 인생은 승리할 것이며, 죄악의 길에 빠져 사탄이 인도하는 지옥의 길로 가지 않을 것이다.

십자가의 진리를 굳게 붙잡으라

사탄을 이기는 승리자가 되려면 예수님의 십자가의 진리를 굳게 붙잡아야 한다. 그리스도는 십자가를 지시고 자기 몸을 깨뜨려 피를 흘리심으로 죄의 문제를 해결하셨다.

> "우리는 그리스도 안에서 그의 은혜의 풍성함을 따라 그의 피로 말미암아 속량 곧 죄 사함을 받았느니라"(엡1:7).

예수님이 죄의 값을 대신 지불하셨기 때문에, 우리는 용서받을 수 있다. 승리자는 오직 예수 그리스도이시다. 예수님이 십자가 위에서 생명을 걸고 피를 흘리실 때 사탄의 머리에 치명상을 입혔다. 우리 또한 사탄과 죄악을 이길 수 있는 방법은 우리 속의 정욕과 탐심을 십자가에 못 박고 주님과 함께 살아나야 한다.

> "그리스도 예수의 사람들은 육체와 함께 그 정욕과 탐심을 십자가에 못 박았느니라"(갈5:24).

다른 것으로는 승리를 보장받을 수 없다. 오직 한 분 예수 그리스도만 굳게 믿으라. 십자가의 진리를 굳게 붙잡으라. 십자가에서 대속의 피를 흘리신 그 예수님을 믿는 자마다 구원을 받는다는 진리를 굳게 붙잡으라. 우리가 사탄을 정복하고 승리자가 될 수 있는 길은 오직 믿음 밖에 없다.

홍해와 그리스도의 구원

출 14:27-29

27모세가 곧 손을 바다 위로 내밀매 새벽이 되어 바다의 힘이 회복된지라 애굽 사람들이 물을 거슬러 도망하나 여호와께서 애굽 사람들을 바다 가운데 엎으시니 28물이 다시 흘러 병거들과 기병들을 덮되 그들의 뒤를 따라 바다에 들어간 바로의 군대를 다 덮으니 하나도 남지 아니하였더라 29그러나 이스라엘 자손은 바다 가운데를 육지로 행하였고 물이 좌우에 벽이 되었더라

홍해가 갈라짐

인생의 삶은 녹녹하지 않다. 순탄하다가도 갈등과 위기의 순간이 닥친다. 대부분 사람들은 예상하지 못했던 시련과 역경에 부딪치면 불평과 원망을 한다. 하나님께 기도하여 살 길을 찾기보다 "누구 때문에 이런 고난이 왔다"고 원망부터 하게 된다. 이스라엘 백성들이 그런 진퇴양난에 빠졌다. 앞에는 홍해가 가로놓였고 뒤에는 애굽의 군대가 추격하고 있었다. 믿음이 없는 백성들은 곧 죽게 되었다고 판단하고 모세를 원망했다.

"바로가 가까이 올 때에 이스라엘 자손이 눈을 들어 본즉 애굽 사람들이 자기들 뒤에 이른지라 이스라엘 자손이 심히 두려워하여 여호와께 부르짖고, 그들이 또 모세에게 이르되 애굽이 매장지가 없어서 당신이 우리를 이끌어 내어 이 광야에서 죽게 하느냐 어찌하여 당신이 우리를 애굽에서 이끌어 내어 우리에게 이같이 하느냐"(출 14:10,11).

이스라엘 백성들이 애굽 군대를 보고 두려움에 떤 것은 전능하신 만군의 하나님을 신뢰하지 못했기 때문이다. 그들은 광야에서 죽는 것보다 차라리 애굽 사람들의 노예로 사는 것이 더 나아보였다. 그들은 애굽을 떠났지만 마음은 여전히 애굽에 머물러 있었다. 애굽 군대를 대항할 자신이 없었다.

우리는 죽을 것 같은 위기와 절망의 순간에도 언제나 살 길이 있다. 하나님이 우리와 함께 하시기 때문이다. 두려워하거나 원망하지 말고 온전히 하나님을 믿고 신뢰하면서 기도해야 한다. 하나님은 우리가 상상하지도 못한 은총과 구원의 길을 알고 계신다.

하나님은 불가능한 죽음의 위기에서 이스라엘을 구원하셨다. 모세에게 "지팡이를 들고 손을 바다 위로 내밀어 홍해가 갈라지게 하라"고 지시하셨다(출14:16). 모세는 기도하면서 하나님이 지시하신 대로 순종했다. 그리고 바닷물이 갈라져 마른 땅이 되었다.

"모세가 바다 위로 손을 내밀매 여호와께서 큰 동풍이 밤새도록 바닷물을 물러가게 하시니 물이 갈라져 바다가 마른 땅이 된지라. 이스라엘 자손이 바다 가운데를 육지로 걸어가고 물은 그들의 좌우에 벽이 되니"(출14:21,22).

경이로운 기적의 장면이 펼쳐졌다. 깊은 바다에 마른 길이 나타났다. 궁지에 몰렸던 이스라엘 백성들은 그 길을 따라 움직이기 시작했다. 그 길을 따라가라고 구태여 명령할 필요도 없었다. 그들에게는 다른 길이 없었다. 오직 하나님이 열어주신 그 길만이 사는 길이란 것을 그들은 잘 알고 있었다.

구원의 유일한 길은 하나님께서 우리에게 만들어 주신 길밖에 없다. "내가 곧 길이요 진리요 생명이니 나로 말미암지 않고는 아버지께로 올 자가 없느니라"(요14:6)고 말씀하신 예수 그리스도만이 유일한 구원의 길이다. 자신이 사는 길이 오직 예수 그리스도밖에 없다는 것을 알게 되면 그 사람은 구원의 길로 바로 들어설 것이다.

모세의 지팡이 기도와 십자가의 기도

여기서 우리는 그리스도의 십자가의 구원의 진리를 발견한다. 모세는 중보자 예수 그리스도의 모형이다. 하나님과 백성 사이에서 기도하여 하나님의 구원을 나타내었다. 죽음의 위기에 처한 이스라엘 백성들을 가로놓인 바다를 건너게 함으로 구원을 얻게 했다.

모세가 지팡이를 높이 들고 손을 바다 위로 내밀었다. 이것은 하나님이 역사하는 구원의 징표이다. 모세의 지팡이와 그가 바다를 향해 손을 든 것을 보시고 홍해가 갈라지게 하셨다.

모세가 나무 지팡이를 높이 든 것처럼, 예수님은 높은 나무 십자가에 매달리셨다. 그리고 범죄한 인류를 위하여 "저들의 죄를 용서해 달라고 기도하시고, 구원을 다 이루었다고" 기도하셨다(눅23:34, 요19:30). 그리스도는 보혈을 흘리시고 생명을 바치시므로 인간의 죄값을 하나님께 다 지불하시고 대속의 징표를 보이셨다. 모세가 지팡이를 높이 들고 기도했을 때 깊은 홍해가 갈라져 구원의 길이 나온 것처럼, 그리스도의 십자가상의 기도와 외침이 온 세상 사람들에게 구원의 길을 열어주셨다.

예수님의 십자가의 죽음이 하나님과 죄인 사이에 막혀 있던 성전 휘장을 찢어버렸다. 그리고 거룩하신 하나님을 만날 수 있는 구원의 길을 열어주셨다. 마치 죽음과 같은 어둠의 바다를 갈라놓으신 것처럼, 막혀 있던 휘장을 찢으시고 구원과 은총의 길을 열어주셨다.

> "이에 성소 휘장이 위로부터 아래까지 찢어져 둘이 되고 땅이 진동하며 바위가 터지고, 무덤들이 열리며 자던 성도의 몸이 많이 일어나되, 예수의 부활 후에 그들이 무덤에서 나와서 거룩한 성에 들어가 많은 사람에게 보이니라"(마27:51-53).

십자가의 사건은 막혀있던 성소의 휘장을 찢고 절망의 상징인 무덤을 갈라놓았다. 죽은 성도의 시신이 살아 일어나는 기적이 일어났다. 세상 모든 믿음의 사람들이 구원을 받게 된 것이다. 죽음과 무덤의 권세가 물러가고 영생과 부활의 영광을 누리게 되었다.

홍해의 깊은 물은 절망과 죽음의 상징이다. 하나님은 모세의 중보의 기도와 지팡이로 손을 드는 징표를 통하여 바다가 갈라지고 구원의 기적이 일어나게 하셨다. 예수님은 우리에게 죽음과 절망을 찢고 갈라놓는 구원주이시다. 오직 예수님만이 인생의 죽음을 생명으로 바꾸시고, 지옥을 천국의 길로 돌려놓으실 수 있다. 주님만이 인생의 길이요 진리요 생명이시다(요14:6).

이스라엘 백성들은 신기한 바다 밑 마른 땅을 걸어 구원을 받고, 애굽의 군대는 그 길을 따라 들어오다가 오히려 수장되었다. 같은 바다

속 길이나 이스라엘 민족은 구원을 받고 애굽의 군대는 몰살하였다. 하나님의 거룩한 길은 하나님을 의지하는 사람들만 들어갈 수 있다. 그 길은 하나님을 신뢰하지 않는 사람들은 들어올 수 없는 길이다.

예수님은 의인에게는 생명의 길이시나, 악인에게는 엄격한 심판주가 되신다. 애굽의 악한 원수들이 홍해의 갈라진 길로 들어섰으나 하나님은 그들의 통행을 어지럽게 하시고 그들을 치셨다. 홍해의 깊은 물은 그들의 무덤이 되었다.

"새벽에 여호와께서 불과 구름 기둥 가운데서 애굽 군대를 보시고 애굽 군대를 어지럽게 하시며 그들의 병거 바퀴를 벗겨서 달리기가 어렵게 하시니 애굽 사람들이 이르되 이스라엘 앞에서 우리가 도망하자 여호와가 그들을 위하여 싸워 애굽 사람들을 치는도다"(출 14:24,25).

이스라엘 백성들을 죽이려던 애굽의 군대를 하나님이 상대하셨다. 하나님의 뜻을 거스르는 악한 자들은 심판하시고, 하나님을 믿는 이스라엘 백성들은 구원하셨다. 우리의 구세주 예수 그리스도는 믿는 자에게는 구원과 생명의 길이나 믿지 않는 자에게는 심판과 형벌이 되신다.

"또 증거는 이것이니 하나님이 우리에게 영생을 주신 것과 이 생명이 그의 아들 안에 있는 그것이니라. 아들이 있는 자에게는 생명이 있고 하나님의 아들이 없는 자에게는 생명이 없느니라"(요일 5:11,12).

생수와 그리스도

출 15:22-26

22모세가 홍해에서 이스라엘을 인도하매 그들이 나와서 수르 광야로 들어가서 거기서 사흘길을 걸었으나 물을 얻지 못하고 23마라에 이르렀더니 그 곳 물이 써서 마시지 못하겠으므로 그 이름을 마라라 하였더라 24백성이 모세에게 원망하여 이르되 우리가 무엇을 마실까 하매 25모세가 여호와께 부르짖었더니 여호와께서 그에게 한 나무를 가리키시니 그가 물에 던지니 물이 달게 되었더라 거기서 여호와께서 그들을 위하여 법도와 율례를 정하시고 그들을 시험하실새 26 이르시되 너희가 너희 하나님 나 여호와의 말을 들어 순종하고 내가 보기에 의를 행하며 내 계명에 귀를 기울이며 내 모든 규례를 지키면 내가 애굽 사람에게 내린 모든 질병 중 하나도 너희에게 내리지 아니하리니 나는 너희를 치료하는 여호와임이라

마라의 인생

이스라엘 백성들이 '마라'에 당도했을 때에 그 곳의 물이 써서 마실 수 없었다. '마라'(מָרָה)는 '쓴', '괴로운'이라는 뜻이다. 광야의 여행길에서 목마른 백성들이 간절히 기다리던 것은 물이었다. 홍해를 건넌 후 사흘이 지났지만 물을 얻지 못했다.

"모세가 홍해에서 이스라엘을 인도하매 그들이 나와서 수르 광야로 들어가서 거기서 사흘 길을 걸었으나 물을 얻지 못하고"(출15:22).

그들이 걷고 있는 곳이 광야가 아닌가? 뜨거운 태양열과 먼지 나는 길을 걸으며 그들에게 가장 필요한 것은 시원한 물이 아니었을까? 그런데 하루도 아니고 사흘 동안 물을 마시지 못하였으니 그 갈증의 고통은 이루 말할 수 없었을 것이다.

마침내 '마라'에 당도했을 때, 그들은 물을 발견하고 순간 기쁨의 탄성을 질렀다. 그러나 잠시 후에 물을 마셔본 그들은 도로 뱉어낼 수밖에 없었다. 그 물은 써서 마실 수 없었기 때문이다.

인생의 행로도 그렇다. 시원한 물을 기대하는 나그네처럼 인생은 언제나 무엇엔가 갈급해 있다. 세상의 명예와 권력과 물질에도 목말라 있고, 영적인 갈급함도 있다. 그런데 막상 맛을 보면 쓰다. 어느 하나도 고난 없이 거둘 수 있는 것은 없다. 이스라엘 백성들이 애굽에 있을 때에도 종살이 하는 고난이 있었고, 애굽을 탈출했을 때도 여전히 난관과 역경이 있었다. 홍해라는 앞이 막막한 큰 난관이 있었고, 광야 길에서 가는 곳마다 목마름과 배고픔, 그리고 전쟁의 위험이 있었다.

그 역경을 통하여 하나님은 이스라엘 백성들이 하나님만 사랑하고 순종할 수 있는지 시험하셨다. 하나님의 말씀과 계명대로 지키면서 살 수 있도록 영적인 훈련을 시키셨다.

"…거기서 여호와께서 그들을 위하여 법도와 율례를 정하시고 그들을 시험하실새"(출15:25).

쓴 물을 단 물로 변화시키는 그리스도

마라의 쓴 물과 같은 인생이 단 물로 바뀔 수는 없는 것일까? 인간은 쓰고 힘겨운 인생문제를 해결하기 위하여 온갖 세상 방법을 동원한다. 인생이 구원을 받고 행복해지는 방법은 오직 예수 그리스도를 구주로 영접하는 것이다.

이스라엘 백성들은 '수르' 광야에서 물을 얻지 못하다가, 마침내 '마라'에서 물을 발견했으나 마실 수 없었다. 불신앙의 세상에서 갈망하는 모든 것은 그렇다. 막상 자신이 목숨을 걸고 추구하던 그것을 찾았을지라도 그것이 영혼을 구원하지는 못한다. 황금이 영혼을 구원하지 못하고, 세상의 권력이 그 영혼을 구원하지 못하고, 세상의 학문이 그 영혼을 구원하지 못한다.

하나님은 마실 물 때문에 기도하는 모세에게 한 나무를 지시하셨다. 하나님이 지시하신 그 나무를 던졌더니 물이 달아졌다.

"모세가 여호와께 부르짖었더니 여호와께서 그에게 한 나무를 가리키시니 그가 물에 던지니 물이 달게 되었더라"(출15:25).

저스틴(Justin Martyr)과 다른 교부들은 쓴 물을 달게 했던 나무를 그리스도의 십자가로 설교했다.[8] 알레고리한 해석이 반드시 틀렸다고 단정할 수는 없지만, 본문의 저자는 이 나무에 대하여 특별히 어떤 암시를 보여주고 있지는 않다. 엘리사의 기적 중에 솥에 가루 얼마를 집어 넣어 해독한 기사가 나온다(왕하4:41). 나무이든 가루이든 그것은 하나님의 표적을 확인시키는 하나의 도구라고 볼 수 있다.

광야에서 사흘 길을 행하였으나 물을 얻지 못한 백성들은 불만이 터

---

[8] Sidney Greidanus, 「구약의 그리스도, 어떻게 설교할 것인가」, 김진섭. 류호영. 류호준 역 (서울: 도서출판 이레, 2002), 469.

졌다. 마침내 '마라'에서 물을 발견했으나 물이 써서 도저히 마실 수 없게 되면서 갈등은 더욱 고조되었다(출15:23-24). 하나님은 한 나무를 보여주셨고 모세는 그것을 던져넣어 물이 달게 되었다. 여기서 주는 교훈은 성도에게 어려운 시련과 고비의 때를 잘 참고 인내하라는 것이다. 불평하고 원망하기 보다는 하나님의 은혜를 기다리는 믿음을 가지라는 것이다. 하나님은 기다리는 자기 백성에게 반드시 생명을 유지하게 하시고 풍성한 것을 준비하신다는 것을 보여주고 있다.

그리스도는 우리의 삶 속에서 쓴 물을 단 물로 바꾸어 주시는 분이다. 실제로 예수님은 가나의 혼인 잔치 집에서 물로 포도주를 만드시는 기적을 일으키셨다. 그와 같이 그리스도는 우리의 영혼을 변화시키시는 분이다.

> "예수께서 대답하시되 진실로 진실로 네게 이르노니 사람이 물과 성령으로 나지 아니하면 하나님 나라에 들어갈 수 없느니라. 육으로 난 것은 육이요 영으로 난 것은 영이니 내가 네게 거듭나야 하겠다 하는 말을 놀랍게 여기지 말라"(요3:5-7).

생명수이신 그리스도

이스라엘 백성들은 그 다음 장소로 이동하였는데, 물샘 열둘과 종려 칠십 주가 있는 '엘림'이라는 오아시스에 장막을 치게 된다(출15:27). 이 기사의 요점은 여호와께서 광야에서 자기 백성에게 풍성한 물을 이미 준비하셨다는 것이다.[9]

갈증에 시달리는 백성들에게 하나님은 시원한 물을 주셨다. 그 생수는 예수님을 상징하는 것이다. 신약의 예수님은 자신을 생명수로 비유하고 계신다(요4:13-14, 계7:17). 그러므로 예수 그리스도의 상징을 나무보다는 물에 두는 것이 더 중요할 것이다.

예수님이 우리에게 주시는 생명수는 물론 단물이다. 비록 세상에서 쓴 물을 맛본 사람일지라도 주님을 만나면 사람의 영혼을 살리는 단물의 기적이 일어날 것이다. 물론 광야의 그 신기한 나무를 예수님의 십자가로 설교했다고 해서 큰 오류를 범했다고 할 수는 없다. 단지 성경이 말씀하는 핵심을 정확히 파악하는 것이 보다 중요하다. 그리스도는 목마른 영혼에게 생명수 단 물을 주시는 분이시다.

---

9) Sidney Greidanus, Ibid., 471.

아말렉 전투와 그리스도

출 17:8-16

8그 때에 아말렉이 와서 이스라엘과 르비딤에서 싸우니라 9모세가 여호수아에게 이르되 우리를 위하여 사람들을 택하여 나가서 아말렉과 싸우라 내일 내가 하나님의 지팡이를 손에 잡고 산 꼭대기에 서리라 10여호수아가 모세의 말대로 행하여 아말렉과 싸우고 모세와 아론과 훌은 산 꼭대기에 올라가서 11모세가 손을 들면 이스라엘이 이기고 손을 내리면 아말렉이 이기더니 12모세의 팔이 피곤하매 그들이 돌을 가져다가 모세의 아래에 놓아 그가 그 위에 앉게 하고 아론과 훌이 한 사람은 이쪽에서, 한 사람은 저쪽에서 모세의 손을 붙들어 올렸더니 그 손이 해가 지도록 내려오지 아니한지라 13여호수아가 칼날로 아말렉과 그 백성을 쳐서 무찌르니라 14여호와께서 모세에게 이르시되 이것을 책에 기록하여 기념하게 하고 여호수아의 귀에 외워 들리라 내가 아말렉을 없이하여 천하에서 기억도 못 하게 하리라 15모세가 제단을 쌓고 그 이름을 여호와 닛시라 하고 16이르되 여호와께서 맹세하시기를 여호와가 아말렉과 더불어 대대로 싸우리라 하셨다 하였더라

영적 대장은 그리스도

이스라엘 백성들에게 광야생활이란 여간 고달픈 것이 아니었다. 먹는 음식도, 마실 물도 자유롭지 못했다. 하나님의 지시에 따라 이루어졌고 개인적으로 구할 수 있는 것이 아니었다. 백성들의 불평과 원망은 늘어갈 수밖에 없었다.

설상가상으로 아말렉 족속이 공격하였다. 그들은 고대 유목 민족으로 주로 '네게브' 지방에 거주하였다. '아말렉'은 '에서'의 아들 엘리바스가 그의 첩 딤나에게서 낳은 아들로서(창36:12) 아말렉 족속의 조상이 되었다. '아말렉'은 '호전적인'이라는 뜻을 가지고 있다.

이스라엘과 아말렉의 전투에서 우리는 그리스도를 만난다. 그 전투에서 모세는 산 꼭대기에서 기도하고, 대적과의 전투에는 여호수아가 앞장을 섰다. 이 전투의 승리는 앞서 나가 싸우는 여호수아 군대와 모세의 기도로 특징 지을 수 있다. 물론 궁극적인 승리는 하나님의 능력이다. 전쟁은 하나님께 속한 것이고, 하나님이 이스라엘의 군대를 돕기 때문에 전쟁에서 승리했다. 하나님이 돕는다는 것을 알도록 하기 위하여 모세의 기도의 손이 내려오면 전쟁에서 패했고, 기도의 손이 하늘을 향해 있으면 전쟁은 이겼다.

> "모세가 손을 들면 이스라엘이 이기고 손을 내리면 아말렉이 이기더니"(11절).

교회는 항상 영적인 전쟁을 치른다. 불신앙과 사탄의 시험으로부터 자유로울 때가 없다. 우리의 영적인 대장이신 예수 그리스도의 도움이 없이는 이 영적인 전쟁에서 승리할 수 없다.

지도자 모세와 여호수아가 이스라엘의 적들을 방어한 투사라면 예수 그리스도 역시 악으로부터 우리를 방어하는 영적 전쟁의 대장이시다.

사탄의 권세를 이기신 예수님

마귀의 권세를 무찌르기 위하여 우리는 모세처럼 간절히 기도해야 한다. 모세의 손이 내려오면 전쟁에 졌다. 기도의 손을 거두면 우리는 영적 전쟁에서 패배한다. 바울 사도께서 "쉬지 말고 기도하라"고 말씀하신 것을 기억해야 한다(살전5:17). 모세가 힘이 빠질 때 아론과 훌이 양 옆에서 모세의 손을 붙들어 주었다. 교회 공동체의 기도는 합심에 있다. 함께 기도하고 지속적으로 기도할 때에 하나님의 구원의 역사가 일어난다. 우리가 기도할 때에 예수님이 역사하시지만, 또한 성도들도 말씀대로 순종해야 한다. 함께 기도하면서 악한 마귀의 권세를 무찔러야 한다.

원수 아말렉 군대를 무찌르는 선봉장수는 여호수아이다. 여호수아 (יְהוֹשֻׁעַ)의 이름은 "여호와께서 구원하신다"는 뜻으로 헬라어 '예수스' (Ἰησοῦς)와 같은 의미이다. 예수님과 같은 이름을 가진 여호수아가 선봉장수가 되어 원수를 무찌른 전투에서 우리는 여호수아에게서 예수님의 모형을 찾을 수 있다.

예수님은 십자가 위에서 마귀를 이기시고 자기 백성에게 영적 승리를 쟁취하게 하셨다. 마지막 날에 악한 사탄의 권세를 짓밟고 최후의 승리를 거두실 것이다.

> "사망아 너의 승리가 어디 있느냐. 사망아 네가 쏘는 것이 어디 있느냐. 사망이 쏘는 것은 죄요. 죄의 권능은 율법이라. 우리 주 예수 그리스도로 말미암아 우리에게 승리를 주시는 하나님께 감사하노니" (고전15:55-57).

예수님은 마귀를 내어 쫓으시고 병든 자들을 고치심으로 마귀와 그를 따르는 악한 세력과 싸우셨다. 십자가의 희생을 통하여 사단의 권세를 누르고 결정적으로 승리하셨다.

저스틴과 오리겐과 여러 교부들은 이스라엘과 아말렉의 전투에 대하여 풍유적으로 해석했다. 여호수아를 예수님의 모형으로 본 것과 또 하나 모세의 기도하는 모습이 십자가의 표식이라고 설교했다.[10] 모세는 손을 높이 들었고, 아론과 훌은 양쪽에서 모세의 팔을 붙들었다(12절). 그 형태가 십자가의 표식이 되었다는 것이다.

물론 기도하는 모습에서 십자가의 표식을 설교했다고 해서 문제가 될 것은 없지만, 본문이 말하려고 하지 않는 부분을 구태여 풍유적으로 해석할 필요는 없다. 그러나 적을 물리치기 위하여 모세가 손을 들고 기도하는 것은 마치 그리스도의 십자가를 높이 들고 악을 물리치는 모습과 흡사하다. 사탄의 세력을 물리칠 수 있는 것은 예수 그리스도의 십자가 밖에 없다.

성도는 그리스도의 십자가로 구원을 받았고, 또 그 십자가에 자신의 욕심과 죄악을 못 박고 성령의 사람으로 거듭나야 한다. 그리스도의 십자가의 승리는 내 심령 속에서부터 일어나야 한다.

> "그리스도 예수의 사람들은 육체와 함께 그 정욕과 탐심을 십자가에 못 박았느니라. 만일 우리가 성령으로 살면 또한 성령으로 행할지니"(갈5:24,25).

모세가 아말렉을 이긴 후에 여호와 하나님께 제단을 쌓고 '여호와 닛시'라 불렀다.

> "모세가 제단을 쌓고 그 이름을 여호와 닛시라 하고"(15절).

---

10) Sidney Greidanus, Ibid., 474.

'닛시'는 '나의 깃발'이란 뜻이다. 그리스도는 우리의 깃발이다. 우리를 영적으로 승리하게 하시는 분이다. 악한 세상의 유혹과 사탄으로부터 이길 수 있는 힘을 주신다. 그리고 깃발은 정복과 소유를 의미한다. 등산가가 에베레스트 산 정상을 정복한 후에 대한민국 태극기를 꽂으면 그 산을 정복했다는 의미이다. 그리고 왕이 전쟁에서 영토를 획득한 후에 기를 꽂으면 그 땅이 자기의 소유가 되었다는 의미이다. 우리는 예수님으로 말미암아 구원을 받고 영적으로 승리하였으므로 이제 그리스도의 것이 되었다. 예수님은 우리의 심령에 깃발을 꽂으시며 "너는 내 것이다!"고 선포하셨다.

"나의 종 야곱, 내가 택한 이스라엘아 이제 들으라. 너를 만들고 너를 모태에서부터 지어 낸 너를 도와 줄 여호와가 이같이 말하노라"(사44:1,2).
"....너희는 너희 자신의 것이 아니라 값으로 산 것이 되었으니 그런즉 너희 몸으로 하나님께 영광을 돌리라"(고전6:19,20).

하늘의 장막이신 그리스도

출 25:8-9

8내가 그들 중에 거할 성소를 그들이 나를 위하여 짓되 9무릇 내가 네게 보이는 모양대로 장막을 짓고 기구들도 그 모양을 따라 지을지니라

성막은 그리스도의 모형

하나님께서는 이스라엘의 지도자 모세에게 하나님을 만날 집을 짓게 하셨다. 성막 건축을 위하여 백성들로 하여금 자원하여 필요한 예물들을 가져오게 하셨다(출25:2-7). 금과 은을 비롯한 실과 가죽, 조각목과 향품에 이르기까지 필요한 물품들을 백성들이 즐거운 마음으로 헌물하였고, 모세는 그것으로 성막을 지었다. 하나님이 설계하신 대로 모세는 하나님의 집을 지었다.

"내가 그들 중에 거할 성소를 그들이 나를 위하여 짓되 무릇 내가 네게 보이는 모양대로 장막을 짓고 기구들도 그 모양을 따라 지을지니라"(8,9절).

성막은 이스라엘 백성들이 죄 사함을 받기 위하여 제사를 드리고 하나님을 만나는 곳이다. 성막의 여러 가지 요소가 그리스도를 예표하고 있다. 죄를 지은 자가 대제사장을 통하여 죄 씻음을 받고 하나님을 만난다. 그와 같이 예수님은 우리의 대제사장과 같은 중보자이시다. 대속해 주신 예수님의 십자가의 보혈로 죄 씻음을 받고 하나님의 거룩한 자녀가 되는 것이다. 그 외에도 생명의 떡인 진설병이나 어둠을 밝히는 금등대는 모두 예수 그리스도를 예표하고 있다.

> "그리스도께서는 장래 좋은 일의 대제사장으로 오사 손으로 짓지 아니한 것 곧 이 창조에 속하지 아니한 더 크고 온전한 장막으로 말미암아 염소와 송아지의 피로 하지 아니하고 오직 자기의 피로 영원한 속죄를 이루사 단번에 성소에 들어가셨느니라"(히9:11,12).

성막은 하늘의 모형이고, 그리스도의 그림자이다. 예수님은 "더 크고 온전한 장막"이시다. 성막에서 죄 씻음 받는 것은 또 다시 되풀이 되어야 하는 것이었다. 제물이 죄인을 대신하여 피를 흘리고 죽어야 하고, 다음에 또 죄를 지으면 그와 같은 제사를 되풀이 하였던 것이다. 그러나 예수님의 보혈은 우리의 죄를 온전히 씻어주셨기 때문에 되풀이 하여 제물을 죽일 필요가 없게 되었다. 예수님의 피는 영원한 속죄를 단번에 이루셨다.

신학자 '아돌프 사피어'(Adolph Saphir)는 "성막은 주님이 거하시는 천국을 우리의 눈에 보여주는 청사진이다. 또한 하나님과 사람이 만나는 장소로서 예수 그리스도를 예표한다. 그리고 성막은 모든 믿는 자가 함께 교제를 나눈다는 점에서 교회의 주인이신 그리스도를 상징한다"고 말했다.

예수 그리스도는 우리 중에 거하시고 우리와 교제를 나누기 위하여 사람의 몸을 입고 이 땅에 오셨다. 이스라엘 백성들이 성막을 통하여 하나님을 만난 것처럼, 지금의 성도들은 교회의 주인이신 예수 그리스도를 통하여 하나님을 만난다.

> "내가 들으니 보좌에서 큰 음성이 나서 이르되 보라 하나님의 장막이 사람들과 함께 있으매 하나님이 그들과 함께 계시리니 그들은 하나님의 백성이 되고 하나님은 친히 그들과 함께 계셔서"(계21:3).

구약시대의 성막은 임시적인 것이었지만, 하늘의 새 예루살렘 성은 하나님과 천국 백성들이 만나는 영원한 곳이다. 우리는 그리스도 안에서 늘 함께 할 수 있다.

성막 건축가 유다 지파 브살렐

성막 건축은 유다 지파 '훌'의 손자인 '브살렐'에게 맡겨졌다. 하나님의 성령이 충만히 임하여 성막 건축의 지혜를 얻게 하셨다.

> "내가 유다 지파 훌의 손자요 우리의 아들인 브살렐을 지명하여 부르고, 하나님의 영을 그에게 충만하게 하여 지혜와 총명과 지식과 여러 가지 재주로 정교한 일을 연구하여 금과 은과 놋으로 만들게 하며"(출31:2-4).

하나님은 성막 건축을 유다 지파의 브살렐에게 맡기신 것처럼, 인류의 구원자이신 그리스도는 유다 지파 다윗의 자손에서 탄생하게 하셨다. '훌'은 유대 전승에 모세의 누나 '미리암'의 남편으로 전해지고 있다. 유대인 역사가 요세푸스도 훌을 미리암의 남편으로 본다. 훌은 이스라엘 자손들이 '르비딤'에서 아말렉과 전쟁을 할 때에 아론과 함께 모세의 팔을 붙들어 올렸던 지도자였다(출17:10-12). 그리고 모세가 십계명을 받기 위하여 시내산에 올라가 있는 동안에 최고 재판관으로 봉사하였다(출24:14). 그런데 금송아지 사건부터 그의 이름이 등장하지 않는다. 유대인의 전설인 '미드라쉬'에는 그가 금송아지 우상에 대하여 반대하다가 폭도들에게 돌에 맞아죽었다고 되어 있다. 그가 과연 순교했는지 정확하지는 않지만 유다 지파의 '훌'은 참으로 귀한 하나님의 종이었다. 그 신앙의 줄기에서 성막 건축자인 브살렐이 나왔다.

그리스도만이 구원의 길

성막의 문은 오직 하나였다. 마찬가지로 하나님의 나라에 들어가는 문도 오직 하나 예수 그리스도뿐이다. 예수님은 "내가 문이다"(요10:9)라고 말씀하셨고, "내가 곧 길이요 진리요 생명이니 나로 말미암지 않고는 아버지께로 올 자가 없다"(요14:6)고 말씀하셨다.

하나밖에 없는 이 문은 성막의 동편에 위치하는데 유다 지파의 진영과 마주하고 있다(출27:12-17, 민2:3). 이러한 지파 배열은 누구든지 성막에 들어가려면 유다 지파를 통하여 들어가야 하는 것을 의미한다. 예수님께서는 유다 지파에서 오셨으며 요한 계시록에서 말씀하는 것처럼 "유다 지파의 사자 다윗의 뿌리"이시다(계5:5).

성막은 은받침과 은기둥에 의하여 지지되는 2.5m의 흰 세마포 휘장에 완전히 둘러싸여 있다. 외부에서 안으로 잘 들여다 볼 수 없도록 울

타리를 쳐 두어 성별되게 하셨다. 예수님은 우리를 세상과 구별 되게 살게 하셨다. 죄와 사탄과 멀리 하고 거룩하게 살게 하셨다. 그리스도는 우리를 세상의 악으로부터 우리를 보호해 주신다.

입구로 들어가면 놋제단이 있다. 거기서 제물을 태워 속죄의 제사를 드린다. 그 다음에는 물두멍이 있고, 성소 앞에는 큰 막이 드리워져 있고 거기로 들어가면 두 부분 곧 휘장을 사이에 두고 성소와 지성소가 나누어져 있다.

성막에 대한 설계와 건축에 관한 내용이 출애굽기 25-31장과 35-40장에 나온다. 그런데 그 중간에 금송아지 우상에 대한 기사가 나온다. 모세가 성막을 건축하기 전에 이스라엘 백성들이 금송아지 우상을 숭배하여 하나님께 크게 범죄하였다. 모세가 하나님의 계명을 받기 위하여 시내산에 올라간 사이에 그들이 하나님을 만나기 위하여 금송아지를 만들었던 것이다.

금과 은과 같은 물질로는 하나님을 만날 수 없다. 어떤 우상으로도 하나님께 은총을 입을 수 없다. 이스라엘 백성들은 오직 성막을 통하여서 하나님을 만났고 하나님 앞에 죄 사함의 은총을 입을 수 있었다. 우리는 세상의 어떤 물질과 권세와 명예로도 구원을 받지 못한다. 오직 우리의 대제사장이시며 속죄양이 되신 예수 그리스도로 말미암아 하나님을 만나고 죄 사함을 받고 구원을 얻는다.

아사셀 염소와 그리스도

레 16:20-22

20그 지성소와 회막과 제단을 위하여 속죄하기를 마친 후에 살아 있는 염소를 드리되 21아론은 그의 두 손으로 살아 있는 염소의 머리에 안수하여 이스라엘 자손의 모든 불의와 그 범한 모든 죄를 아뢰고 그 죄를 염소의 머리에 두어 미리 정한 사람에게 맡겨 광야로 보낼지니 22염소가 그들의 모든 불의를 지고 접근하기 어려운 땅에 이르거든 그는 그 염소를 광야에 놓을지니라

제비 뽑힌 아사셀 염소

이스라엘 백성이 개인의 죄를 사함 받을 때는 제물을 죽여서 번제나 속죄제를 드렸다. 제사용 짐승이 죽어 피를 흘려야 제물이 될 수 있었다. 그러나 산 채로 드리는 제물이 있었으니 그것은 '아사셀'을 위한 염소였다. 이스라엘 온 회중을 위한 속죄는 '아사셀'을 위하여 보낼 추방당할 염소가 선택되었다. 이스라엘 회중의 속죄일이 되면 대제사장은 두 염소를 가지고 회막 문 여호와 앞에서 제비를 뽑았다(레16:7-10). 한 제비는 속죄제물을 위하여, 또 한 제비는 아사셀을 위하여 뽑았다.

"두 염소를 위하여 제비 뽑되 한 제비는 여호와를 위하고 한 제비는 아사셀을 위하여 할지며, 아론은 여호와를 위하여 제비 뽑은 염소를 속죄제로 드리고 아사셀을 위하여 제비 뽑은 염소는 산 채로 여호와 앞에 두었다가 그것으로 속죄하고 아사셀을 위하여 광야로 보낼지 니라"(8-10절).

대제사장이 제비를 뽑아 선택한 아사셀 염소는 이스라엘 온 회중의 죄를 정결하게 하기 위하여 광야로 쫓겨 가서 죽게 될 것이다. 우선 제비를 뽑은 것에서 우리는 예수님이 십자가 위에서 수치와 고난을 당하실 때에, 군병들이 예수님의 옷을 벗겨가기 위하여 제비를 뽑은 것을 기억하게 된다.

"군인들이 서로 말하되 이것을 찢지 말고 누가 얻나 제비 뽑자 하니 이는 성경에 그들이 내 옷을 나누고 내 옷을 제비 뽑나이다 한 것을 응하게 하려 함이러라"(요19:24).

대제사장은 그 아사셀 염소의 머리에 안수하여 이스라엘의 모든 불의와 죄를 전가시켰다. 그리고는 접근하기 어려운 땅까지 끌고 가서 광야로 내쫓았다(21,22절).

아사셀(עֲזָאזֵל: 내어보냄의 염소)은 이스라엘 백성들의 모든 죄를 짊어진 염소이다. 어떤 학자들은 아사셀을 '지옥에서 온 무서운 영의 이름, 즉 마귀의 이름'이라고 한다. 그래서 죄를 진 염소는 죄의 출처인 아사셀에게로 보낸다고 성경은 표현하고 있다.

"염소를 아사셀에게 보낸 자는 그의 옷을 빨고 물로 그의 몸을 씻은 후에 진영에 들어갈 것이며"(26절).

어떤 사람이 아사셀 염소를 먼 광야로 끌고 간 후에 거기서 풀어주고 그는 진으로 돌아왔다. 아사셀 염소는 거기서 방황하다가 죽게 될 것이다. 그 사람이 진으로 돌아올 때에는 옷을 빨고 물로 몸을 씻은 후에 들어왔다. 이는 그 아사셀 염소가 지고 갔던 아무리 작은 죄라도 진으로 다시 가져와서는 안 된다는 의미이고, 아사셀 염소를 끌고 갔던 그 사람에게도 아무 죄가 남아 있어서는 안 된다는 뜻이다.

이렇게 속죄제 염소가 피를 흘리고, 아사셀 염소는 죄를 지고 광야로 쫓겨남으로 이스라엘 회중은 모든 죄에서 정결하게 되었다.

> "이 날에 너희를 위하여 속죄하여 너희를 정결하게 하리니 너희의 모든 죄에서 너희가 여호와 앞에 정결하리라"(30절).

버림받으신 그리스도

속죄일의 이러한 제사 절차에서 그리스도의 구원의 진리를 살필 수 있다. 예수님을 가리켜 세례 요한은 "세상 죄를 지고 가는 하나님의 어린 양"이라고 말했다(요1:29). 이사야 선지자도 고난의 메시야 예언에서 "여호와께서 그에게 모든 죄를 담당시키셨고, 그는 마치 도수장으로 끌려가는 어린 양과 같다"고 말했다(사53:6-7).

속죄제물의 염소나 아사셀을 위한 염소나 모두 세상 죄를 짊어진 예수님의 모형이다. 빌라도에게 심문을 당하시면서도, 골고다의 형장으로 끌려가며 모진 채찍에 맞으면서도 묵묵히 고통을 감당하신 예수님은 우리의 속죄 양이 되셨다.

아사셀의 염소가 이스라엘 사람들에게 접근하기 어려운 먼 곳으로 추방된 것처럼, 예수님이 대신 짊어진 죄는 동(東)이 서(西)에서 먼 것처럼 주님께서 우리의 허물과 죄를 멀리 옮기셨다(시103:12). 더 이상 하나님은 우리를 죄인으로 보시지 않고 의롭다고 인정하셨다.

백성의 죄를 짊어진 염소는 아사셀에게 보내졌다. 죽음의 광야로 추방되었다. 그와 같이 예수님은 성부 하나님으로부터 버림을 받았고, 지옥의 고통인 십자가의 형벌을 받으시고 영원한 어둠인 지옥의 고통을 체험하셨다.

"나의 하나님, 나의 하나님 어찌하여 나를 버리시나이까"라고 크게 소리를 질렀다(마27:46). 몸서리치는 피맺힌 절규였다. 주님이 철저하게 버림을 받은 것과 아사셀 염소의 추방은 영적으로 맥을 같이 한다.

예수님은 죄를 대신 짊어진 속죄양이 되었기 때문에 성부 하나님으로부터 버림을 받으셨다. 그리고 그 분은 유대인들에게 버림을 받으셨다.

"이 예수는 너희 건축자들의 버린 돌로서 집 모퉁이의 머릿돌이 되었느니라"(행4:11).

제자 중 가룟유다가 자기의 스승인 예수님을 은 삼십 개에 팔아먹었고, 제자들은 잡힐까 두려워 도망을 쳤다. 가장 사랑하는 자들로부터 버림을 받으셨다. 예수님은 최후의 만찬을 하던 날에 제자들에게 "너희가 다 나를 버릴 것이다"라고 말씀하셨다.

"그 때에 예수께서 제자들에게 이르시되 오늘 밤에 너희가 다 나를 버리리라"(마26:31).

베드로는 결코 예수님을 버리지 않을 것이라고 장담하였다. 그러나 닭이 울기 전에 세 번 부인할 것이라고 예수님은 말씀하셨고, 그 말씀대로 베드로는 주님을 세 번씩이나 부인하는 죄를 범하게 되었다. 이처럼 온 인류의 구원자이신 예수님께서 버림을 받으시고 배반당하실 것을 성경은 '아사셀' 염소를 통하여 미리 보여주신 것이다.

은총의 자녀로 품다

예수님께서 버림을 받으신 까닭은 우리가 죄로 인하여 하나님과 사람들에게 버림받을 것을 대신 담당하신 것이다. 우리는 죄 때문에 지옥에 버림을 받을 뻔했다. 영원한 지옥의 불구덩이에서 고통받을 뻔했다. 그러나 예수님을 믿고 그 무서운 지옥으로의 추방에서 벗어날 수 있게 되었다.

"이는 내 영혼을 음부에 버리지 아니하시며 주의 거룩한 자로 썩음
을 당하지 않게 하실 것임이로다"(행2:27).

예수 그리스도의 십자가의 은혜로 우리는 고아와 같이 불행하게 버림을 받는 사람이 되지 않고, 하나님 아버지의 은총의 대상이 되고 거룩한 자녀가 되었다. 은총의 손길로 우리를 안아주셨다.

"내가 너희를 고아와 같이 버려두지 아니하고 너희에게로 오리라"
(요14:18).

예수님이 버림을 받으시고 채찍에 맞으시고 십자가에 못 박혀 지옥의 고통을 치르심으로 우리는 깨끗해졌다. 모든 불의와 범죄로부터 용서를 받고 영적인 자유를 얻었다. 우리를 깨끗하게 하는 것은 오직 예수 그리스도의 피밖에 없다.

"그 아들 예수의 피가 우리를 모든 죄에서 깨끗하게 하실 것이요"(요일1:7).
"모세가 잡고 그 피를 가져다가 손가락으로 그 피를 제단의 네 귀퉁이 뿔에 발라 제단을 깨끗하게 하고, 그 피는 제단 밑에 쏟아 제단을 속하여 거룩하게 하고"(레8:15).

아사셀 염소처럼 십자가에서 버림받으신 예수님 앞에서 우리의 죄를 낱낱이 고백하고 회개하는 심령이 되어야 한다. 예수님의 십자가를 바라보며 진심으로 회개할 때에 죄씻음과 정결함의 은총을 맛보게 될 것이다.

"만일 우리가 우리 죄를 자백하면 그는 미쁘시고 의로우사 우리 죄를 사하시며 우리를 모든 불의에서 깨끗하게 하실 것이요"(요일1:9).

금등대와 그리스도

레 24:1-4

1여호와께서 모세에게 말씀하여 이르시되 2이스라엘 자손에게 명령하여 불을 켜기 위하여 감람을 찧어낸 순결한 기름을 네게로 가져오게 하여 계속해서 등잔불을 켜 둘지며 3아론은 회막안 증거궤 휘장 밖에서 저녁부터 아침까지 여호와 앞에 항상 등잔불을 정리할지니 이는 너희 대대로 지킬 영원한 규례라 4그는 여호와 앞에서 순결한 등잔대 위의 등잔들을 항상 정리할지니라

거룩한 빛

하나님은 천지창조의 첫째 날 빛을 창조하시고 어둠이 물러가게 하셨다. 예수 그리스도는 생명의 빛으로 이 세상에 오셨다. 죄악과 어둠의 권세가 물러가고 평화와 정결함의 빛이 온 인류에게 비치게 되었다.

> "참 빛 곧 세상에 와서 각 사람에게 비추는 빛이 있었나니 그가 세상에 계셨으며 세상은 그로 말미암아 지은 바 되었으되 세상이 그를 알지 못하였고"(요1:9,10).

하나님은 모세에게 성소 안의 금등대에 불이 꺼지지 않도록 명령하셨다. 성막의 바깥 뜰에서 두꺼운 휘장을 열고 성소로 들어가면 금빛 찬란한 빛이 비치고 은은한 향 내음이 풍긴다. 성소에는 거룩한 빛으로 충만하다.

  금은 변하지 않고 그 빛도 아름답다. 예수 그리스도는 영원하도록 변하지 않고 우리의 빛과 소망이 되실 것이다. 빛이 비취면 어둠은 즉시 물러간다. 그리스도의 찬란한 빛을 품으면 사탄의 권세와 어둠의 세력이 즉시 물러갈 것이다. 성막 안에 여호와의 불을 항상 켜 놓는 것처럼, 우리의 심령에 항상 그리스도의 빛이 충만해야 한다.

> "이스라엘 자손에게 명령하여 불을 켜기 위하여 감람을 찧어낸 순결한 기름을 네게로 가져오게 하여 계속해서 등잔불을 켜 둘지며, 아론은 회막안 증거궤 휘장 밖에서 저녁부터 아침까지 여호와 앞에 항상 등잔불을 정리할지니 이는 너희 대대로 지킬 영원한 규례라"(2, 3절).

  성소 안에는 바깥의 빛이 전혀 들어올 수 없도록 되어 있다. 오직 금 등대의 거룩한 빛만이 금빛으로 찬란하다. 우리의 마음 속에도 세속적인 것이 새어들어 오지 않도록 차단시켜야 한다. 하나님의 말씀과 기도의 빛으로 충만하여 다른 빛이 비치지 않게 하여야 한다. 오직 예수 그리스도의 거룩한 빛으로 충만하도록 해야 한다.

감람유와 빛

  빛을 밝히는 것은 등잔 속의 감람 기름이다. 그 기름은 감람 열매를 찧어서 만든 것이다. 빛을 발하기 위해서는 희생과 자기 깨뜨림이 있어야 한다. 주님이 십자가에서 희생하셨기 때문에 온 세상을 밝히는 빛이 되셨다. 예수님이 우리를 대신하여 십자가에서 살 찢고 피 흘려주셨기 때문에, 우리 영혼에 구원의 빛을 주셨다. 죄악의 어둠과 사탄의 악한 권세가 물러가게 하시고 죄 사함의 기쁨과 구원의 은총을 주신 것이다.

감람 기름뿐만 아니라 등잔의 심지도 타야 불을 밝힌다. 제사장은 저녁과 아침에 성소에 들어가 등잔의 심지를 살피고 다 탄 것은 새 것으로 교체했다. 그리고 감람유가 모자라면 채워넣었다. 하나님의 거룩한 불을 꺼뜨리면 안 된다. 제사장의 사명은 이 거룩한 불을 꺼뜨리지 않게 해야 한다.

우리는 경건생활의 불을 꺼지게 하면 안 된다. 하나님의 말씀을 읽고 기도하며 지속적으로 예배의 불, 성령의 불을 붙여야 한다. 세상의 빛으로 사람들에게 복음을 전하고 삶의 아름다운 섬김과 봉사의 모습을 보여야 한다.

예수님은 자신을 희생하여 세상에 복음의 빛을 밝히고 누구든지 믿는 사람은 멸망당하지 않고 구원을 받게 하신다. 그래서 주님은 자신을 가리켜 '세상의 빛' 이라고 말씀하셨다(요8:12). 그리고 그리스도인에게도 세상의 빛이 되라고 말씀하셨다. 평상이나 말 아래 감추어둔 빛이 아닌, 등경 위에 높이 들려 온 동네를 비추는 빛이 되라고 권면하셨다(마5:14-16). 거룩한 생명의 빛은 언제나 꺼지지 않고 세상을 밝혀야 한다. 성도는 복음과 기도의 불을 꺼뜨리지 않고 밝혀야 하는 사명이 있다.

그리스도를 빛나게 하라

우리의 삶을 통하여 그리스도의 이름과 영광을 나타내야 한다. 우리는 그리스도의 빛의 반사체이다. 우리를 자랑하고 뽐내는 것이 아니라, 우리를 통하여 그리스도가 빛나도록 해야 한다.

우리도 복음을 전하여 주님의 십자가의 구원과 부활의 영광을 온 세상 사람들에게 나타내야 할 것이다. 우리의 삶의 현장에서 이웃들에게 아름답고 신실한 모습을 보여 그들이 예수 그리스도의 빛을 볼 수 있도록 해야 한다.

한국교회는 한 때 자랑을 많이 하였다. 전도가 잘 되어 1200만 명이 예수님을 믿고 국민의 25%가 신자라고 자랑하였다. 세계에서 제일 큰 교회가 한국에 다 있다고 자랑했다. 오순절 교단에서 제일 큰 여의도 순복음교회를 비롯하여 장로교회에서 제일 큰 영락교회, 감리교회에서 제일 큰 광림교회 등이 자랑거리일 뻔 하였다. 그러나 근자에 와서 자랑이 세상의 비방이 되었다. 교단의 분열과 목회 세습제. 복음의 본질을 잃어가는 교회와 세속화 되고 변질되어 가는 교회의 모습과 감소되는 교인수로 세상의 비방거리가 되고 있다.

교회는 언제나 세상의 빛이 되어야 한다. 세상 사람들의 비방과 조롱거리가 되면 안 된다. 우리는 더욱 경건하게 살고 사회를 위하여 헌신하고 봉사하는 아름다운 모습을 보여주어야 한다. 우리의 부나 권력이나 명예보다 그리스도의 이름을 자랑해야 한다.

다윗은 "내 영혼이 여호와를 자랑하리니 곤고한 자가 이를 듣고 기뻐하리라"고 고백했다(시34:2). 자기를 자랑하고 빛내려고 하기 보다는 그리스도를 자랑하고 빛나게 해야 한다.

사울 왕은 자기의 큰 키와 외모를 자랑하고 왕의 권력을 앞세워 교만한 삶을 살았다. 결국에는 성령님이 떠나고 악신이 그 영혼을 괴롭혔으며, 신들린 여자에게 찾아가 전쟁의 승패에 대하여 물었다. 그는 자기를 자랑하고 자기의 권력을 자랑하다가 하나님께 버림을 받았다.

교만한 압살롬은 자기의 외모와 건강한 머리털을 자랑하였고, 부친 다윗의 왕좌를 빼앗기 위하여 반란을 일으켰다가 반역 전쟁 때에 그 머리털이 상수리나무에 걸려 목숨을 잃었다.

히스기야 왕은 한 때 자기의 권력과 보물을 바벨론인들에게 자랑하였다가 이스라엘 백성들이 바벨론의 포로가 되고 보물창고를 강탈당하게 되었다.

> "그 때에 발라단의 아들 바벨론 왕 브로닥발라단이 히스기야가 병들었다 함을 듣고 편지와 예물을 그에게 보낸지라. 히스기야가 사자들의 말을 듣고 자기 보물고의 금은과 향품과 보배로운 기름과 그의 군기고와 창고의 모든 것을 다 사자들에게 보였는데"(왕하20:12,13).

그러나 다윗 왕은 하나님을 자랑하며 그 영광을 나타내고 하나님의 마음에 맞는 삶을 살았기 때문에 그 왕위가 계승되게 하셨다.

바울 사도는 예수 그리스도의 십자가와 부활만 자랑하였다. 그래서 많은 영혼을 그리스도께로 인도하여 그의 삶이 존귀하게 되었다.

> "그런즉 누구든지 사람을 자랑하지 말라"(고전3:21).
> "그러나 내게는 우리 주 예수 그리스도의 십자가 외에 결코 자랑할 것이 없으니"(갈6:14).

사도 바울은 자랑할 만한 것이 없던 사람이 아니다. 그는 "나도 육체를 신뢰할 만하다"고 말하였다. 정통파 히브리인 중에 히브리인이었고 율법적으로 최고의 권위를 가진 '가말리엘' 문하에서 배운 바리새인이었다. 율법의 의로는 흠이 없었던 자였다(빌3:3-9). 그러나 예수님을 영접한 후로 그는 "성령으로 봉사하고 예수님을 자랑하고 육체를 신뢰하지 않는다"고 고백했다(빌3:3). 그리고 세상의 자랑거리는 자기에게 해가 되는 줄 알고 배설물처럼 버리게 되었다고 했는데, 그 까닭은 그리스도 예수를 아는 지식이 가장 고상하기 때문이라고 했다(빌3:8).

초대교회가 성장한 것도 그들이 스스로 자랑한 것이 아니라, 그들의 빛된 삶으로 인하여 사람들로부터 칭찬을 받았기 때문이다.

> "하나님을 찬미하며 또 온 백성에게 칭송을 받으니 주께서 구원 받는 사람을 날마다 더하게 하시니라"(행2:47).

예수 그리스도는 금등대와 같이 온 세상에 거룩한 빛을 나타내신 분이다. 우리도 주님처럼 세상의 빛을 발하는 등대가 되어야 한다. 자기를 자랑하지 않고 오직 그리스도만 자랑해야 한다. 주님의 빛을 온 세상에 나타내야 한다. 우리의 빛된 삶을 세상 사람들이 보고 한국교회와 성도들을 칭찬하도록 힘써야 한다.

죽은 자와 산 자의 경계에 선 대제사장

민 16:46-48

> 46이에 모세가 아론에게 이르되 너는 향로를 가져다가 제단의 불을 그것에 담고 그 위에 향을 피워 가지고 급히 회중에게로 가서 그들을 위하여 속죄하라 여호와께서 진노하셨으므로 염병이 시작되었음이니라 47아론이 모세의 명령을 따라 향로를 가지고 회중에게로 달려간즉 백성 중에 염병이 시작되었는지라 이에 백성을 위하여 속죄하고 48죽은 자와 산 자 사이에 섰을 때에 염병이 그치니라

고라의 반역 사건

예수 그리스도의 구원은 온 인류에게 다 해당이 된다. 그러나 그리스도의 십자가의 공로를 믿고 은혜를 받는 자가 있고, 그 공로를 불신하고 거부하여 버림을 받는 자가 있다. 구원의 은총을 입은 사람들은 그리스도를 구주로 믿고 영접한 자들이다. 주님을 마음으로 영접하는 자들만 하나님의 자녀가 되는 권세를 가지게 된다. 구원은 혈통으로나 육신적인 정으로 인하여 받게 되는 것이 아니라 하나님의 뜻으로 결정되는 것이다.

> "영접하는 자 곧 그 이름을 믿는 자들에게는 하나님의 자녀가 되는 권세를 주셨으니, 이는 혈통으로나 육정으로나 사람의 뜻으로 나지 아니하고 오직 하나님께로부터 난 자들이니라"(요1:12,13).

구원을 받고 받지 못하는 것은 그리스도의 십자가의 은혜를 믿느냐 믿지 못하느냐로 결정된다. 그리스도의 십자가 은혜가 죽은 자와 산 자를 갈라놓는다.

민16:19-24에는 '고라'와 '다단'과 '아비람'의 반역 사건이 기록되어 있다. 하나님의 권위를 추락시킨 반란자들에게 하나님은 진노하셨고, 주동자들과 백성의 지휘관 250명은 하나님의 심판을 받았다. 반란자들의 불평은 같은 레위 지파면서도 모세와 아론만 지도자와 제사장 가문이 되었다는 것이다.

> "그들이 모여서 모세와 아론을 거슬러 그들에게 이르되 너희가 분수에 지나도다. 회중이 다 각각 거룩하고 여호와께서도 그들 중에 계시거늘 너희가 어찌하여 여호와의 총회 위에 스스로 높이느냐"(민16:3).

'고라'는 레위 지파의 '고핫'의 손자이며 '이스할'의 아들이었다. 고라는 아론의 후손으로만 제사장을 제한한 모세의 조치에 대하여 반발했다. 레위 지파 가운데서도 고핫의 후손들은 이스라엘 백성들이 행진할 때에 성막의 지성물을 옮기는 역할을 수행했으며, 제사를 집전할 수는 없었다(민4:4-15). 이러한 규례에 불만을 품었던 고라와 르우벤 지파의 아비람과 다단에 의하여 민중 반란이 일어났다.

반란 주동자들의 최후

모세는 주동자 '고라'와 250명의 지휘관들과 대제사장 아론에게 모두 향로를 가져오도록 했다. 향로에 불을 담아 여호와 앞에 서는 것은 선택된 제사장들만이 행할 수 있는 제사 의식이었다. 고라와 반역자들이 모세와 아론의 제사장직 독점을 반대하고 자기들에게도 기회를 달라고 요청했기 때문에, 그들에게도 제사장들처럼 향로에 불을 담아오도록 했던 것이다. 그러나 아론 자손이 아닌 자들이 성소에 들어가 불을 붙이거나 생명을 보존할 수 없었다.

> "진영을 떠날 때에 아론과 그의 아들들이 성소와 성소의 모든 기구 덮는 일을 마치거든 고핫 자손들이 와서 멜 것이니라. 그러나 성물은 만지지 말라 그들이 죽으리라"(민4:15).

고라가 대적자들을 회막 문에 모아놓았다. 이 때 하나님의 영광이 온 회중 앞에 나타났으며, 모세가 하나님의 지시에 따라 회중들에게 고라와 다단과 아비람의 장막에서 떠나게 하자, 즉시 땅바닥이 갈라져 고라에게 속한 모든 사람과 그들의 재물을 삼켰다(32,33절). 그리고 분향하는 지휘관 250인에게는 여호와의 불이 나와서 모두 불살랐다(35절). 하나님은 온 백성 앞에서 여호와를 멸시한 그들을 심판하심으로 그들의 악함을 증명하셨다(30절).

그럼에도 불구하고 그 이튿날 이스라엘 자손들은 다시금 모세와 아론을 원망하였다(민16:41-50). 진노하신 하나님은 또 다시 원망하는 폭도들을 향하여 염병이 돌게 하셨다. 이스라엘 백성들 중에서 14,700명이 죽었다(49절). 모세는 대제사장 아론에게 명하여 제단의 불을 향로에 담고 그 위에 향을 두어 급히 죽어 가는 회중들에게 달려가라고 했다. 아론은 급히 달려가 전염병으로 이미 죽은 자와 산 자 사이에 섰다. 신기하게도 염병이 그쳤다.

"아론이 모세의 명령을 따라 향로를 가지고 회중에게로 달려간즉 백성 중에 염병이 시작되었는지라 이에 백성을 위하여 속죄하고, 죽은 자와 산 자 사이에 섰을 때에 염병이 그치니라"(47,48절).

대제사장이신 그리스도

하나님과 죄인 사이의 중보자이신 대제사장인 아론이 백성을 위하여 속죄하고 죽은 자와 산 자들 사이에 섰을 때에 심판의 재앙인 전염병이 그쳤다. 대제사장 아론은 하나님과 죄인의 중간에서 화목하게 하신 예수 그리스도의 모형이다. 위대한 대제사장이신 예수님은 아론의 향로보다 더 값진 속죄 제물을 가지고 계신다. 십자가에서 흘리신 보혈이다. 예수님의 피가 죽음의 행렬을 단절시키고 죽은 자를 살린다. 십자가는 산 자와 죽은 자의 경계선에 서 있다.

실제로 예수님이 십자가형을 당하신 골고다 언덕 위에는 세 개의 십자가가 세워졌다. 예수님의 십자가 옆에 두 강도의 십자가가 세워졌고, 한 편의 강도는 회개하고 구원을 받았으며 다른 한 편의 강도는 죽어가면서도 예수님을 비방하다가 영원히 멸망을 받았다. 예수님의 십자가를 중심으로 구원받은 자가 있었고, 영원히 멸망을 받은 자들이 있었다.

십자가 한 쪽에는 모친 마리아를 비롯한 믿음의 여인들과 제자 요한이 있었다. 골고다 언덕을 오르실 때 고난의 길인 '비아 돌로로사'에서 쓰러져 일어나지 못하실 때 대신 십자가를 짊어지고 올라간 구레네 시몬이 있었다. 그리고 주님이 운명하신 후에 진심으로 깨닫고 "이 사람은 정녕 하나님의 아들이었다"고 고백한 십자가 형을 집행했던 백부장이 있었다. 그리고 십자가에 못 박힌 후에 시신을 자기의 새 무덤에 모신 아리마대 요셉과 공회원 니고데모가 있었다.

그러나 또 한 편의 무리들, 비방하고 조롱한 사람들과 바리새인을 비롯한 유대 종교지도자들과 주님을 희롱하고 잔혹한 행동을 했던 로마 군인들이 있었다. 예수님의 십자가는 죽은 자와 산 자의 경계에 서 있었다. 십자가의 은혜로 더 이상 죽지 않고 멸망당하지 않고 살 수 있는 길을 열어주신 것이다.

하나님의 진노를 멈추게 하는 것은 예수님의 피 흘리신 십자가이다. 그 피를 보는 순간에 죽음은 넘어간다. 최초의 유월절에 애굽의 장자들이 죽었을 때, 이스라엘 백성들의 문설주와 인방에는 제물의 피가 칠해져 있었고, 그 피를 보고 죽음의 사자가 그 집을 건너갔다.

"내가 애굽 땅을 칠 때에 그 피가 너희가 사는 집에 있어서 너희를 위하여 표적이 될지라. 내가 피를 볼 때에 너희를 넘어가리니 재앙이 너희에게 내려 멸하지 아니하리라"(출12:13).

십자가는 영원한 죽음과 영생 사이의 분명한 경계선이다. 하나님을 멸시하고 말씀대로 순종하지 않으면 영원히 죽고, 주님의 보혈이 자신의 죄 때문에 흘리신 것이라고 믿고 그 죄를 사함 받은 자는 영생을 누릴 것이다.

"우리는 그리스도 안에서 그의 은혜의 풍성함을 따라 그의 피로 말미암아 속량 곧 죄 사함을 받았느니라"(엡1:7).

"그러므로 형제들아 우리가 예수의 피를 힘입어 성소에 들어갈 담력을 얻었나니, 그 길은 우리를 위하여 휘장 가운데로 열어 놓으신 새로운 살 길이요 휘장은 곧 그의 육체니라"(히10:19,20).

장차 심판주로 오실 영광스러운 그리스도는 목자장이 되어 우편에는 그의 양떼를 두시고, 좌편에는 불순종의 염소 떼를 둘 것이다. 우편의 영혼들은 구원하시고 영생을 누리게 하실 것이지만, 좌편의 영혼들은 영원히 꺼지지 않는 지옥 불에 던져 넣으실 것이다. 예수 그리스도만이 산 자와 죽은 자의 경계를 그으실 것이다. 우리가 살기 위해서는 예수 그리스도께로 가까이 나아가야 한다.

암송아지의 재와 정결

민 19:1-9

1여호와께서 모세와 아론에게 말씀하여 이르시되 2여호와께서 명령하시는 법의 율례를 이제 이르노니 이스라엘 자손에게 일러서 온전하여 흠이 없고 아직 멍에 메지 아니한 붉은 암송아지를 네게로 끌어오게 하고 3너는 그것을 제사장 엘르아살에게 줄 것이요 그는 그것을 진영 밖으로 끌어내어서 자기 목전에서 잡게 할 것이며 4제사장 엘르아살은 손가락에 그 피를 찍고 그 피를 회막 앞을 향하여 일곱 번 뿌리고 5그 암소를 자기 목전에서 불사르게 하되 그 가죽과 고기와 피와 똥을 불사르게 하고 6동시에 제사장은 백향목과 우슬초와 홍색 실을 가져다가 암송아지를 사르는 불 가운데에 던질 것이며 7제사장은 자기의 옷을 빨고 물로 몸을 씻은 후에 진영에 들어갈 것이라 그는 저녁까지 부정하리라 8송아지를 불사른 자도 자기의 옷을 물로 빨고 물로 그 몸을 씻을 것이라 그도 저녁까지 부정하리리 9이에 정결한 자가 암송아지의 재를 거두어 진영 밖 정한 곳에 둘지니 이것은 이스라엘 자손 회중을 위하여 간직하였다가 부정을 씻는 물을 위해 간직할지니 그것은 속죄제니라

부정을 씻는 붉은 암송아지의 재

우리가 믿는 하나님은 거룩하시고 성결하신 분이시다. 그러므로 우리도 정결하고 성결한 사람이 되어야 한다.

"너는 이스라엘 자손의 온 회중에게 말하여 이르라. 너희는 거룩하라 이는 나 여호와 너희 하나님이 거룩함이니라"(레19:2).

본문은 모세가 이스라엘을 이끌던 시대의 정결의식에 대하여 말씀하고 있다. 시체를 만졌거나 죽은 사람의 뼈나 무덤을 만진 사람이 부정하게 되었을 때, 붉은 암송아지의 재를 탄 물로 부정을 씻었다.

"이에 정결한 자가 암송아지의 재를 거두어 진영 밖 정한 곳에 둘지니 이것은 이스라엘 자손을 위하여 간직하였다가 부정을 씻는 물을 위해 간직할지니 그것은 속죄제니라"(9절).

바나바 서신에서 어떤 학자들은 붉은 암송아지에 대한 예식을 풍유적으로 해석했다. 암송아지는 예수님에 비유하고, 백향목은 십자가에, 그리고 홍색실은(6절) 예수님의 피에 그 상징성을 두었다.[11] 그리고 신학자 '빌헬름 피셔'도 암송아지에 예수님의 상징성을 집중했다. 암송아지는 흠이 없어야 하고, 한 번도 멍에를 메지 않아야 한다는 것에서 그리스도는 흠이 없고, 한 번도 죄를 범하지 않으신 분으로 해석했다.

"온전하여 흠이 없고 아직 멍에 메지 아니한 붉은 암송아지를 네게로 끌어오게 하고, 너는 그것을 제사장 엘르아살에게 줄 것이요 그는 그것을 진영 밖으로 끌어내어서 자기 목전에서 잡게 할 것이며"(2,3절).

암송아지가 진 밖에서 죽어야 하는 것은 예루살렘 성 밖에서 십자가를 지신 그리스도를 가리킨다고 했다.[12] 물론 백향목과 우슬초와 홍색

---

11) Sidney Greidanus, op. cit., 480.
12) Ibid.

실을 암송아지를 사르는 불 가운데 던져야 한다는 규정도 그냥 간과할 수는 없다. 그것도 정결 예식의 표식이 된다.

"동시에 제사장은 백향목과 우슬초와 홍색 실을 가져다가 암송아지를 사르는 불 가운데에 던질 것이며"(6절).

박윤선 박사의 민수기 주석에는 '백향목'은 영생을 상징하고, '우슬초'는 향기있는 풀로서 부패와 악취의 제거를 뜻하며, '홍색실'은 그리스도의 보혈을 뜻한다고 했다.[13] 이 세 가지를 암소 태우는 불 속에 함께 넣은 것은 속죄로 깨끗하게 하는 의미를 더해 주는 것이다. 이 모든 것은 장차 오실 그리스도로 말미암아 이루어질 영적 정결의 작용을 비유한다.

정결함과 그리스도

시체에 접촉함으로 부정하게 된 사람을 정결케 하는 방법에 대하여 붉은 암송아지의 재가 뿌려진 '정결하게 하는 물'을 뿌려서 부정을 씻었다.

"누구든지 죽은 사람의 시체를 만지고 자신을 정결하게 하지 아니하는 자는 여호와의 성막을 더럽힘이라 그가 이스라엘에서 끊어질 것은 정결하게 하는 물을 그에게 뿌리지 아니하므로 깨끗하게 되지 못

---

13) 박윤선, 「민수기 주석」, 서울: 영음사, 1987, 259.

하고 그 부정함이 그대로 있음이니라"(13절).

부정한 사람은 거룩한 하나님과 교제할 수 있는 어떠한 여지도 없다. 그러므로 부정하다는 것은 극히 심각하고 위험한 것이다.

"사람이 부정하고도 자신을 정결하게 하지 아니하면 여호와의 성소를 더럽힘이니 그러므로 회중 가운데에서 끊어질 것이니라. 그는 정결하게 하는 물로 뿌림을 받지 아니하였은즉 부정하니라"(20절).
"너희는 이스라엘 자손의 성물을 더럽히지 말라. 그리하여야 죽지 아니하리라"(민18:32).

보통 제사장들이 사용하는 물두멍의 물로는 정결할 수 없다. 반드시 붉은 암송아지의 재가 혼합된 물로 뿌려야 정결할 수 있었다. 이 특별한 암송아지를 태운 재가 혼합된 물에서 우리는 정결케 하시는 하나님의 방법을 찾아야 한다.

재는 완전히 불태워 그 물질의 형체가 사라졌다는 증거다. 우리가 거룩하신 하나님을 만나는 길은 온전히 우리의 죄를 다 속죄하신 예수님의 십자가의 피가 있어야 한다. 그래서 제사장은 손가락으로 그 피를 찍어 일곱 번 회막 앞에서 뿌렸다(민19:4). 붉은 암송아지의 피뿌림과 재는 그리스도의 모형이다. 그리스도의 죽음은 죄의 오염으로 하나님과 교제가 단절된 자에게 정결함을 제공해 준다.[14]

히브리서 기자는 구약의 그리스도의 모형이었던 암송아지의 피에 대하여 언급하고 있다.

---

14) Sidney Greidanus, op. cit., 483.

"염소와 황소의 피와 및 암송아지의 재를 부정한 자에게 뿌려 그 육체를 정결하게 하여 거룩하게 하거든, 하물며 영원하신 성령으로 말미암아 흠 없는 자기를 하나님께 드린 그리스도의 피가 어찌 너희 양심을 죽은 행실에서 깨끗하게 하고 살아 계신 하나님을 섬기게 하지 못하겠느냐"(히9:13,14).

히브리서 기자는 "염소와 황소의 피와 암송아지의 재로 부정한 자를 정결하게 했다"고 말하면서 제물의 피와 재가 우리의 양심을 정결하게 하였다면, 그리스도의 십자가의 피는 정결하게 하는데 얼마나 큰 효력을 발휘하겠느냐고 말씀하셨다. 우리는 예수님의 온전한 속죄의 피를 통하여 구원을 얻는다(히10:19-22). 그리고 예수님의 이름으로 세례를 받고 죄 사함을 얻을 때 흰 눈처럼 정결해지는 것이다(행2:38).

우리가 정결함을 얻으려면 예수님께 우리의 죄를 자백해야 한다. 철저한 회개만이 우리의 심령을 깨끗하게 하고 청결하게 할 수 있다.

"만일 우리가 우리 죄를 자백하면 그는 미쁘시고 의로우사 우리 죄를 사하시며 우리를 모든 불의에서 깨끗하게 하실 것이요"(요일1:9).

막대기로 친 반석과 그리스도

민 20:9-13

9모세가 그 명령대로 여호와 앞에서 지팡이를 잡으니라 10모세와 아론이 회중을 그 반석 앞에 모으고 모세가 그들에게 이르되 반역한 너희여 들으라 우리가 너희를 위하여 이 반석에서 물을 내랴 하고 11모세가 그의 손을 들어 그의 지팡이로 반석을 두 번 치니 물이 많이 솟아나오므로 회중과 그들의 짐승이 마시니라 12여호와께서 모세와 아론에게 이르시되 너희가 나를 믿지 아니하고 이스라엘 자손의 목전에서 내 거룩함을 나타내지 아니한 고로 너희는 이 회중을 내가 그들에게 준 땅으로 인도하여 들이지 못하리라 하시니라 13이스라엘 자손이 여호와와 다투었으므로 이를 므리바 물이라 하니라 여호와께서 그들 중에서 그 거룩함을 나타내셨더라

폭도로 변한 백성들

목마른 자에게 물이 없으면 그 갈급함이 오죽하겠는가? 인생은 지금 당장에 마실 물이 없고 먹을 끼니가 없으면 실의에 빠져 남을 탓하고 불평할 수 있다. 이스라엘 백성들은 신 광야에서 떠나 '르비딤'에 장막을 쳤다. 그런데 마실 물이 없어서 백성들이 몹시 목말라 하였다(출17:1). 그들은 급기야 지도자 모세를 향하여 원망하고 불평하였다. 성경은 백성이 '모세와 다투었다'고 기록하고 있는 것으로 보아 단순하게 불평만 한 것이 아니라 무리지어 와서 강력하게 항의한 것으로 짐작된다.

"백성이 모세와 다투어 이르되 우리에게 물을 주어 마시게 하라. 모세가 그들에게 이르되 너희가 어찌하여 나와 다투느냐 너희가 어찌하여 여호와를 시험하느냐"(출17:2).

백성들은 얼마든지 좋은 말로 "지도자 모세여 우리가 물을 마시도록 하나님께 기도해 주소서"라고 부탁할 수 있었다. 그러나 그들은 모세에게 대뜸 원망하고 불평하면서 모세에게 대들었다. 마땅히 모세가 애굽에서 탈출을 시켰으니 의식주 문제는 책임을 져야 한다고 생각했다. 백성들은 르비딤까지 오면서 광야 길에 몹시 지친 것 같다. 사람이 너무 피곤하고 지치면 짜증이 나고 불평이 난다. 그리고 마실 물까지 없는 상황이었으니 그들의 불평이 이해도 된다. 그러나 모세에게 불평해서 해결될 일인가? 인도자이신 하나님께 간절히 구해야 할 일이 아닌가?

이스라엘 백성들은 그 동안 주인의 삶을 살지 않고 노예의 삶을 살았다. 시키는 대로 일하고 주인에게 의식주를 제공받았다. 먹을 것을 주지 않으면 불평하고 주인에게 원망했을 것이다. 그 나쁜 버릇이 그대로 남아 있었다. 이제는 그들이 노예가 아니고 자유인이다. 하나님의 은혜를 입은 이스라엘의 주인이며 공동체 속의 식구들이었다. 과거처럼 고함을 지르고 징징거리면서 먹을 것을 요청해서는 안 된다.

그들의 왕이신 하나님께 구해야 하고 겸손하게 순종해야 한다. 만나를 먹든지 물을 마시든지 고기를 먹든지 하나님이 주셔야 먹을 수 있었다. 일용할 양식이 하나님의 손에 있었다. 그러므로 모세에게 원망하고 불평할 것이 아니라 하나님께 겸손히 기도해야만 했다. 하나님은 바로 그 영적 훈련을 시키고 계셨던 것이다.

하나님을 시험한 백성들

흥분한 이스라엘 백성들은 모세에게만 대항한 것이 아니라, 하나님을 시험하기까지 했다. 마실 물도 주시지 못하는 하나님이라면 정말 이스라엘 중에 계시는지 안 계시는지 모르겠다고 외쳤다.

> "그가 그 곳 이름을 맛사 또는 므리바라 불렀으니 이는 이스라엘 자손이 다투었음이요 또는 그들이 여호와를 시험하여 이르기를 여호와께서 우리 중에 계신가 안 계신가 하였음이더라"(출17:7).

이스라엘 백성들은 그 때까지 하나님이 인도하셔서 홍해를 건너고 만나를 먹고 놀라운 기적들을 목격하였다. 그럼에도 불구하고 마실 물이 없어 갈급하자 하나님이 계신가 안 계신가 하면서 하나님을 시험하였다. 민수기 기자는 백성들의 절망적인 소리를 기록하고 있다.

> "백성이 모세와 다투어 말하여 이르되 우리 형제들이 여호와 앞에서 죽을 때에 우리도 죽었더라면 좋을 뻔하였도다. 너희가 어찌하여 여호와의 회중을 이 광야로 인도하여 우리와 우리 짐승이 다 여기서 죽게 하느냐. 너희가 어찌하여 우리를 애굽에서 나오게 하여 이 나쁜 곳으로 인도하였느냐 이 곳에는 파종할 곳이 없고 무화과도 없고 포도도 없고 석류도 없고 마실 물도 없도다"(민20:3-5).

민16:31-35에 고라와 다단과 아비람의 반역 사건으로 고라의 패당과 분향하는 250명이 죽었다. 불순종하고 반역하던 그들처럼 자기들도 그 때 죽었더라면 좋을 뻔했다고 말하고, "우리와 우리 짐승이 다 죽게 하느냐"라고 말하기도 했다. 그리고 "나쁜 곳으로 인도했다"고 공격성이 짙은 막말을 쏟아냈다. 말은 씨가 된다고 했다. 그 사람의 말은 믿음과 불신앙의 척도가 된다. 어떤 사람에게는 역경이 믿음의 연단이 되고, 또 어떤 사람에게는 역경이 불신앙의 표출이 된다.

사람들은 이스라엘 백성들과 같이 역경과 궁지에 빠지면, 기도하면서 기다리지 못하고 "하나님이 있니 없니" 하면서 하나님을 시험할 수 있다. 신앙생활에 있어 너무 성급하고 감정이 앞서는 것은 금물이다. 비록 궁지에 몰려도 하나님의 뜻을 기다리는 인내심이 필요하다.

반석에서 생수가 흐르다

하나님께서는 모세에게 "지팡이를 가지고 그들의 목전에서 반석에게 명령하여 물을 내라"고 말씀하셨다. 이스라엘 백성들이 광야에서 물을 마실 때, 하나님은 반석에서 물이 솟아나게 하셨다. 반석은 예수 그리스도를 상징한다.

> "다 같은 신령한 음료를 마셨으니 이는 저희를 따르는 신령한 반석
> 으로부터 마셨으매 그 반석은 곧 그리스도시라"(고전10:4).

하나님은 땅 속에서 그냥 물이 솟구치게도 하실 수 있고, 하늘에서 많은 양(量)의 소나기를 뿌려 주시거나 우물을 파서 물을 얻게도 하실 수 있었다. 그러나 인간의 참된 생수는 예수 그리스도라는 진리를 모든 사람들에게 알리시려고 반석이 깨어져 생수가 솟구치게 하셨다.

예수님이 십자가 위에서 살을 찢지 아니하고는 인간에게 구원은 없다. 반석은 가장 강하고 든든한 것이다. 인간의 영혼을 보호하고 가장 완벽하게 지켜 줄 수 있는 분은 예수님뿐이다. 오직 예수님이 십자가 상에서 깨어질 때 생명의 구원이 있다. 예수님의 십자가 수난의 과정에 "찢다, 때리다, 못 박다"란 단어가 여러 번 되풀이 되고 있다(요 19:18,23, 눅23:16,22,33). 반석이신 예수 그리스도의 몸이 채찍에 맞으시고, 못 박히시고 찢어지고 깨지면서 우리에게 영원한 생명을 주셨다.

하나님은 지팡이를 가지고 가리키며 반석에게 명령하라고 하셨지만, 화가 난 모세는 지팡이로 반석을 두 번이나 쳤다(민20:10,11). 모세가 거칠게 반석을 칠 때에 회중들에 대한 분노와 미움이 담겨 있었다. 하나님은 모세와 아론에게 하나님의 거룩함을 나타내지 아니하였기 때문에 가나안에 들어가지 못할 것이라고 말씀하셨다.

모세도 인간인데 화가 날 수 있지 않은가? 그토록 원망하고 불평하는 회중들이 어찌 밉지 않았겠는가? 폭도로 변하여 항의하고 치려할 때에 모세와 아론은 얼마나 긴장하고 불안했겠는가? 그러한 폭도들을 향하여 순순히 물을 주고 싶었겠는가? 그렇다면 지팡이로 반석을 두 번 친 것은 얼마든지 이해하고 그냥 넘어갈 수 있는 문제가 아닌가? 그러나 하나님은 반드시 그 문제를 중요하게 짚고 계신다. 그렇게 수고한 모세와 아론이 가나안에 들어가지 못할 정도로 심각하게 그 문제를 다루고 계신다. 왜 그런가?

반석을 친 것의 영적인 의미는 곧 예수 그리스도를 친 것이다. 예수님은 채찍에 살이 찢기고, 가시 면류관을 쓰셨으며, 손과 발에 못 박히시고, 옆구리는 창에 찔렸다. 예수님의 거룩하신 몸은 만신창이가 되도록 맞으시고, 피를 흘리셨다. 예수님이 살이 찢기고 못 박히시므로 죄인에게 생명의 구원이 주어졌고 갈급함이 해결되었다. 참된 생수를 인간에게 줄 수 있었던 것은 예수님의 몸이 깨어지고 채찍에 맞았기 때문이다(사53:5).

물론 모세가 예수님의 몸을 친 것은 아니다. 그러나 하나님은 예수님을 괴롭게 하고 채찍으로 치고 손과 발에 못을 박게 될 미래의 십자가의 행위가 얼마나 악하고 무서운 것인가를 암시하셨다.

모세가 가나안 땅에 들어가지 못했다고 해서 그가 구원에서 제외되었거나 천국에 들어가지 못했다고 해석해서는 안 된다. 하나님께서는 모세를 지상에서 가장 온유한 사람으로 인정하셨다. 하나님의 거룩함을 나타내지 않았기 때문에 가나안에 들어가는 영광을 누리지 못했을 뿐이다.

하나님은 모세도 실수하는 인간인 것을 알게 하시고 이스라엘 백성들이 그를 우상시 하지 않도록 무덤까지 남기지 않으셨다. 지도자 모세의 역할은 거기까지 였고, 하나님은 또 다른 지도자인 여호수아를 세워 가나안을 정복하게 하셨다.

반석에서 물이 흘러넘치게 한 것처럼 언제나 하나님은 예수 그리스도를 통하여 우리가 생명수를 얻고 구원받기를 바라신다. 지도자 모세뿐만 아니라 더 위대한 영웅적인 인물이 있었다 하더라도 그들은 부족한 인간에 지나지 않고 하나님의 심부름꾼에 지나지 않는다. 오직 그리스도만 우리의 구원주이시고 생명의 주인이시다.

놋뱀이 달린 장대와 십자가

민 21:4-9

4백성이 호르 산에서 출발하여 홍해 길을 따라 에돔 땅을 우회하려 하였다가 길로 말미암아 백성의 마음이 상하니라 5백성이 하나님과 모세를 향하여 원망하되 어찌하여 우리를 애굽에서 인도해 내어 이 광야에서 죽게 하는가 이 곳에는 먹을 것도 없고 물도 없도다 우리 마음이 이 하찮은 음식을 싫어하노라 하매 6여호와께서 불뱀들을 백성 중에 보내어 백성을 물게 하시므로 이스라엘 백성 중에 죽은 자가 많은지라 7백성이 모세에게 이르러 말하되 우리가 여호와와 당신을 향하여 원망함으로 범죄하였사오니 여호와께 기도하여 이 뱀들을 우리에게서 떠나게 하소서 모세가 백성을 위하여 기도하매 8여호와께서 모세에게 이르시되 불뱀을 만들어 장대 위에 매달아라 물린 자마다 그것을 보면 살리라 9모세가 놋뱀을 만들어 장대 위에 다니 뱀에게 물린 자가 놋뱀을 쳐다본즉 모두 살더라

마음이 상한 백성들

사람이 세상을 살다보면 자기 생각처럼 되지 않아 마음이 상할 때가 있다. 그리고 마음이 상하여 불평과 원망을 하면, 그 때에 사탄이 역사하고 시험에 빠지기 쉽다. 마음이 상하는 것과 동시에 나쁜 감정이 솟구치기 때문에, 정신을 바짝 차리고 말을 조심해야 한다. 감정이 좋지 않을 때, 말을 조심한다는 것이 상당한 인격적 훈련이 필요하다.

본문에는 이스라엘 백성들이 하나님과 모세를 원망하다가 불뱀에 물려서 많이 죽은 사건을 기록하고 있다. 광야 길은 고달프고 험하다. 하루라도 빨리 가나안 복지에 들어가고 싶은 것이 백성들의 간절한 소원이었다. 그런데 지름길로 가지 않고 '에돔' 땅을 우회해서 돌아가는 바람에 여정이 길어졌고, 백성들은 몹시 힘들었다. 물도 마음껏 마실 수 없는 광야에서 더 많이 걸어야 하는 것은 큰 고통이었다.

에돔은 '에서'의 후손들이 사는 땅으로 야곱의 후손인 그들에게는 친척의 땅이다. 에돔과 싸우는 것은 하나님이 원하는 일이 아니었기 때문에 그들과의 충돌을 피하기 위하여 우회한 것이다.

"백성이 호르 산에서 출발하여 홍해 길을 따라 에돔 땅을 우회하려 하였다가 길로 말미암아 백성의 마음이 상하니라"(4절).

마음이 상한 백성들은 하나님과 모세를 향하여 원망하기 시작했다. 그들은 먹을 것도 없고 물도 없는 광야에서 죽게 되었다고 불평했다. 하나님이 내리신 신비한 양식인 '만나'도 하찮은 음식이라고 싫어했다.

"백성이 하나님과 모세를 향하여 원망하되 어찌하여 우리를 애굽에서 인도해 내어 이 광야에서 죽게 하는가? 이 곳에는 먹을 것도 없고 물도 없도다. 우리 마음이 이 하찮은 음식을 싫어하노라"(5절).

그들이 뱉어내는 불평과 원망의 말로 인하여 하나님이 진노하셨다. 하나님께서는 애굽의 노예로 고난을 당하던 그들을 사랑하여 모세를 통하여 구원해 내셨다. 그들을 추격하던 애굽의 군대를 홍해에 수장시키고 이스라엘은 건져내셨다. 광야 길에서 매일 신비한 양식인 만나를 먹이시고 반석에서 물을 내어 마시게 하셨다. 그런데 하나님의 구원의 은혜에 감사하기는커녕 불평과 원망을 쏟아내었을 때 하나님은 엄청나게 마음이 상하셨다. 세상에서는 맛볼 수 없는 만나를 하찮은 음식이라

하고, 하나님께서 먹을 것도, 마실 물도 주시지 않는다고 불평하여 기가 막히셨다. 마치 하나님께서 그들을 죽이기 위하여 데리고 나온 것처럼 표현하여 엄청나게 화가 나셨다.

우리는 언제나 하나님의 은혜에 감사해야 한다. 예수님을 믿고 구원을 받은 것도, 주일마다 교회에 와서 하나님의 말씀을 들으며 예배드릴 수 있는 것도, 그리고 일용할 양식과 직장이 있는 것도 감사해야 한다. 그런데 우리는 간혹 하나님의 축복이 속히 주어지지 않는다고 원망할 때가 있다. 자기 생각대로 되지 않는다고 불평할 때가 있다. 우리의 원망과 불평이 하나님과 목회자와 부모에게 향하면 하나님을 진노하게 할 수 있다.

하나님의 진노와 불뱀

진노하신 하나님은 그들에게 불뱀을 보내셨다. 원래 광야에는 독사들이 있다. 미드라쉬에 보면 하나님께서 이스라엘 백성들을 독사들로부터 보호하기 위하여 법궤가 이동될 때, 독사의 근접을 막아주셨는데, 백성들이 불평하자 독사들이 백성들을 물게 했다고 한다.

불뱀이 사방천지에서 나와 백성들을 물면서 크나큰 공포와 죽음이 시작되었다. 많은 사람들이 손 쓸 틈도 없이 죽어나갔다.

"여호와께서 불뱀들을 백성 중에 보내어 백성을 물게 하시므로 이스라엘 백성 중에 죽은 자가 많은지라"(6절).

행복과 기쁨이 언제나 우리의 주위에 있는 것처럼 재앙과 불행도 항상 우리 가까이에 있다. 하나님이 막아주시고 지켜주시기 때문에 우리가 안전한 것이다. 자동차 운전은 우리를 편하게도 하지만, 무서운 재앙도 될 수 있다. 타이어 하나만 펑크가 나도 과속하던 자동차가 뒤집히고 큰 사고로 이어질 수 있다. 주위의 사람들이 도움도 될 수 있지만 사기꾼이나 강도처럼 악한 사람으로 돌변할 수도 있다. 지금 건강해도 언제나 질병에 걸릴 수 있다. 복과 재앙은 언제나 우리 가까이에 있다. 하나님이 악한 것을 막아주시기 때문에 우리가 안전하게 복을 누리는 것이다.

그런데 하나님께서 보호의 손을 풀어버릴 때가 있다. 우리가 원망하고 불평하면 하나님이 괘씸하게 생각하시고 도움의 손을 거두시게 된다. 그러면 재앙이 얼른 접근해 오게 된다. 마치 막아두었던 댐이 무너지면 금방 홍수가 나는 것과 같다.

사사시대 말기의 엘리 제사장의 시대에 하나님께서 이스라엘을 보호하지 아니하시니 그들이 십계명 돌판이 있었던 법궤를 가지고 나갔으나 블레셋과의 전쟁에 패배하고 법궤마저 빼앗기고 말았다. 이스라엘의 왕 아합의 시대에 바알숭배로 말미암아 하나님께서 비를 내리지 아니하시니 3년 6개월 동안 기근과 굶주림의 재앙이 있었다. 하나님이 붙잡고 있으면 축복이라도 하나님께서 보호의 손을 놓아버리면 재앙이 된다.

하나님이 진노하시니까 감히 접근하지 못하던 불뱀들이 이스라엘 백성들에게 덤벼들었다. 하나님은 백성들이 독사에 물리도록 그냥 방치하셨다.

우리는 항상 하나님의 은혜에 감사해야 한다. 도우심을 바라고 기도해야 한다. 한시도 하나님의 보호의 손길이 떠나지 않도록 감사하는 생활을 해야 한다. 혹시 이스라엘 백성들처럼 마음이 상할 일이 있어도, 하나님의 뜻을 살피며 원망하지 말고 기도하며 기다려야 한다.

백성들의 속죄와 회복의 치유

공포에 떨던 백성들은 모세에게 달려와 자신들이 하나님과 지도자를 원망한 것을 회개하면서 살려달라고 호소했다.

> "백성이 모세에게 이르러 말하되 우리가 여호와와 당신을 향하여 원망함으로 범죄하였사오니 여호와께 기도하여 이 뱀들을 우리에게서 떠나게 하소서. 모세가 백성을 위하여 기도하매"(7절).

하나님과 모세에게 원망한 것이 죄라는 것을 깨달았다. 많은 사람들이 마음이 상하여 불평하고 원망하는 것을 자기의 죄라고 여기지 않고 남의 탓으로만 돌린다. 우리가 감사하지 못하면 죄를 짓는다. 예수님을 믿고 구원을 받은 사실에 대하여 감사하지 않는다면 그는 아직도 불신앙의 죄에 머물러 있는 것이다. 그 놀라운 복을 받아놓고 기뻐하지 않고 감사하지 않는다는 것은 있을 수 없는 일이다.

백성들이 속죄를 하였을 때, 지도자 모세가 독사에 물려 죽어가는 백성들을 위하여 기도드렸다. 하나님의 은총의 회복은 회개하는 심령과 중보자의 기도가 필요하다. 예수 그리스도의 중보의 기도가 우리를 살리고 치유한다. 주님의 십자가의 사랑과 희생이 아니면 우리가 하나님과의 원수된 관계를 회복할 수 없다. 주님의 중보의 기도와 부모의 기도와 목회자의 기도와 성도들의 중보의 기도가 효력이 있어 우리의 심령이 죄로부터 회복이 되고 육신의 문제들이 풀려지게 된다. 모세가 기도할 때에 하나님께서 죽어가는 백성들이 치유될 수 있는 방법을 알려주셨다.

> "여호와께서 모세에게 이르시되 불뱀을 만들어 장대 위에 매달아라. 물린 자마다 그것을 보면 살리라. 모세가 놋뱀을 만들어 장대 위에 다니 뱀에게 물린 자가 놋뱀을 쳐다본즉 모두 살더라"(민21:8-9).

죽어가는 자들을 살리기 위하여 지시받은 자들이 급하게 동을 녹여 불뱀의 형상을 만들고, 또 다른 사람은 그것을 매달 장대를 만들었다. 그리고 명령 전달자가 진중에 뛰어다니며 "놋뱀을 쳐다보아라! 장대에 달린 놋뱀을 쳐다보면 산다!"라고 외치고 다녔다. 믿음 없는 자들은 "그것이 무슨 도움이 되겠나"하고 조롱하였지만, 믿음이 있는 자는 살려고 기를 쓰고 고통을 참으며 놋뱀이 달린 장대를 쳐다보았다. 쳐다보지 않은 자는 죽었고, 믿고 쳐다본 자는 살았다. 뱀에게 물려 죽어가던 사람이 쳐다보기만 하면 누구든지 치유 받고 살았다. 단 한 번 쳐다보는 것으로 살 수 있었다.

장대에 달린 놋뱀과 십자가

예수님은 어느 날 니고데모에게 광야의 그 장대에 달린 놋뱀이 십자가의 표징이라고 말씀하셨다.

"모세가 광야에서 뱀을 든 것 같이 인자도 들려야 하리니, 이는 그를 믿는 자마다 영생을 얻게 하려 하심이니라"(요3:14-15).

놋뱀은 죄의 상징이다. 그 죄의 덩어리가 십자가인 장대에 달렸다. 예수님이 세상 모든 사람들의 죄 덩어리를 짊어지고 십자가에 높이 달리셨다. 그 주님을 구주로 믿고 구원의 십자가를 단단히 붙드는 자는 영생을 얻는다. 예수님은 그 진리를 니고데모에게 깨우쳐 주셨던 것이다.

구약시대에 나무 장대에 달린 사람은 저주를 받은 자였다(신21:22-23). 나라의 반역자나 큰 죄수는 백성에게 경고와 두려움을 주기 위하여 나무 장대에 달아 죽였다.

예수님이 우리를 대신하여 십자가에 달려 저주와 형벌을 다 받으심으로, 믿는 자는 누구든지 구원과 영생을 얻게 된다. 우리는 언제나 불평과 원망을 버리고 주님의 은혜에 감사하면서 살아야 한다.

어떤 환경이든지 이미 주어진 것에 감사해야 한다. '파아핀'이란 사람은 세 가지만 있으면 하나님께 감사드려야 한다고 말했다. 첫째는 일용할 양식이고, 둘째는 몸의 건강이고, 셋째는 희망이다.

유대인의 명언 중에 "이 세상에서 가장 강한 사람은 자기를 이기는 사람이고, 가장 부유한 사람은 자기가 가진 것으로 만족하는 사람이라"고 했다.

마치 밭에 비가 촉촉이 내렸을 때에는 어떤 씨앗을 심든지 좋은 결실을 맺는 것처럼, 마음에 감사가 가득할 때는 무슨 일을 하든지 형통하게 된다. 감사하는 신자는 영적 생활에 큰 진전이 있을 것이다. 이스라엘 백성들은 불평 원망하다가 불뱀에 물렸다. 우리는 주님의 십자가를 단단히 붙잡고 고난을 극복하는 감사하는 사람이 다 되어야 한다.

유월절 양과 그리스도

신 16:1-8

10아빕월을 지켜 네 하나님 여호와께 유월절을 행하라 이는 아빕월에 네 하나님 여호와께서 밤에 너를 애굽에서 인도하여 내셨음이라 2여호와께서 자기의 이름을 두시려고 택하신 곳에서 소와 양으로 네 하나님 여호와께 유월절 제사를 드리되 3유교병을 그것과 함께 먹지 말고 이레 동안은 무교병 곧 고난의 떡을 그것과 함께 먹으라 이는 네가 애굽 땅에서 급히 나왔음이니 이같이 행하여 네 평생에 항상 네가 애굽 땅에서 나온 날을 기억할 것이니라 4그 이레 동안에는 네 모든 지경 가운데에 누룩이 보이지 않게 할 것이요 또 네가 첫날 해 질 때에 제사 드린 고기를 밤을 지내 아침까지 두지 말 것이며 5유월절 제사를 네 하나님 여호와께서 네게 주신 각 성에서 드리지 말고 6오직 네 하나님 여호와께서 자기의 이름을 두시려고 택하신 곳에서 네가 애굽에서 나오던 시각 곧 초저녁 해 질 때에 유월절 제물을 드리고 7네 하나님 여호와께서 택하신 곳에서 그 고기를 구워 먹고 아침에 네 장막으로 돌아갈 것이니라 8너는 엿새 동안은 무교병을 먹고 일곱째 날에 네 하나님 여호와 앞에 성회로 모이고 일하지 말지니라

희생 양과 그리스도

이스라엘 백성들이 유월절을 지키는 목적은 이스라엘 민족이 애굽에서 구출된 사건을 기념하기 위해서이다. 이것은 우리가 그리스도로 말미암아 이 세상에서 구원 받음에 대한 표상이 되는 명절이다.

유월절 제사는 하나님께 음식을 제공하는 의식이 아니라 피의 제사가 요점이다. 첫 유월절 날 이스라엘 백성들은 양의 피를 집 문 좌우 설주와 인방에 바르고 식구들이 모여 앉아 그 고기를 먹었다.

"우슬초 묶음을 가져다가 그릇에 담은 피에 적셔서 그 피를 문 인방과 좌우 설주에 뿌리고 아침까지 한 사람도 자기 집 문 밖에 나가지 말라. 여호와께서 애굽 사람들에게 재앙을 내리려고 지나가실 때에 문 인방과 좌우 문설주의 피를 보시면 여호와께서 그 문을 넘으시고 멸하는 자에게 너희 집에 들어가서 너희를 치지 못하게 하실 것임이 니라"(출12:22-23).

유월절 밤에 고기를 먹되 날로나 삶아서 먹지 않고 그 머리와 다리와 내장을 다 불에 구워서 먹고 아침까지 남겨두지 않고 먹었으며 남은 것은 불에 태웠다(출12:9-10). 유월절의 희생 양이 죽어서 피를 흘리고 이스라엘 백성들에게 먹힌 것과 같이, 예수님의 죽으심과 희생의 피가 우리를 죽음에서 구원하였다.

유월절 밤에 죽음의 사자가 애굽의 장자를 죽일 때, 이스라엘 사람들의 집 문설주에는 희생 양의 피가 뿌려져 있었고, 그 피를 본 죽음의 사자는 그 집을 넘어갔다. 죄의 밤은 깊었고 마귀는 믿는 자라도 삼키려고 굶주린 사자처럼 찾아다닌다. 예수님의 피 공로가 아니면, 우리는 죄의 흑암과 죽음에서 구원받을 수 없다. 오직 예수님의 피만이 효력이 있다.

"우리는 그리스도 안에서 그의 은혜의 풍성함을 따라 그의 피로 말미암아 속량 곧 죄 사함을 받았느니라"(엡1:7).
"염소와 황소의 피와 및 암송아지의 재를 부정한 자에게 뿌려 그 육체를 정결하게 하여 거룩하게 하거든, 하물며 영원하신 성령으로 말미암아 흠 없는 자기를 하나님께 드린 그리스도의 피가 어찌 너희 양심을 죽은 행실에서 깨끗하게 하고 살아계신 하나님을 섬기게 하지 못하겠느냐"(히9:13,14).

유월절 고기는 거룩한 것이므로 남기지 않고 먹어야 했다. 한 마리를 잡아 다 먹지 못할 경우는 이웃 가족들과 함께 먹었다. 저녁 제사 때에 드린 고기를 다음 날 아침까지 남겨두지 말라고 하셨다.

"….네가 첫날 해 질 때에 제사 드린 고기를 밤을 지내 아침까지 두지 말 것이며"(4절).

유월절 양의 고기를 온 식구가 나누어 먹은 것의 영적인 교훈은 그리스도와 우리가 하나가 된다는 것이다. 우리가 예수님의 말씀을 듣고 온전히 주님의 사람으로 거듭나게 될 때에 주님과 우리는 영적으로 합일이 된다. 교회는 성만찬을 통하여 하나 되는 거룩한 예식을 행한다(고전11:23-26).

무교병과 그리스도

유월절 제사에는 유교병을 먹지 않았고, 7일간의 무교절 동안에 누룩이 보이지 않게 했다. 유월절의 희생 제사는 흠이 없어야 하고 잡된 것이 포함되어서는 안 된다(출12:5). 성스럽게 구별되어야 한다. 예수님은 흠이 없는 분이다. 죄 없으신 주님의 죽으심으로 우리는 죄 사함을 받게 되었다.

"유교병을 그것과 함께 먹지 말고 이레 동안은 무교병 곧 고난의 떡을 그것과 함께 먹으라. 이는 네가 애굽 땅에서 급히 나왔음이니 이같이 행하여 네 평생에 항상 네가 애굽 땅에서 나온 날을 기억할 것이니라"(3절).

"너는 엿새 동안은 무교병을 먹고 일곱째 날에 네 하나님 여호와 앞에 성회로 모이고 일하지 말지니라"(8절).

하나님께서 이스라엘 백성들에게 무교절 동안 무교병을 먹게 하신 것은 첫 유월절 날 애굽에서 급히 탈출한 것을 기억하도록 하기 위해서였다. 누룩을 넣어 유교병을 만들려고 하면 시간이 걸린다. 그 당시 탈출한 이스라엘 백성들에게는 마음의 여유를 가지고 유교병을 만들고 있을 시간이 없었다. 애굽의 군사들이 그들의 갈 길을 차단하기 전에 속히 출발해야만 했다. 하나님께서 구원의 은혜를 베푸신 것을 자손대대로 잊지 않도록 하기 위하여 이스라엘 백성들에게 무교병을 먹게 하였다.

그리고 또 하나의 이유는 혼합되지 않은 순수함이다. 무교병은 원재료만으로 된 순수한 빵이다. 부풀게 하고 발효시키는 누룩도 넣지 않았고 설탕이나 기타 양념들도 첨가시키지 않았다. 순수한 떡을 먹게 하신 것은 우리의 구세주이신 그리스도는 흠이 없고 죄가 전혀 없으신 분이란 뜻이다. 그리스도는 과장되거나 거짓된 신이 아니라 진실로 살아계시고 거룩하신 하나님이시다. 그래서 무교병은 진실과 순수의 상징성을 가진다.

"오직 흠 없고 점 없는 어린 양 같은 그리스도의 보배로운 피로 된 것이니라"(벧전1:19).

우리는 그리스도의 순전함을 본받아 유월절의 무교병과 같이 정직하고 흠 없는 생활을 하려고 노력해야 한다.

"이는 너희가 흠이 없고 순전하여 어그러지고 거스르는 세대 가운데서 하나님의 흠 없는 자녀로 세상에서 그들 가운데 빛들로 나타내며"(빌2:15).

"너희는 누룩 없는 자인데 새 덩어리가 되기 위하여 묵은 누룩을 내버리라. 우리의 유월절 양 곧 그리스도께서 희생되셨느니라. 이러므로 우리가 명절을 지키되 묵은 누룩으로도 말고 악하고 악의에 찬 누룩으로도 말고 누룩이 없이 오직 순전함과 진실함의 떡으로 하자"(고전5:7,8).

성도의 마음은 세속적인 불순물이 제거되어야 한다. 세상의 탐욕과 악의에 차 있으면 세상을 변화시킬 수 없다. 우리는 무교병과 같이 순전함과 진실한 생활을 해야 한다. 성도가 거짓되거나 악한 마음을 품고 살면 하나님의 은혜의 자리에서 내쫓기게 된다. 이스라엘 백성들도 무교절 때에 유교병을 먹으면 거룩한 공동체에서 끊어졌다.

"너희는 이레 동안 무교병을 먹을지니 그 첫날에 누룩을 너희 집에서 제하라. 무릇 첫날부터 일곱째 날까지 유교병을 먹는 자는 이스라엘에서 끊어지리라"(출12:15).

쓴 나물과 그리스도

유월절에 불에 구운 양의 고기와 무교병과 함께 먹었던 것은 쓴 나물이다(민9:11).

"그 밤에 그 고기를 불에 구워 무교병과 쓴 나물과 아울러 먹되"(출12:8).

쓴 나물은 애굽의 노예시절과 40년 세월의 광야의 고난을 기념하기 위한 것이다. 이스라엘 백성들은 고난의 시절을 통과하고 마침내 젖과 꿀이 흐르는 가나안 복지에 들어갔다.

예수 그리스도는 33년의 세월이 모두 고난이었다. 그리고 마침내 십자가라는 모진 고난과 시련을 당하시고 무사히 이겨내셨다. 예수님이 당하신 고난은 모두 죄인인 우리가 겪어야 했던 것들이다. 사람들에게 모욕과 비방함을 당하시고, 채찍에 맞으시고, 가시관을 쓰시고, 창에 찔리기까지 하셨다. 그 모진 고난으로 인하여 그리스도의 사람들은 용서함을 받고 영생의 은혜를 얻었다.

"허물로 죽은 우리를 그리스도와 함께 살리셨고 너희는 은혜로 구원
을 받은 것이라"(엡2:5).

이스라엘 백성들이 광야의 쓴 고생을 한 후에 가나안을 정복한 것처럼, 예수님의 십자가의 고난을 다 겪으신 후에 부활과 승천의 영광을 누리실 수 있었다. 우리도 신앙을 지키기 위하여 여러 가지 환난과 고난이 닥칠 수 있다. 그러나 그 고난의 십자가를 잘 지고 나갈 때, 하나님의 은총과 축복을 받게 된다.

도피성과 그리스도의 구원

신 19:3-5

3네 하나님 여호와께서 네게 기업으로 주시는 땅 전체를 세 구역으로 나누어 길을 닦고 모든 살인자를 그 성읍으로 도피하게 하라 4살인자가 그리로 도피하여 살 만한 경우는 이러하니 곧 누구든지 본래 원한이 없이 부지중에 그의 이웃을 죽인 일, 5가령 사람이 그 이웃과 함께 벌목하러 삼림에 들어가서 손에 도끼를 들고 벌목하려고 찍을 때에 도끼가 자루에서 빠져 그의 이웃을 맞춰 그를 죽게 함과 같은 것이라 이런 사람은 그 성읍 중 하나로 도피하여 생명을 보존할 것이니라

이스라엘의 여섯 도피성

사람은 실수와 허물이 많다. 그래서 가끔은 멀리 도망을 치거나 숨고 싶을 때가 있다. 때로는 자기의 잘못 때문에 어떤 때는 부모나 자녀들의 잘못 때문에 피하여 숨고 싶을 때가 있다.

2012년 11월 방송에 67세인 한 노인이 깊은 산 중에서 50년 동안 바위 틈에 움막을 짓고 혼자 숨어서 살고 있었다. 대인기피증에 걸려 사람들의 눈을 피하여 살았다. 왜 긴 세월을 산 속에서 살았는지 물었더니, 청소년기에 부모들이 부부싸움이 잦았고 자기를 아끼고 사랑하던 할머니마저 돌아가시자 부모가 겁이 나서 도망쳤다고 한다. 주로 산에서 버섯과 산나물을 캐 먹고 살았고, 가끔 동네에 살그머니 내려와 가축들의 사료를 가져가서 먹었다고 한다. 겨울에는 먹을 것이 없어 월동

하는 산짐승마냥 잠만 많이 잤다고 한다.

첫 인간 아담 부부는 선악을 알게 하는 실과를 먹고 하나님의 말씀에 불순종한 후에 하나님이 찾으시자 무화과나무 뒤에 숨었다. 가인도 동생 아벨을 살인한 후에 사람들이 자기를 해칠까봐 두려워 도망자가 되었다. 사람은 원죄로 말미암아 자기를 감추고 도망치고 피하고 싶은 본성이 있다. 어딘가에 피난처를 두고 싶어 한다. 특히 죄를 지은 자는 숨을 곳이 필요하다. 그래서 하나님은 이스라엘 백성들이 알지 못하고 실수하여 사람을 죽게 했을 경우에 도피성을 만들어 피신하게 하였다.

> "네 하나님 여호와께서 네게 기업으로 주시는 땅 전체를 세 구역으로 나누어 길을 닦고 모든 살인자를 그 성읍으로 도피하게 하라"(3절).

하나님은 모세에게 장차 들어갈 가나안에 특별한 성읍을 구별하여 도피성을 지정하도록 하셨다. 도피처를 필요로 하는 모든 이스라엘 백성들이 중앙 성소로만 도망할 수 없었기 때문에 하나님께서는 레위인의 도시들 가운데 요단강을 중심으로 동편에 셋, 서편에 셋, 모두 여섯 군데의 도피성을 만들도록 하셨다.

> "너희가 줄 성읍 중에 여섯을 도피성이 되게 하되 세 성읍은 요단 이쪽에 두고 세 성읍은 가나안 땅에 두어 도피성이 되게 하라. 이 여섯 성읍은 이스라엘 자손과 타국인과 이스라엘 중에 거류하는 자의 도피성이 되리니 부지 중에 살인한 모든 자가 그리로 도피할 수 있으리라"(민35:13-15).

요단 동편의 도피성은 모세 때 선정되었으며(신4:41-43), 요단 서편은 이스라엘 백성들이 그 땅을 정복한 후에 세 성읍을 선정하도록 규정하고 있다(신19:1-3). 동편의 세 성읍은 르우벤 지파를 위한 '베셀'과 갓 지파를 위한 '길르앗 라못', 므낫세 반 지파를 위한 '바산 골란'이었으며(수20:8), 서편의 세 성읍은 갈릴리에 있는 '게데스'와 에브라임 산지의 '세겜'과 유다 산지의 '기럇 아르바' 곧 '헤브론'이었다(수20:7). 예루살렘 성전은 후일 솔로몬 왕 때에 지어졌지만, 그 성전도 도피성 역할을 했다. 그래서 일곱 군데는 고의성이 없이 사람을 죽게 했을 경우에 피난처로 삼을 수 있는 도피성이었다.

실수와 허물이 있는 자를 숨기시는 하나님

고의성이 없는 과실에 의한 살인자만 그 도피성에서 보호를 받을 수 있었다. 악한 계략을 가지고 고의적으로 살인한 자는 도피성으로 피할 수도 없었고, 도피성으로 들어갔을지라도 붙잡혀 나왔다. 하나님은 살인의 악한 마음이 없었던 일반인들의 생명을 귀하게 보시고 안전하게 도피하게 하셨던 것이다.

하나님은 실수와 허물이 있는 자를 숨겨주시고 안전하게 보호해 주시는 분이시다. 우리의 실수와 허물을 인정하고 하나님의 보호를 요청할 때에 하나님은 거절하지 않으신다. 주님은 언제나 넓은 팔을 펴시고 수고하고 무거운 짐을 지고 있는 인생을 향하여 자신의 품에서 안식하라고 말씀하신다.

"수고하고 무거운 짐 진 자들아 다 내게로 오라 내가 너희를 쉬게 하리라"(마11:28).

다윗은 많은 원수들과 사울 왕의 손에서 건져주시던 날에 피난처와 방패가 되신 하나님을 찬송하였다.

"여호와는 나의 반석이시요 나의 요새시요 나를 건지시는 이시요 나의 하나님이시요 내가 그 안에 피할 나의 바위시요 나의 방패시요 나의 구원의 뿔이시요 나의 산성이시로다"(시18:2).

아담 부부가 범죄하였을 때 곧바로 그들을 처벌하여 지옥 보내지 않으시고 용서하시고 가죽옷을 입혀 수치를 가려주셨다. 그리고 구약시대의 모든 사람들이 자기의 죄를 제물에게 안수하여 죽게 함으로 그들의 죄는 용서해주셨다. 피 흘린 희생양을 통하여 구원을 받게 하셨다.

이스라엘에서는 살인자를 사형으로 처벌하였다(창9:6). 그 살인자를 처형할 수 있는 사람은 피살된 사람의 가장 가까운 친척으로서 '피를 보복하는 자'라고 불렸다(민35:19-27). 이 보복자가 살인자를 찾아내어 죽이더라도 아무 혐의가 없었다. 그러나 만일 고의성이 없는 살인자가 도피성에 피할 수만 있다면 그는 공정한 재판을 받을 때까지 그 곳에서 살 수 있었다. 그 후에 무죄로 판결이 되면 대제사장이 죽은 이후에는 자유인이 되어 집으로 돌아갈 수 있었다.

"이는 살인자가 대제사장이 죽기까지 그 도피성에 머물러야 할 것임이라. 대제사장이 죽은 후에는 그 살인자가 자기 소유의 땅으로 돌아갈 수 있느니라"(민35:28).
"그 살인자는 회중 앞에 서서 재판을 받기까지 또는 그 당시 대제사장이 죽기까지 그 성읍에 거주하다가 그 후에 그 살인자는 그 성읍 곧 자기가 도망하여 나온 자기 성읍 자기 집으로 돌아갈지니라 하라"(수20:6).

살인자의 자유는 대제사장과 연관이 있었다. 대제사장이 죽는 사건이 일반적으로 속죄의 효력을 발생했다. 대제사장인 예수 그리스도의 십자가의 죽으심이 우리의 죄를 대속하고 영적으로 자유하게 한다.

> "우리가 아직 죄인 되었을 때에 그리스도께서 우리를 위하여 죽으심으로 하나님께서 우리에게 대한 사랑을 확증하셨느니라. 그러면 이제 우리가 그의 피로 말미암아 의롭다 하심을 받았으니 더욱 그로 말미암아 진노하심에서 구원을 받을 것이니"(롬5:8,9).

예수 그리스도께서 우리를 대신하여 십자가에 죽어주심으로 우리의 죄가 용서를 받았고 하나님과 원수되었던 관계가 회복되어 화목하게 되었다(롬5:10). 예수 그리스도의 십자가의 보혈이 죄인이었던 우리를 의롭게 만들었고 하나님의 진노에서 구원을 받게 되었다.

이스라엘에 여섯 도피성이 부지 중에 사람을 죽인 살인자의 목숨을 보호해 준 것처럼, 예수님이 우리의 피난처이며 산성이며 방패가 되셨다. 예수님 안에 들어오는 자는 생명을 보호받는다. 예수님은 진정한 인생의 피난처이며 길이며 진리며 생명이시다.

> "또 증거는 이것이니 하나님이 우리에게 영생을 주신 것과 이 생명이 그의 아들 안에 있는 그것이니라. 아들이 있는 자에게는 생명이 있고, 하나님의 아들이 없는 자에게는 생명이 없느니라"(요일5:11-12).

생명을 아끼고 품어주라

도피성에는 대제사장과 레위인이 거주하였다. 부지 중에 살인한 자는 제사를 드리는 레위인들의 보호 가운데 목숨을 부지할 수 있었다.

"너희가 레위인에게 줄 성읍은 살인자들이 피하게 할 도피성으로 여섯 성읍이요 그 외에 사십이 성읍이라"(민35:6).

레위인들이 받은 성읍은 총 48성읍이었는데, 그 중 도피성 여섯은 전부 레위인이 차지했다. 그들의 사명은 하나님 앞에 제사를 드리며 백성들을 위로하고, 또 도피한 자들을 품어주는 일이었다. 물론 도피한 자들의 숙식까지 책임지고 도와주었을 것이다.

교회와 성도들은 실수와 허물이 많은 세상 사람들을 고발하는 자가 아니요, 그들의 허물을 비방하는 자들이 아니요, 그들을 위로해 주고 보호해 주고 그들이 하나님의 용서를 받도록 도와주는 자들이다. 그래서 새신자들이 예배를 드리기 위하여 교회에 찾아오면 마음이 편안해야 한다. "여기가 과연 악하고 험한 세상에서 내가 피할 곳이구나"하고 말할 수 있도록 해야 한다.

"형제들아 사람이 만일 무슨 범죄한 일이 드러나거든 신령한 너희는 온유한 심령으로 그러한 자를 바로잡고 너 자신을 살펴보아 너도 시험을 받을까 두려워하라. 너희가 짐을 서로 지라 그리하여 그리스도의 법을 성취하라"(갈6:1,2).

붉은 줄과 그리스도

수 2:18-21

18우리가 이 땅에 들어올 때에 우리를 달아 내린 창문에 이 붉은 줄을 매고 네 부모와 형제와 네 아버지의 가족을 다 네 집에 모으라 19누구든지 네 집 문을 나가서 거리로 가면 그의 피가 그의 머리로 돌아갈 것이요 우리는 허물이 없으리라 그러나 누구든지 너와 함께 집에 있는 자에게 손을 대면 그의 피는 우리의 머리로 돌아오려니와 20네가 우리의 이 일을 누설하면 네가 우리에게 서약하게 한 맹세에 대하여 우리에게 허물이 없으리라 하니 21라합이 이르되 너희의 말대로 할 것이라 하고 그들을 보내어 가게 하고 붉은 줄을 창문에 매니라

라합의 믿음

여호수아가 보낸 두 정탐꾼이 라합의 집에서 유숙하게 되었다. 나그네와 군인들이 드나들 수 있는 술과 음식을 파는 기생 집이었다. 이스라엘의 두 정탐꾼에 대한 정보가 알려지자 여리고 왕이 보낸 군사들이 수색하기 위해 들이닥쳤다.

"여리고 왕이 라합에게 사람을 보내어 이르되 네게로 와서 네 집에 들어간 그 사람들을 끌어내라 그들은 이 온 땅을 정탐하러 왔느니라"(수2:3).

라합은 여리고 백성이므로 당연히 왕의 명령에 복종했어야 옳았다.

그러나 라합은 앞으로 망할 여리고보다는 이스라엘의 편을 들기로 작정했다. 그녀에게는 하나님에 대한 믿음이 있었던 것이다(수2:9-11). 하나님이 지금까지 이스라엘과 함께 하셨고 마침내 여리고 성도 하나님의 백성의 손에 들어갈 것을 알았기 때문이다. 라합은 목숨을 걸고 두 정탐꾼을 숨겨주었다. 믿음은 헌신이 따라야 한다. 죽을지라도 하나님의 뜻을 따르려는 각오가 있어야 한다.

라합은 지혜로운 여자였다. 자기가 정탐꾼들에게 선대한 것처럼 자기의 가족과 형제들을 살려달라고 요청했으며, 그 증표까지 요구했다.

> "그러므로 이제 청하노니 내가 너희를 선대하였은즉 너희도 내 아버지의 집을 선대하도록 여호와로 내게 맹세하고 내게 증표를 내라. 그리고 나의 부모와 나의 남녀 형제와 그들에게 속한 모든 사람을 살려 주어 우리 목숨을 죽음에서 건져내라"(12,13절).

우리는 여리고 성 백성과 같이 죽음에 임박했던 사람들이었다. 그런데 그 영원한 죽음 앞에서 구원을 받았다. 바로 그 구원의 증표가 예수 그리스도의 십자가이다. 우리를 대신하여 저주와 형벌을 받으신 십자가의 피가 구원의 증표가 된 것이다.

구원의 증표인 붉은 줄

라합의 기지로 군사들이 떠난 후에 그 곳이 안전하지 않다고 여기고 창문에서 줄로 그들을 달아내려 성벽 밖으로 도피하게 하였다.

"라합이 그들을 창문에서 줄로 달아 내리니 그의 집이 성벽 위에 거주하였음이라"(15절).

무사히 탈출하게 된 두 정탐꾼은 라합의 가족을 살릴 증표는 자기들을 달아 내린 붉은 줄이라고 하였다. 그 줄을 매달아 두면 가족들이 죽지 않고 살게 될 것이라고 약속하였다.

"우리가 이 땅에 들어올 때에 우리를 달아 내린 창문에 이 붉은 줄을 매고 네 부모와 형제와 네 아버지의 가족을 다 네 집에 모으라"(18절).

그 때부터 기생 '라합'의 집 창문에는 붉은 줄이 매여졌다. 하나님의 능력으로 여리고가 무너질 때에 붉은 줄을 매단 라합의 집만은 부서지지 않고 서 있었다. 그 집은 구원의 집이다. 라합과 함께 한 모든 사람들은 구원을 받았다.

이스라엘의 두 정탐꾼을 구해준 그녀는 하나님이 살아계심을 믿었고 이스라엘이 반드시 승리할 것을 믿었다. 그리고 하나님의 구원을 간절히 요청했다. 이스라엘의 군사들은 여리고 성 사람들을 죽일 때에, 붉은 줄이 창문에 매달린 그 집은 지나갔다.

마치 방주에 탄 노아의 식구들을 바다가 삼키지 못한 것과 같으며, 애굽의 열 번째 재앙 때에 이스라엘 백성들의 문설주에 칠해진 양의 피를 보고 죽음의 사자가 지나간 것과 흡사하다. 예수 그리스도의 십자가의 보혈을 믿는 자는 죽지 않고 영원히 살 것이다. 사탄의 세력이 삼키지 못하며, 지옥의 권세가 지배하지 못한다. 라합의 붉은 줄은 구원의 줄이다. 예수님의 피는 우리의 영혼을 구원하는 징표이다. 십자가에 대한 믿음만 있으면 우리는 지옥의 죽음을 면하고 천국에서 영생을 누릴 것이다.

라합의 붉은 줄이 매인 그 집은 안전하게 보호를 받을 수 있었다. 누구든지 그 집에 있는 자는 이스라엘 군인들이 치지 않았다. 아마 정탐군들이 떠나고 난 후부터 라합은 붉은 줄을 창문에 달아두고 일가친척들과 친구들에게 은밀하게 이 구원의 비밀을 전했을 것이다. 술 파는 것은 뒤로 제쳐두고 사람들을 살리는 일에 발벗고 나섰을 것이다.

> "여호수아가 그 땅을 정탐한 두 사람에게 이르되 그 기생의 집에 들어가서 너희가 그 여인에게 맹세한 대로 그와 그에게 속한 모든 것을 이끌어 내라 하매, 정탐한 젊은이들이 들어가서 라합과 그의 부모와 그의 형제와 그에게 속한 모든 것을 이끌어 내고 또 그의 친족도 다 이끌어 내어 그들을 이스라엘의 진영 밖에 두고, 무리가 그 성과 그 가운데에 있는 모든 것을 불로 사르고 은금과 동철 기구는 여호와의 집 곳간에 두었더라"(수6:22-24).

붉은 줄의 표식이 있는 그 집의 사람들은 모두 이끌어 내어 안전한 진영 밖으로 이동시켰다. 그 후에 여리고 성의 모든 것을 불살랐다.

우리는 예수님의 보혈의 권세 아래 있으면 안전하게 보호받는다. 이 세상과 함께 심판받지 않는다. 마치 노아의 식구들이 보호받은 것처럼, 아브라함의 조카 롯의 가족들이 유황불이 떨어지는 소돔에서 탈출한 것처럼 예수님의 피를 믿는 자는 죽음과 위험으로부터 보호받을 것이다. 영원히 안전하게 보호받을 것이다. 주님은 우리의 피난처요 산성이요 안전한 요새이다.

붉은 줄이 묶인 구원의 집에 머문 사람들은 구원을 받았다. 그와 같이 예수님의 십자가 아래에 있는 사람은 구원을 얻는다. 그 성의 가장 큰 죄인 중 하나였던 라합이 구원을 받았다는 것은 십자가의 구원은 아무리 큰 죄를 지은 자라도 가능하다는 것을 말해 주고 있다.

라합은 일가친척들에게 "우리 집으로 와야 생명을 건진다. 속히 와야 한다. 더 이상 시간이 없다!"라고 속삭이며 간절히 전했을 것이다. 기생집은 아예 문닫아 걸고 급하게 뛰어 다니면서 소식을 전했을 것이다. 아마 어떤 사람은 말하기를 "라합은 이상해!"라고 믿지 않거나, "좀 생각해 봐야겠어. 지금 너무 바쁜 일이 있어"라고 말하면서 응하지 않았을 지도 모른다. 믿고 속히 따라온 사람들은 구원을 받았고, 미적거리거나 믿지 않았던 사람들은 이스라엘 군사들의 칼에 죽었을 것이다.

예수님의 십자가 아래로 피하는 자만이 구원을 얻는다. 교회에 나와서 예수님의 보호를 받는 자만이 생명의 구원을 얻는다.

30 '길갈'의 기념석

수 4:1-7

1그 모든 백성이 요단을 건너가기를 마치매 여호와께서 여호수아에게 말씀하여 이르시되 2백성의 각 지파에 한 사람씩 열두 사람을 택하고 3그들에게 명령하여 이르기를 요단 가운데 제사장들의 발이 굳게 선 그 곳에서 돌 열둘을 택하여 그 것을 가져다가 오늘밤 너희가 유숙할 그 곳에 두게 하라 하시니라 4여호수아가 이스라엘 자손 중에서 각 지파에 한 사람씩 준비한 그 열두 사람을 불러 5그들에게 이르되 요단 가운데로 들어가 너희 하나님 여호와의 궤 앞으로 가서 이스라엘 자손들의 지파 수대로 각기 돌 한 개씩 가져다가 어깨에 메라 6이것이 너희 중에 표징이 되리라 후일에 너희의 자손들이 물어 이르되 이 돌들은 무슨 뜻이냐 하거든 7그들에게 이르기를 요단 물이 여호와의 언약궤 앞에서 끊어졌나니 곧 언약궤가 요단을 건널 때에 요단 물이 끊어졌으므로 이 돌들이 이스라엘 자손에게 영원히 기념이 되리라 하라 하니라

열두 기념석

여호와께서는 여호수아에게 요단강을 건넌 후에 강에서 주운 열두 개의 기념석을 '길갈'에 세우도록 명령하셨다.

"그들에게 명령하여 이르기를 요단 가운데 제사장들의 발이 굳게 선
그 곳에서 돌 열둘을 택하여 그것을 가져다가 오늘밤 너희가 유숙할
그 곳에 두게 하라 하시니라"(3절).

하나님이 이스라엘 후손들에게 그 조상들이 어떻게 요단강을 건넜는

지 알리기 위한 것이었다. 백성들이 그 기념석을 볼 때마다 과연 하나님이 이스라엘을 도우시고 놀라운 능력을 베푸신 것을 알도록 했다.

> "이스라엘 자손들에게 말하여 이르되 후일에 너희의 자손들이 그들의 아버지에게 묻기를 이 돌들은 무슨 뜻이니이까 하거든 너희는 너희의 자손들에게 알게 하여 이르기를 이스라엘이 마른 땅을 밟고 이 요단을 건넜음이라"(21,22절).

그 돌은 각 지파에서 선택된 열두 사람이 요단강 가운데서 한 개씩 어깨에 메고 나왔다. 어깨에 멜만큼 무겁고 제법 큼지막한 돌이었다. 이 돌들은 그들에게 보이지도 않았고 건져올 수도 없었던 곳에 있었던 숨겨졌던 돌이다. 강변에 놓인 돌을 옮긴 것이 아니다. 깊은 강바닥에 잠겨 있었던 돌이다. 어느 누구도 건져올리려고 생각도 하지 못했던 돌들을 하나님께서 강을 말리시고 그 돌을 가져오도록 하신 것이었다.

하나님은 그 열두 기념석을 길갈에 세우게 하시고 이스라엘 백성의 구원의 표징으로 삼으셨다(수4:6,7). 그 동안 그들은 애굽에서 종살이를 하면서 억압의 고통 가운데 신음하였고, 죄 가운데서 살았다. 그리고 40년 동안 광야의 모래 바람을 맞으며 방랑의 세월을 보냈다. 마침내 하나님이 약속하신 꿈의 땅 앞에 섰다. 요단강 건너편의 젖과 꿀이 흐르는 가나안 땅을 바라볼 뿐이었다. 그런데 불가능을 가능하게 하신 하나님이 강물이 끊어지게 하시고 그 땅을 통과하게 하셨다. 바로 그 증표가 기념석이다.

하나님은 그 돌들을 '길갈'에 세우게 하셨다. 길갈(גִּלְגָּל)은 '구르다'는 뜻의 '갈랄'(גָּלַל)에서 온 단어로 '돌들이 굴러 갔다' '돌들의 원' 이란 의미를 가지고 있다. 하나님께서는 그 돌들을 길갈에 세우게 하시고 여호수아에게 "내가 오늘 애굽의 수치를 너희에게서 떠나게 하였다"는 뜻으로 그 곳 이름을 길갈이라 부르게 하셨다.

> "여호와께서 여호수아에게 이르시되 내가 오늘 애굽의 수치를 너희에게서 떠나게 하였다 하셨으므로 그 곳 이름을 오늘까지 길갈이라 하느니라"(수5:9).

길갈에 세워진 강 속의 열두 돌은 애굽에서의 죄악의 수치를 다 굴러가게 하신 영적인 의미를 지닌다. 광야에서 안타까운 세월을 보낸 그 고난의 시간들을 다 굴러가게 한 표징이다. 길갈에 세워진 돌들은 이스라엘의 우상숭배의 죄와 불순종의 죄들이 다 굴러가고, 억압과 고통의 시간들이 다 굴러가고, 새로운 땅 가나안의 복지를 밝게 한 기념석이 되었다.

이 상징적인 의미에서 우리는 예수님의 십자가를 연상한다. 예수님의 어깨에 메인 무거운 십자가는 우리가 상상하지도 못했던 놀라운 구원과 은총을 가져다 주었다.

길갈과 그리스도의 십자가

예수님은 무거운 십자가를 지시고 쓰러지셨다. 채찍에 맞아 피를 무수히 쏟으시고, 마침내 골고다 언덕 위에서 못 박히시고 십자가에서 죽으셨다. 오직 무거운 우리 죄를 대신 짊어지시고 목숨을 바치셨다. 예수님의 십자가는 우리가 도저히 감당할 수 없는 죄에 대한 저주와 형벌을 대신한 것이었다. 어느 누구도 대신 감당할 것이라고는 상상도 못했던 바로 그 무거운 죄 덩어리를 주님이 대신 옮겨주셨다. 요단 강바닥의 무거운 돌들을 옮기게 하신 것처럼, 그렇게 짊어지고 옮겨가게 하셨다.

"우리는 다 양 같아서 그릇 행하여 각기 제 길로 갔거늘 여호와께서는 우리 모두의 죄악을 그에게 담당시키셨도다"(사53:6).

예수님은 그 무거운 십자가를 지시고 지옥의 형벌에서 천국으로 우리를 옮겨 주셨다. 어두운 강바닥에 있었던 무거운 돌덩어리가 밝은 곳으로 옮겨졌듯이, 우리의 악하고 어두운 죄악 덩어리를 예수님께서 친히 무거운 십자가로 지시고 대속해주셨다. 골고다 언덕에서 쓰러지시면서 십자가를 메고 올라가셨다. 중도에서 구레네 시몬이 대신 지고 갔을 정도로 예수님은 탈진하셨다.

길갈의 열두 기념석이 불가능한 곳에서 옮겨진 것처럼, 죽을 수밖에 없었던 우리를 구원의 자리로 옮겨주셨다. 열두 돌들이 하나님의 능력의 징표로 사용된 것처럼, 예수님의 십자가는 우리가 죄의 강을 건너 천국으로 가게 된 증거가 되었다.

누구든지 십자가의 다리를 통과하지 않고는 천국으로 들어갈 수 없다. 누구든지 그 십자가의 보혈로 씻김을 받지 않으면 천국으로 들어갈 수 없다. 예수님의 십자가는 우리의 허물과 죄악이 다 굴러가게 하였다. 모든 수치와 고난들이 다 물러가게 하셨다. 길갈의 돌들이 이스라엘 백성들의 수치와 죄악과 고난을 다 굴러가게 한 것처럼, 예수님의 십자가는 우리의 죄악과 지옥의 고통이 다 굴러가게 하였다. 하나님의 심판과 저주와 고통이 다 굴러가고 영원한 구원을 받게 하였다.

"십자가의 도가 멸망하는 자들에게는 미련한 것이요 구원을 받는 우리에게는 하나님의 능력이라"(고전1:18).
"하나님이 그 아들을 세상에 보내신 것은 세상을 심판하려 하심이 아니요 그로 말미암아 세상이 구원을 받게 하려 하심이라"(요3:17).

길갈의 열두 기념석이 세상을 향해 요단강을 건너게 하신 하나님의 위대하신 능력을 선포했다면, 오늘날 예수님의 십자가는 지옥을 지나 천국으로 들어가게 하는 능력이 된다고 얼마나 더 강하게 외치고 있는가? 예수 그리스도의 십자가야 말로 인간의 모든 죄의 무거운 짐을 다 굴러가게 하는 유일한 구원의 길임을 세상을 향해 외치고 있다. 십자가는 우리의 온갖 무거운 죄의 짐과 고난과 하나님의 진노를 다 굴러가게 하였다.

삼손의 죽음과 그리스도

삿 16:28-31

28삼손이 여호와께 부르짖어 이르되 주 여호와여 구하옵나니 나를 생각하옵소서 하나님이여 구하옵나니 이번만 나를 강하게 하사 나의 두 눈을 뺀 블레셋 사람에게 원수를 단번에 갚게 하옵소서 하고 29삼손이 집을 버틴 두 기둥 가운데 하나는 왼손으로 하나는 오른손으로 껴 의지하고 30삼손이 이르되 블레셋 사람과 함께 죽기를 원하노라 하고 힘을 다하여 몸을 굽히매 그 집이 곧 무너져 그 안에 있는 모든 방백들과 온 백성에게 덮이니 삼손이 죽을 때에 죽인 자가 살았을 때에 죽인 자보다 더욱 많았더라 31그의 형제와 아버지의 온 집이 다 내려가서 그의 시체를 가지고 올라가서 소라와 에스다올 사이 그의 아버지 마노아의 장지에 장사하니라 삼손이 이스라엘의 사사로 이십 년 동안 지냈더라

삼손의 탄생

이스라엘의 사사이며 나실인으로 선택되었던 삼손을 통하여 우리는 예수 그리스도의 그림자를 볼 수 있다. 물론 인간 삼손은 이방 여인들을 사랑하다가 비참한 인생으로 추락한 실패한 사람이다. 그러나 단지 삼손의 사건을 인생의 실패라는 측면으로만 해석해서는 안 된다. 삼손을 통하여 이스라엘을 구원하게 하신 하나님의 섭리와 장차 오실 그리스도의 구원을 예표하고 있기 때문이다. 그래서 삼손의 사건을 구속사적으로 해석해야 올바른 성경해석이 된다.

삼손의 사건이 우리에게 주는 영적인 교훈은 세속적인 죄가 신자들을 비참한 상태로 추락하게 한다는 점도 물론 있다. 하나님의 거룩한 일을 하도록 세운 나실인이 이방 여자들을 사랑하고 하나님의 뜻대로 살지 못했기 때문에, 블레셋 사람들에게 눈이 뽑히고 짐승처럼 연자맷돌을 돌리는 비참한 상태에 빠졌다. 그러나 이스라엘의 구원의 측면에서 보면 그의 분노와 고난이 장차 오실 그리스도의 예표가 된다는 것도 발견하게 된다.

우선 삼손의 탄생부터가 그리스도와 닮은 점이 있다. '마노아'의 아내는 잉태하지 못하여 아기를 출산할 수 없는 여자였다. 그런데 여호와의 사자가 잉태 소식을 알려주었다.

예수님의 모친인 '마리아'도 동정녀로서 아기를 잉태할 수 없는 상태에서 천사 가브리엘이 잉태의 소식을 전하였다(눅1:30,31). 성경에는 천사를 통하여 수태가 예고되었던 인물은 이삭과 삼손과 세례요한과 예수님이다.

> "소라 땅에 단 지파의 가족 중에 마노아라 이름하는 자가 있더라. 그의 아내가 임신하지 못하므로 출산하지 못하더니, 여호와의 사자가 그 여인에게 나타나서 그에게 이르시되 보라 네가 본래 임신하지 못하므로 출산하지 못하였으나 이제 임신하여 아들을 낳으리니"(삿13:2,3).

삼손이란 이름의 뜻은 '태양', '빛'의 의미를 지닌 히브리어 '쉼숀'(שִׁמְשׁוֹן)이다. 그의 이름까지 예수님을 닮았다. 예수님은 '세상의 빛'으로 이 세상에 오시지 않았는가? 예수님이 인류의 구원을 위하여 탄생하신 것처럼, 삼손 역시 이스라엘의 구원을 위하여 태어났다. 단지 삼손은 자기의 죄로 인하여 구원사역이 실패한 것처럼 보이다가 종국에는 자기의 죽음으로 이스라엘을 구원시키는 대역사를 이룬다. 이러한 구원사역이 예수님의 표상이 되는 것이다.

삼손의 초능력과 사랑

삼손에게는 하나님으로부터 받은 초능력이 있었다. 머리털을 깎지 않았을 때 성문의 문짝도 떼어낼만큼 괴력을 소유하고 있었다. 블레셋 적들을 충분히 제압할만한 초능력이었다. 그가 '딤나'에 내려갔을 때는 여호와의 영이 강하게 임하여 덤벼드는 젊은 사자도 맨손으로 잡아 죽였다(삿14:5,6). 이러한 강한 능력은 그리스도의 예표이다.

예수님은 괴력을 지닌 장사는 아니었다. 그러나 영적으로 보면 그보다 더 큰 능력을 지니고 계셨다. 원수 사탄의 능력을 제압하셨고, 사탄이 우는 사자와 같이 믿는 자를 삼키려고 할 때에 그 세력을 깨뜨리고 교회와 성도를 지켜주실 수 있는 전능하신 주님이셨다(벧전5:8).

또한 삼손의 결혼도 영적으로 보면 그리스도의 죄인 사랑을 엿볼 수 있다. 삼손이 하나님의 구원에서 제외되었던 이방 여인 '들릴라'를 사랑한 것처럼, 예수님은 구원받을 수 없었던 죄인들을 위하여 이 세상에 오셔서 우리를 신부로 삼아주셨다.

> "우리가 즐거워하고 크게 기뻐하며 그에게 영광을 돌리세 어린 양의 혼인 기약이 이르렀고 그의 아내가 자신을 준비하였으므로 그에게 빛나고 깨끗한 세마포 옷을 입도록 허락하셨으니 이 세마포 옷은 성도들의 옳은 행실이로다 하더라"(계19:7,8).

재림의 때에 신랑 예수님은 신부인 성도들에게 흰 세마포 옷을 입히시고 영적 혼인잔치를 베푸실 것이다. 영원히 멸망받아야 할 죄인들을 불쌍히 여기시고 거룩한 신부로 맞이하시고 영원히 사랑해 주셨다. 삼손의 여자 사랑은 실패했지만, 그리스도의 사랑은 영원히 성공하였다.

삼손의 죽음과 십자가

삼손의 죽음과 예수 그리스도의 죽음은 무슨 관계가 있을까? 삼손은 나실인의 사명을 바로 감당하지 못하다가 블레셋 군인들에게 끌려가 고통을 당했던 인물이 아닌가? 물론 삼손은 그리스도와 비교할 수 없는 죄인이다. 그러나 성경이 삼손의 죽음을 상세하게 밝히고 있는 것은 그 죽음이 이스라엘을 구원하는데 큰 역할을 했다는 것이다. 그의 죽음이 이스라엘 백성에게는 곧 억압으로부터의 구원이 된 것이다. 예수님의 십자가의 죽음이 온 인류에게 죄로부터의 해방이 된 것과 같은 영적 맥락을 가지고 있다. 그래서 우리는 삼손의 죽음에서 그리스도의 그림자를 엿볼 수 있다.

삼손은 이방 여자들과의 세속적인 관계로 말미암아 블레셋의 포로가 되어 눈이 뽑히고 연자맷돌을 돌리는 참으로 비참한 처지가 되었다. 머리털이 밀리면서 특별한 힘도 떠났다. 그는 한없이 고독하고 비참한 자리에 놓였다. 블레셋의 신 '다곤'의 신전에서 잔치를 하면서 블레셋 사람들은 유흥을 돋우기 위하여 삼손을 감옥에서 데리고 나왔다. 블레셋 사람들이 그토록 무서워하던 삼손이 이제는 희롱거리와 웃음거리가 되었다.

그는 아마 그동안 자신이 저지른 죄악에 대하여 비통하게 회개했을 것이다. 하나님과 이스라엘 백성을 위하여 마지막으로 할 것이 무엇인지를 생각하고 기도했을 것이다. 웅장한 신전에 모인 수천 명의 사람들은 소경이 되어 방향도 제대로 찾지 못하는 삼손을 보면서 그들의 신 다곤이 여호와를 이겼다고 생각했을 것이다. 주위에서 조소의 웃음소리들이 들려왔다. 적들의 조롱과 비웃음과 저주가 한꺼번에 쏟아져 내렸다. 그는 완전히 버림을 받았고, 누구의 도움이나 위로도 받을 수 없었다. 오직 혼자서 그 모진 고초를 겪었다.

고독하고 비참한 남자, 삼손에게서 그리스도의 그림자가 보였다. 예수님이 십자가에 못 박히실 때 무리들은 얼마나 예수님을 향하여 야유하고 비웃고 조롱했는가? 아무도 그 고독한 아픔을 막아주지 못했다. 그는 철저하게 외면당한 완벽한 멸시와 버림을 받았다.

> "그는 멸시를 받아 사람들에게 버림받았으며 간고를 많이 겪었으며 질고를 아는 자라. 마치 사람들이 그에게서 얼굴을 가리는 것 같이 멸시를 당하였고 우리도 그를 귀히 여기지 아니하였도다"(사53:3).
> "백성은 서서 구경하는데 관리들은 비웃어 이르되 저가 남을 구원하였으니 만일 하나님이 택하신 자 그리스도이면 자신도 구원할지어다 하고 군인들도 희롱하면서 나아와 신포도주를 주며"(눅 23:35,36).

여러분도 살면서 누군가에게 멸시와 천대를 당한 적이 있는가? 인격적으로 무시를 당하고 나면 그 상처가 꽤 오래간다. 그러나 기도하면서 다 잊고 털어버려라. 가해자는 다 잊어버리고 산다. 상처를 안고 미워하고 고민하는 사람만 그 영혼이 피폐해질 뿐이다. 마음 고생을 하는 그 사람만 힘들다.

예수님이 인간의 죄와 상처를 위하여 모든 모욕과 멸시와 천대를 다 받으셨다. 예수님 안에서 용서하고 잊으라. 죄 많은 세상에서는 그만한 모욕과 멸시는 항상 있어 왔다. 나 자신 또한 다른 사람에게 마음의 상처를 입히고 상대방의 인격을 무시한 적도 있지 않는가? 우리는 타인에 대하여 인격적으로 무시하거나 모욕을 주지 않는 선량한 사람이 되어야 한다. 그리고 비난과 모욕을 당한 적이 있다면 그를 용서하고 잊어버려라. 나쁜 감정은 마음에 품고 있으면 신앙에 유익이 없다. 완전히 잊지는 못할지라도 그것 때문에 마음 아파하지는 말라.

그리스도의 승리

물론 삼손은 살아있을 때 하나님의 뜻을 따라 적들을 물리친 일들이 있다. 그러나 성경은 그가 죽었을 때 훨씬 더 이스라엘을 위하여 많은 적들을 물리쳤다고 기록하고 있다. 예수님 역시 공생애 3년 동안 많은 사람들을 구원하시고 병자를 고치시고 말씀을 전파하셨다. 그러나 예수님이 십자가를 지고 죽으셨을 때, 온 인류를 대속하는 역사에 가장 위대한 일을 행하셨다. 주님은 운명하시면서 "다 이루었다"고 말씀하셨다. 누구든지 죄인들이 회개하고 용서를 빌면 다 구원하실 수 있는 놀라운 구원사역을 다 이루었던 것이다.

삼손의 죽음이 승리가 된 것처럼 예수 그리스도의 십자가의 죽음도 전 세계적인 승리가 되었다. 예수님이 운명하시자 말자 사형을 집행했던 백부장이 "그는 하나님의 아들"이 틀림없다고 고백했으며, 삼일 후에는 원수들이 부활하신 주님 앞에서 두려워 떨었다. 오순절 성령강림으로 제자들은 방언으로 전도하게 되었고 하루에 삼천 명이나 예수님을 믿고 세례를 받는 기적적인 일이 벌어졌다. 교회를 핍박하던 청년 사울이 변화되어 바울이 되고 예수님의 십자가 복음을 전하는 위대한 전도자가 되었다.

예수님의 죽음과 부활이 얼마나 과거와 현재의 많은 사람들을 구원하였는가? 지구촌 대륙마다, 바다 위에서도 예수님의 구원을 찬양하는 자들이 엄청나다. 주일마다 예배당에 모여서 예수님께 예배하는 자가 얼마나 많은가?

삼손은 혼자 죽지 않았다. 블레셋 적들과 함께 죽었다. 예수님도 혼자 죽지 않았다. 죄인들의 모든 죄를 다 안고 죽으셨다. 예수님의 십자가의 죽음은 우리의 모든 죄를 주님 안으로 끌어당겨서 죽으셨다. 그러므로 예수님의 십자가의 구원을 믿는 자는 모든 죄도 함께 죽었다. 예수님이 십자가에서 죽으실 때 우리의 죄도 전부 죽었고, 예수님이 다시 부활하실 때에 우리도 함께 부활하여 거듭난 사람, 새사람이 되었다.

> "그리스도 예수의 사람들은 육체와 함께 그 정욕과 탐심을 십자가에 못 박았느니라"(갈5:24).

예수님 십자가의 대속의 죽음을 믿으면 내 속의 불신앙의 요소들도 함께 죽는다. 우상을 숭배하던 블레셋의 악한 잔재가 내 속에도 있을 수 있다. 그 악한 것들을 예수님의 십자가의 보혈이 다 덮어줄 것이다.

삼손의 최후의 순간을 마음으로 그려보라. 그는 신전의 두 기둥 사이에서 하나님께 기도드리고 양팔을 벌리고 전력을 다하여 신전을 무너뜨렸다. 그리고 이스라엘의 구원을 위하여 목숨을 던졌다. 이 모습은 예수님이 십자가 상에서 양팔을 벌리고 매달려 하나님께 기도하시고 온 인류의 구원을 이루신 것과 닮았다. 그리스도의 희생을 통하여 우리가 구원을 받았고 영생을 얻었다.

삼손은 죽어서 사사의 사명을 바로 감당했다. 이스라엘에게 안정과 평화를 회복시켜 주었다. 예수님의 죽음 역시 하나님의 자녀들에게 참된 평안과 자유, 영원한 생명을 선물로 주었다.

32

보아스와 사랑의 주님

룻 4:13-17

13이에 보아스가 룻을 맞이하여 아내로 삼고 그에게 들어갔더니 여호와께서 그에게 임신하게 하시므로 그가 아들을 낳은지라 14여인들이 나오미에게 이르되 찬송할지로다 여호와께서 오늘 네게 기업 무를 자가 없게 하지 아니하셨도다 이 아이의 이름이 이스라엘 중에 유명하게 되기를 원하노라 15이는 네 생명의 회복자이며 네 노년의 봉양자라 곧 너를 사랑하며 일곱 아들보다 귀한 네 며느리가 낳은 자로다 하니라 16나오미가 아기를 받아 품에 품고 그의 양육자가 되니 17그의 이웃 여인들이 그에게 이름을 지어 주되 나오미에게 아들이 태어났다 하여 그의 이름을 오벳이라 하였는데 그는 다윗의 아버지인 이새의 아버지였더라

인생의 역전

우리의 인생은 예수 그리스도의 사랑을 받으면서 놀라운 변화가 왔다. 본문에 나오는 '나오미'와 그녀의 자부 '룻'은 '보아스'를 만나면서 큰 은혜를 입게 되고 인생 역전을 체험하게 되었다. 하나님은 실패한 한 가정, 나오미와 룻을 불쌍히 여기시고 새로운 인생을 살게 하셨다. 인생 역전의 희열을 위하여 우리는 어떻게 해야 할 것인가?

낙심과 절망에서 일어나야 한다. 아직도 남은 것에 희망을 가져야 한다. 나오미와 그녀의 남편 '엘리멜렉'은 흉년을 피하여 우상의 나라 모압으로 이주를 하였다. 그들은 신앙에서 떠나 세속적인 삶에 몰두하였고, 그러나 하나님의 은총을 얻지 못하고 집안이 망하게 되었다. 불행

하게도 남편과 두 아들이 죽고 말았다(룻1:3,5). 나오미의 희망은 한 순간에 사라져버렸다. 더 이상 살아갈 힘이 없었다. 그래서 모압 땅을 떠나기로 결심했다. 그리고 불쌍한 두 며느리도 자신을 떠나라고 했고, 한 며느리 '오르바'는 시어머니와 함께 하지 못하고 떠났다. 나오미에게는 며느리 '룻' 만이 유일하게 남았다. 늦었지만 다시 고향 베들레헴으로 돌아가기로 결심했다.

이미 상실한 것은 속히 잊어버려야 한다. 남은 것에 관심을 가지고 최선을 다해야 한다. 자신에게 남아있는 것이 소망의 끈이다. 남은 것에 초점을 맞추고 집중을 할 때에 인생은 역전할 수 있다. 낙심과 좌절의 자리에서 털고 일어서야 한다.

믿음을 선택한 나오미와 룻

하나님은 나오미의 회개를 통하여 인생의 역전이 일어나게 하셨다. 그는 회개하는 마음으로 고향 땅으로 되돌아갔다. 우상을 섬기는 모압에서 떠나 하나님을 섬기기 위하여 베들레헴으로 돌아갔다. 동네 여인들에게도 자신을 "나오미라 부르지 말고 '마라' 라고 불러라"고 했다. '나오미'는 '기쁨, 즐거움' 이란 뜻이지만, '마라'는 '쓰다, 괴롭다' 는 뜻이다. 자신이 하나님의 품을 떠나 방황하였기 때문에 징벌을 받았다고 말했다. 나오미는 하나님께서 자신을 괴롭힌 까닭을 알고 회개하였다. 진심으로 돌이켜 회개하였을 때 인생 역전의 기회가 찾아왔다.

올바른 선택이 인생을 역전시킨다. 나오미는 중대한 결정을 내렸다. 우상의 땅, 모압을 떠나는 것이다. 그리고 하나님의 땅, 베들레헴으로 돌아가기로 결정했다.

아브라함이 갈대아 우르에서 떠나 갈 바를 알지 못하였지만, 하나님이 지시하는 땅으로 간 것처럼, 우리 또한 하나님의 길을 가야 한다. 인생의 길을 올바로 선택할 때에 인생 역전이 일어난다.

자부 룻 역시 시어머니 나오미를 따라 베들레헴으로 가기로 결심하였다. 쉽지 않은 선택이 룻의 인생 역전을 가져왔다. "선택은 순간이어도 결과는 영원하다"는 말처럼, 룻의 순간적인 선택이 그를 다윗 왕의 조상이 되게 하였고 그 이름을 영화롭게 하였다.

> "룻이 이르되 내게 어머니를 떠나며 어머니를 따르지 말고 돌아가라 강권하지 마옵소서. 어머니께서 가시는 곳에 나도 가고, 어머니께서 머무시는 곳에서 나도 머물겠나이다. 어머니의 백성이 나의 백성이 되고, 어머니의 하나님이 나의 하나님이 되시리니, 어머니께서 죽으시는 곳에서 나도 죽어 거기 묻힐 것이라. 만일 내가 죽는 일 외에 어머니를 떠나면 여호와께서 내게 벌을 내리시고 더 내리시기를 원하나이다 하는지라"(룻1:16,17).

룻의 신앙 결단이 너무나 훌륭하고 감동적이다. 아마 룻에게 여호와의 신앙이 없었더라면 도무지 그런 결정을 내리지 못했을 것이다. 세상적으로 보면 시모인 나오미를 따라간다는 것은 죽는 길이나 마찬가지다. 집안에 남자도 없고 재산도 없는 늙은 시모를 따라간다는 것은 그야말로 고생문이 훤한 것이 아닌가? 그러나 룻은 하나님을 바로 믿기 위하여 "죽으면 죽으리라"는 믿음으로 시어머니를 따랐던 것이다. 바로 그 위대한 선택이 룻을 믿음의 어머니가 되게 하였고 다윗 왕가의 조상이 되게 하였다.

"그의 이웃 여인들이 그에게 이름을 지어 주되 나오미에게 아들이 태어났다 하여 그의 이름을 오벳이라 하였는데 그는 다윗의 아버지인 이새의 아버지였더라"(룻4:17).

우리의 인생은 하나님이 기뻐하시는 올바른 선택을 해야 한다. 잘못 선택한 것은 많은 시간과 물질과 정열을 낭비하게 한다. 결국에 가서는 인생을 망하게 한다. 성경에는 순간적으로 악한 길을 선택하였다가 영원히 불명예의 이름을 남긴 자들이 있다. 동생 아벨을 죽인 최초의 살인자 '가인'과 세상의 부귀영화를 선택했던 아브라함의 조카 '롯'이나 사울이나 아합과 같은 악한 왕들이 있다. 순간적으로 잘못된 것을 선택하였다가 영원히 멸망을 받는 비극을 초래하게 되었다.

언제나 모든 것을 다 잃어버리지는 않는다. 상실한 것이 있어도 여전히 남아있는 것이 있다. 남은 것으로 감사하고 최선을 다할 때 인생은 역전할 수 있다. 회개하고 자신의 죄를 깨달을 때 역전할 수 있다. 자기가 원하는 길이 아닌 하나님이 기뻐하시는 뜻대로 선택할 때에 인생을 역전시킨다.

보아스는 그리스도의 표상

보아스와 룻은 부부로 만나기 어려운 관계다. 보아스는 여호와 신앙을 가진 유다인 베들레헴의 유지이며, 룻은 이방인 모압 여자이며 남편을 일찍 여읜 미망인이었다. 그런데 부부가 되어 아들을 낳게 된다.

신자와 그리스도의 관계도 성경은 결혼한 부부로 묘사하고 있다. 예수님을 신랑으로 모시기에는 우리는 턱없이 문제가 많은 존재다. 범죄하고 타락하여 그리스도의 신부될 자격이 없었다. 오직 주님께서 우리를 불쌍히 보시고 십자가의 대속의 피로 죄를 씻어주시고 의롭다 하심으로 마침내 신부로 받아주신 것이다.

> "우리가 아직 죄인 되었을 때에 그리스도께서 우리를 위하여 죽으심으로 하나님께서 우리에 대한 자기의 사랑을 확증하셨느니라. 그러면 이제 우리가 그의 피로 말미암아 의롭다 하심을 받았으니 더욱 그로 말미암아 진노하심에서 구원을 받을 것이니"(롬5:8,9).
> "우리가 즐거워하고 크게 기뻐하며 그에게 영광을 돌리세 어린 양의 혼인 기약이 이르렀고 그의 아내가 자신을 준비하였으므로 그에게 빛나고 깨끗한 세마포 옷을 입도록 허락하셨으니 이 세마포 옷은 성도들의 옳은 행실이로다"(계19:7,8).

구약에 나타난 신부들은 대부분 문제가 있다. 룻은 가난하고 남편과 사별한 불쌍한 여인으로 나오고, 아가서의 신부는 시골 과수원지기로서 그 오빠들에게 미움을 받는 외로운 여자였다. 호세아서에 등장하는 신부는 남편의 아이를 낳고 바람이 나서 가출해 버린 음란한 여자로 묘사되어 있다. 그러나 그 여자들이 남편으로 인하여 복을 받고 신분이 변하고 정상적인 가정의 행복한 아내가 된다. 마치 죄 많은 우리가 예수 그리스도를 영적 신랑으로 맞이하면서 참된 행복과 영생을 얻은 것과 같다.

보아스가 룻을 신부로 맞이하게 된 까닭은 그가 가까운 친족으로 '기업무를 자' 였기 때문이다(룻4:4,5). 이스라엘의 토지는 대를 이어서 받는 것이므로 비록 가난하여 팔았을지라도 희년이 되면 원 주인에게 돌려주어야 한다. 중간에 기업의 땅을 되찾기 위해서는 가까운 친족이 그 가문의 땅을 값을 지불하고 사서 물어줄 의무가 있었다. 그래서 보아스는 먼저 가장 가까운 친족에게 나오미의 땅을 사서 그들의 기업으로 회복시켜 줄 수 있는지를 물었다. 그런데 그 사람은 거절했다. 그래서 보아스가 나오미 가문의 땅을 사서 기업을 회복시켜 주었고, 끊어진 대도 이어주어야 하므로 나오미의 자부 '룻'과 결혼하여 아들을 낳아주었다.

나오미와 룻은 대를 이을 아들이 없었고, 모든 재산도 상실한 사람들이었다. 보아스는 룻과 결혼하여 모든 것을 회복시켜 주었다. 예수 그리스도는 우리가 상실한 모든 것을 회복시켜 주시는 분이다. 죄로 말미암아 생명이 끊어지게 된 우리를 예수님은 십자가의 피의 대가를 지불하시고 우리를 사 주셨다.

"너희는 너희 자신의 것이 아니라. 값으로 산 것이 되었으니 그런즉 너희 몸으로 하나님께 영광을 돌리라"(고전6:19,20).

보아스가 기업을 물어준 것과 같은 이치이다. 예수님 때문에 우리는 구원의 대열에 설 수 있게 되었다. 보아스가 경제적인 문제도 다 해결해 주었다. 룻이 보아스와 결혼함으로 보아스의 모든 재산은 함께 공유할 수 있게 되었다. 우리가 예수님을 신랑으로 섬기게 되면서 예수님이 소유한 모든 신령한 은혜와 축복을 받게 되었다. 우리는 상실했던 모든 것을 다 회복하게 되었다. 잃었던 천국도 찾았고, 영생도 찾았고, 기쁨과 위로도 되찾았다.

33

미스바의 어린 양과 그리스도

삼상 7:7-9

7 이스라엘 자손이 미스바에 모였다 함을 블레셋 사람들이 듣고 그들의 방백들이 이스라엘을 치러 올라온지라 이스라엘 자손들이 듣고 블레셋 사람들을 두려워하여 8 이스라엘 자손이 사무엘에게 이르되 당신은 우리를 위하여 우리 하나님 여호와께 쉬지 말고 부르짖어 우리를 블레셋 사람들의 손에서 구원하시게 하소서 하니 9 사무엘이 젖 먹는 어린 양 하나를 가져다가 온전한 번제를 여호와께 드리고 이스라엘을 위하여 여호와께 부르짖으매 여호와께서 응답하셨더라

블레셋의 침략

엘리 제사장 시대에 이스라엘은 블레셋과의 전쟁에서 패배하여 일시 법궤를 빼앗긴 적이 있었다. 하나님은 법궤가 '기럇여아림'으로 돌아오도록 하셨다(삼상7:1,2). 그러나 이스라엘 백성을 구원할 믿음의 지도자가 없었던 때에 하나님께서는 어린 사무엘이 자라나기를 기다리셨다. 법궤가 '기럇여아림'으로 돌아온 후, 20년의 시간이 흐른 후 하나님은 사무엘을 세워 이스라엘의 지도자가 되게 하셨다. 사무엘은 마지막 사사로서 이스라엘을 구원한 상징적인 선지자가 되었다.

사무엘은 먼저 이스라엘이 이방 신들을 버리고 전적으로 여호와께 돌아올 것을 요구했다. 특히 '바알'과 '아스다롯'을 제거하고 여호와만 섬기라고 지시했다. 그리고 '미스바'에서 대각성 회개 운동을 벌였다.

이스라엘 백성들이 우상숭배와 세속생활을 회개하고 여호와께로 돌아왔으니, 모든 것이 순조롭게 잘 풀려야 당연하다. 그러나 나라의 상황은 더욱 악화되었다. 그들이 미스바에서 대각성 회개 운동을 하는 동안에 블레셋 군대가 침략했다.

> "이스라엘 자손이 미스바에 모였다 함을 블레셋 사람들이 듣고 그들의 방백들이 이스라엘을 치러 올라온지라 이스라엘 자손들이 듣고 블레셋 사람들을 두려워하여, 이스라엘 자손이 사무엘에게 이르되 당신은 우리를 위하여 우리 하나님 여호와께 쉬지 말고 부르짖어 우리를 블레셋 사람들의 손에서 구원하시게 하소서 하니"(7,8절).

침략의 소식을 들은 백성들에게 큰 공포가 임했다. 당황하여 어쩔 줄 몰라 했다. 어떻게 손을 쓸 여유가 없었다. 군대를 정비하여 그들과 맞서 싸울 준비가 되어 있지 않았다.

우리가 죄에서 돌이켜 하나님께로 돌아오려고 할 때, 사탄은 강하게 저항한다. 회개하고 새로이 신앙을 가지려는 자에게 시험과 핍박과 정신적인 온갖 고통이 따를 수 있다.

이스라엘이 애굽에서 탈출하여 하나님을 바로 섬기려고 했을 때에 애굽의 바로 왕은 그들을 편안하게 보내지 않았다. 다시 그들을 잡기 위하여 군대를 풀어 추격하였다.

구원은 영적인 싸움이다. 사탄의 끈질긴 방해와 추격이 있다는 것을 예상해야 한다. 하나님의 말씀을 붙잡고 순종하지 않으면 하나님께로 나온 후에도 다시금 죄에 빠질 수 있다.

어린 양의 번제

적들의 침략으로 사무엘은 회개 운동을 중단시키고 속히 전쟁에 돌입하도록 했는가? 그는 서둘러 전쟁하지 않았다. 다급한 사무엘은 젖먹는 어린 양 하나를 가져와서 온전한 번제를 드리고 여호와 하나님께 부르짖었다

> "사무엘이 젖 먹는 어린 양 하나를 가져다가 온전한 번제를 여호와께 드리고 이스라엘을 위하여 여호와께 부르짖으매 여호와께서 응답하셨더라"(삼상7:9).

구원은 우리가 먼저 사탄과 싸우는 것이 아니라 그리스도께서 먼저 사단과 싸우신다. 예수님이 먼저 십자가를 지시고 죽으심으로 사탄과의 영적인 싸움에서 승리하셨다. 죄의 고난을 치루시고 죽음을 이기셨다. 그리스도는 우리가 사탄의 시험과 위협을 당할 때 대신 악한 영과 싸우신다. 그러므로 죄와 세상과 사탄을 두려워하지 말고 예수님의 십자가를 굳게 붙들고 사무엘처럼 간절히 기도해야 한다.

세상의 유혹과 시험이 강하게 다가올수록 자기 힘으로 세상과 맞서 싸우려고 하지 말고, 먼저 어린 양 예수님을 바라보며 부르짖고 기도드려야 한다. 오직 주님을 의지할 때, 악한 사탄의 시험과 세상의 풍파가 물러갈 것이다.

젖 먹는 어린 양 한 마리가 먼저 피를 흘리고 목숨을 잃었다. 그 번제로 인하여 하나님께서 이스라엘 백성들을 용서하시고 도와주셨다. 이스라엘을 괴롭히는 적들에게 큰 우레를 발하사 그들을 어지럽게 하시

니 그들이 이스라엘 백성들을 치지 못하고 놀라서 흩어졌다. 도망하는 그들을 이스라엘 사람들이 추격하여 승전했다.

미스바의 전쟁은 죄와 사탄의 시험과 유혹의 문제를 해결하기 위해서는 그 어떤 인간의 힘과 노력보다도 먼저 십자가를 앞세우고 영적인 일에 우선순위를 두어야 한다는 것을 암시하는 사건이다.

몸이 아파서 교회에 출석할 것인지 말아야 할 것인지를 고민하는 신자가 있다고 하자. 그럼에도 불구하고 그는 먼저 하나님께 나와서 기도해야겠다고 결심하고 주일성수를 하였다면 그는 영적인 일에 우선순위를 둔 것이다. 사실 건강이 좋지 않을수록 예배와 간절한 기도는 더 필요하기 때문이다. 사업이 힘들고 경제적인 어려움이 생겼다 하자. 십일조를 해야 할 것인지 말아야 할 것인지 고민하게 되었다. 경제적인 어려움에도 불구하고 말씀대로 순종하여 십일조을 했을 때, 하나님께서 기뻐하시지 않겠는가? 사실 십일조는 가난하고 경제적인 어려움이 심할수록 반드시 해야 한다. 그런 사람일수록 물질의 복이 더 절실하기 때문이다.

믿음은 삶의 순서가 대단히 중요하다. 예수님은 사랑과 구원을 실천하시면서 자신이 먼저 땅에 떨어져 썩는 한 알의 밀알이 되셨다. 자신이 먼저 인류를 위하여 십자가를 지시고 죽어주셨다.

사무엘이 바친 젖 먹는 어린 양의 희생을 받으신 하나님은 두려움에 떨고 있는 이스라엘 백성들을 그냥 버리지 않으셨다. 하나님은 이스라엘 편에 서셨다. 그리고 이스라엘은 강한 블레셋 군대를 물리쳤다.

"사무엘이 번제를 드릴 때에 블레셋 사람이 이스라엘과 싸우려고 가까이 오매 그 날에 여호와께서 블레셋 사람에게 큰 우레를 발하여 그들을 어지럽게 하시니 그들이 이스라엘 앞에 패한지라"(10절).

사무엘은 블레셋을 물리친 그 지역에 기념석을 세워 '도움의 돌' 이 란 의미를 가진 '에벤에셀' 이란 지명을 붙였다(삼상7:12).

우리가 속죄의 제물이 되신 예수님을 받아들이면 하나님께서 우리의 편이 되신다. 우리가 죄를 이기고 세상을 이기고 사탄을 이기기 위해서는 하나님이 우리의 편이 되셔야 한다. 하나님이 우리 편이 되는 방법은 십자가에서 대속의 피를 흘리신 예수님을 굳게 믿는 것이다. 예수님을 믿을 때에 하나님께서 죄와 사탄을 이기도록 지혜와 능력을 주신다.

다윗 왕과 그리스도

삼상16:12-13

12이에 사람을 보내어 그를 데려오매 그의 빛이 붉고 눈이 빼어나고 얼굴이 아름답더라 여호와께서 이르시되 이가 그니 일어나 기름을 부으라 하시는지라 13 사무엘이 기름 뿔병을 가져다가 그의 형제 중에서 그에게 부었더니 이 날 이후로 다윗이 여호와의 영에게 크게 감동되니라 사무엘이 떠나서 라마로 가니라

선한 목자이신 그리스도

구약성경에 나타난 신앙 인물들의 구원 역사를 통하여 신약에 오실 예수 그리스도의 구원을 예표하고 있다. 아브라함과 모세와 다윗의 생애에 그리스도의 언약과 구원의 그림자가 많이 나타나 있다. 다윗의 생애를 통하여 예표된 예수 그리스도의 생애를 살펴보려고 한다.

다윗의 소년시절부터 살펴보면 그는 양떼를 돌보는 목동이었다. 사무엘 선지자를 통하여 기름부음을 받고 이스라엘의 왕으로 선택을 받았다. 그 때부터 하나님의 영에 감동된 다윗은 하나님이 의도하신 이스라엘의 보호자와 구원자의 역할을 하게 된다. 어느 날 형들을 면회간 전쟁터에서 블레셋의 장수 골리앗과 싸워 이긴 후 군대장관이 되었다. 그리고 이방의 대적들을 물리치는 영웅적 인물이 되었다. 이스라엘 백성들의 존경과 칭송을 받으면서 시기심이 많은 사울 왕에게 미움을 사게 되고, 광야로 쫓겨 다니며 환난을 당했다. 사울이 죽은 후에 유다 지방의 왕이 되었다가 나중에 통일 이스라엘의 왕이 되었다.

우선 다윗은 목자로 아버지의 양떼를 성심성의껏 돌보았다. 그와 같이 장차 오실 메시야이신 그리스도는 선한 목자로 이 세상에 오셔서 자기 양떼인 선택된 백성들을 구원해 주셨다.

다윗은 양 떼를 돌볼 때에 생명을 걸고 지켰다. 맹수인 사자나 곰이 나타났을 때도 두려워하지 않고 맹수들과 싸워 이겼다. 그것들의 날카로운 발톱과 이빨로부터 양들이 죽지 않도록 보호해 주었다. 소년 다윗은 물맷돌 하나로 맹수들을 상대했다. 대단한 용기였다. 위험을 느끼고 도망을 칠 수 있었지만, 그러면 양들은 다 물려가고 만다. 그래서 그는 양들을 위하여 위험을 무릅쓰고 맹수들과 싸웠다. 하나님을 믿고 성실하게 양들을 지킨 맹수와의 전투적인 삶이 나중에 골리앗을 쓰러뜨리는 기적적인 능력을 발휘하게 된다. "될성 부른 나무는 떡잎부터 안다"는 속담처럼 작은 일에도 목숨을 다 바쳐 일하면, 반드시 큰 일도 성공하게 된다. 예수님도 착하고 충성된 종이 작은 일에 충성하면 큰 일을 맡긴다고 하셨다.

> "다윗이 사울에게 말하되 주의 종이 아버지의 양을 지킬 때에 사자나 곰이 와서 양 떼에서 새끼를 물어가면, 내가 따라가서 그것을 치고 그 입에서 새끼를 건져내었고 그것이 일어나 나를 해하고자 하면 내가 그 수염을 잡고 그것을 쳐죽였나이다"(삼상17:34,35).

그리스도 역시 선한 목자로 오셔서 우리를 죄와 사탄의 이빨로부터 지켜주셨다. 예수님은 십자가에 목숨을 주시면서까지 우리의 영혼을 살리시고 구원해 주셨다. 그리스도는 우리 영혼의 보호자이시며 방패가 되신다.

"나는 선한 목자라 선한 목자는 양들을 위하여 목숨을 버리거니와" (요10:11).
"나는 선한 목자라 나는 내 양을 알고 양도 나를 아는 것이 아버지께서 나를 아시고 내가 아버지를 아는 것 같으니 나는 양을 위하여 목숨을 버리노라"(요10:14,15).

예수님은 자기 양들을 죄로부터 구원하기 위하여 자신이 대신 죄에 대한 저주와 형벌을 받으시고 십자가에 못박혀 죽으셨다. 그리고 그 양들에게 새 생명을 주시기 위하여 부활하셨다.

목자와 양과의 관계는 서로 잘 아는 관계이다. 양들은 목자의 음성을 알아듣고 따른다. 성자 예수님이 성부 하나님을 아는 것처럼 목자는 자기의 양들을 잘 알고 그 사정을 꿰뚫고 계신다.

선한 목자이신 예수님을 믿고 따른다고 하면서 아직도 예수님의 사랑에 대하여 잘 모르고 예수님이 원하시는 바가 무엇인지 잘 모르는 사람들이 있는가? 하나님의 집인 교회에 나오는 것이 어째 어색하고, 꾸준히 출석하는 것이 힘겹고 어려운가? 세상 친구들이나 직장 동료들과는 잘 통하는데 예수님과는 왠지 거리감이 있는가? 아직 그리스도가 당신의 목자가 되지 못해서 그렇다. 예수님을 믿는 것은 그 분과 친밀해지는 것이며, 그 분의 음성 듣는 것이 간절해지는 것이다. 어느 누구보다도 예수님과 가장 잘 소통이 되어야 한다. 남편보다도 친구들보다도 더 소통이 잘 되어야 진정으로 주님의 양이 되었다고 말할 수 있다. 그리스도는 우리를 위하여 목숨까지 버리신 분이기 때문에 우리가 그 분을 사랑하지 않을 수 없다.

기름부음을 받은 그리스도

다윗은 선지자 사무엘을 통하여 기름부음을 받고 왕으로 미리 선택을 받았다. 구약시대에 거룩한 기름부음을 받았던 자들은 선지자와 제사장과 왕이었다. 하나님께서 특별히 선택했다는 의미로 기름을 그 머리에 부었다.

예수 그리스도 역시 요단강에서 마지막 선지자 세례요한에게 물세례를 받을 때에 성령의 기름부음을 받고 온 인류의 메시야인 구원주의 공사역을 시작하였다. 주님은 온 세상을 지배하시는 왕으로 오셨다.

하나님께서는 이스라엘의 보호자이며 지도자로 다윗을 선택하셨다. 사무엘 선지자는 이새의 장남 '엘리압'을 보고 하나님의 선택을 받은 자라고 생각했으나, 하나님은 들판에서 양을 지키고 있는 소년 다윗을 왕으로 지목하셨다.

> "이에 사람을 보내어 그를 데려오매 그의 빛이 붉고 눈이 빼어나고 얼굴이 아름답더라. 여호와께서 이르시되 이가 그니 일어나 기름을 부으라 하시는지라"(12절).

예수님이 온 인류의 구원주가 되실 때에 사람들의 관점으로는 이해되지 않았다. 이스라엘의 왕궁에서 탄생하지도 않았고 예루살렘 출신이거나 권력자의 집안 사람도 아니었다. 베들레헴 마굿간에서 탄생한 가난한 집안에다가, 예루살렘 도성이 아닌 시골 나사렛 출신이었고 목수의 아들이었다. 메시야는 연한 순과 같고 고운 모양도 풍채도 없다고 이사야 선지자가 예언하였다.

"그는 주 앞에서 자라나기를 연한 순 같고 마른 땅에서 나온 뿌리 같아서 고운 모양도 없고 풍채도 없은즉 우리가 보기에 흠모할 만한 아름다운 것이 없도다. 그는 멸시를 받아 사람들에게 버림받았으며 간고를 많이 겪었으며 질고를 아는 자라 마치 사람들이 그에게서 얼굴을 가리는 것 같이 멸시를 당하였고 우리도 그를 귀히 여기지 아니하였도다"(사53:2,3).

사무엘과 이새가 전혀 생각지도 못했던 막내 아들 다윗이 왕으로 선택되었다. 그와 같이 그리스도는 세상 사람들이 기대하던 권력형 메시야가 아니라, 고운 모양도 풍채도 없고 전혀 영웅적인 체질의 사람이 아닌 지극히 낮은 자리의 인물이었다. 그리스도 자신이 인간을 구원하기 위하여 대신 십자가를 지시고 고난과 멸시를 받을 정도로 비천한 신분으로 낮아지셨다.

우리도 항상 겸손한 자리에서 교회와 이웃을 섬겨야 한다. 하나님께 기름 부음을 받고 귀하게 쓰이려고 하면 낮은 자리에서 섬길 줄 알아야 한다. 그러면 가만히 엎드려 있어도 하나님이 추켜 세우시고 높여주신다.

다윗이 왕으로 선택될 때에 사무엘 선지자가 기름 뿔병을 가져와 그의 머리에 부었다. 그 날 이후로 다윗은 여호와의 영에 크게 감동되었다.

"사무엘이 기름 뿔병을 가져다가 그의 형제 중에서 그에게 부었더니 이 날 이후로 다윗이 여호와의 영에게 크게 감동되니라"(13절).

그리스도도 인류의 구원주로 선택이 되실 때에 선지자 세례요한의 물세례를 받았는데 성령이 비둘기처럼 임재하셨다. 성령에 이끌리어 광야로 가서 40일 동안 금식기도하시면서 사탄과 싸워 이기셨다. 그리고 갈릴리 지역에서 복음사역을 시작하셨다.

예수님이 성령의 충만한 은혜를 입고 복음사역을 시작하셨던 것처럼, 우리도 성령의 충만한 은혜를 받고 우리의 이웃들에게 복음을 전해야 한다.

다윗이 성령의 감동을 받으면서 이스라엘 백성들을 구원하고 보호하는 큰 영향력을 행사하였다. 우리도 세상 사람들에게 복음을 전하고 하나님의 나라를 건설하기 위하여 성령의 충만한 은혜를 입어야 한다.

사탄의 권세를 꺾으신 그리스도

소년 다윗은 블레셋의 장수 골리앗을 쓰러뜨렸다. 그가 거룩한 하나님의 백성인 이스라엘을 모욕하였을 때, 형들을 면회 갔던 다윗이 참지 못하고 전투에 참여하게 되고 물맷돌로 골리앗을 죽여 나라에 공을 세웠다. 골리앗은 하나님의 백성을 대적하는 적그리스도를 예표하고 있다.

다윗은 물매로 작은 돌맹이 하나를 날려 정통으로 골리앗의 이마를 때렸다. 그 돌은 골리앗의 이마에 박혔고 거구인 그는 넘어졌다. '뜨인 돌'이 악한 대적을 넘어지게 했다. '산 돌'은 예수 그리스도의 상징이다. 다니엘서에도 '뜨인 돌'이 우상을 쳐서 파괴하는 바벨론의 왕 '느부갓네살'의 꿈이 나온다.

"또 왕이 보신즉 손대지 아니한 돌이 나와서 신상의 쇠와 진흙의 발을 쳐서 부서뜨리매, 그 때에 쇠와 진흙과 놋과 은과 금이 다 부서져

여름 타작 마당의 겨 같이 되어 바람에 불려 간 곳이 없었고 우상을
친 돌은 태산을 이루어 온 세계에 가득하였나이다"(단2:34,35).

그리스도는 원수 사탄을 치명적으로 쳐서 쓰러뜨릴 뿐만 아니라, 세상의 교만한 권력자들과 악인들을 심판하실 것이다. 악인들은 여름 타작마당의 겨처럼 바람에 날려갈 것이고 그리스도의 권세와 영광은 온 세상에 가득할 것이다.

시기와 질투심에 불타던 사울 왕은 다윗을 죽이려고 추격하고 핍박하였다. 예수님도 유대 지도자들에게 위협과 핍박을 당하셨다. 그들은 예수님을 십자가에 못박아 죽였다. 다윗이 어리석은 사울의 군대와 싸우고, 예수님이 악한 유대 지도자들과 죽기까지 싸운 것처럼, 우리도 세속적인 유혹과 악한 세력과는 영적으로 싸워야 한다.

예수님도 세상과 화목하기 위하여 온 것이 아니라 세상의 악과 싸우기 위하여 오셨다고 말씀하셨다.

"내가 세상에 화평을 주러 온 줄로 생각하지 말라. 화평이 아니요 검
을 주러 왔노라"(마10:34).

여러분들은 '살아 있는 돌', '리빙스톤'이다. 우리도 예수님처럼 악에게 지지 않고 선으로 악을 이겨야 한다. 하나님의 영광과 이름을 대적하는 세속적이고 악한 세력들에 대하여 분노하고 싸울 줄 아는 사람이 되어야 한다. 세상이 골리앗처럼 아무리 강하게 보여도, 다윗처럼 신앙으로 뭉쳐진 사람은 반드시 악한 세상을 이길 수 있다. 사탄의 세력에 밀려다니는 사람이 아니라 영적 전신갑주를 입고 죄와 사탄을 이

길 수 있는 사람이 되기를 바란다.

다윗이 이스라엘의 위대한 왕이었던 것처럼, 예수 그리스도는 만왕의 왕이시다. 우리의 영혼과 육신을 다스리시고, 우리의 사고와 행동을 다스리신다. 미래의 꿈까지 다스리신다. 우리도 세상에 하나님의 복음을 전파하고 하나님의 나라를 확장해 나가는 영적인 제사장이며 왕으로써의 삶을 살아야 할 것이다.

최고의 친구이신 그리스도

삼상 20:16-17

16이에 요나단이 다윗의 집과 언약하기를 여호와께서는 다윗의 대적들을 치실지어다 하니라 17다윗에 대한 요나단의 사랑이 그를 다시 맹세하게 하였으니 이는 자기 생명을 사랑함 같이 그를 사랑함이었더라

다윗과 요나단의 우정

다윗과 요나단의 사랑에서 우리는 비천한 나에게 친구가 되어주신 그리스도를 엿볼 수 있다. 요나단은 친구 다윗을 자기의 생명처럼 사랑하였다.

> "다윗에 대한 요나단의 사랑이 그를 다시 맹세하게 하였으니 이는 자기 생명을 사랑함 같이 그를 사랑함이었더라"(삼상20:17).

요나단은 다윗이 생명의 위기를 느낄 때 여러 번 도와주었다. 사울이 다윗을 죽이려고 하는 정보를 미리 알려주어 피신하게 하였고, 그를 진정으로 사랑하고 위로하였다. 요나단은 사실 그의 아버지 사울의 뜻대로 다윗을 죽이게 되면 이스라엘의 왕이 될 수 있는 후계자였다. 그러나 그는 자기가 다윗 때문에 왕이 되지 못한다 하더라도 친구 다윗을 기꺼이 왕으로 모실 생각이었다. 이 얼마나 어려운 결심인가?

> "사울의 아들 요나단이 일어나 수풀에 들어가서 다윗에게 이르러 그에게 하나님을 힘 있게 의지하게 하였는데, ……너는 이스라엘 왕이 되고 나는 네 다음이 될 것을 내 아버지 사울도 안다"(삼상23:16,17).

요나단은 다윗을 진심으로 사랑하였다. 자기의 생명처럼 아끼고 사랑하였다. 요나단의 생각대로 통일 이스라엘의 왕은 다윗이 되었다. 요나단은 블레셋 전투에서 사울 왕과 함께 전사했다. 그러나 다윗이 왕이 된 후에 요나단의 아들인 '므비보셋'을 왕자처럼 대우하였다. 친구 요나단과의 맹세와 우정 때문이었다. 사울이 죽은 후에 7년 반 동안(대상 3:4) 이스라엘이 남북으로 분열되었다. 그러나 다윗이 사울 집안이 속한 베냐민 지파를 배척하지 않고 배려함으로 다시 나라가 통합하게 되었다. 요나단의 우정의 영향이 컸을 것이다.

죄인을 친구라 부르신 예수님

예수님이 우리를 사랑하실 때에 십자가에 생명을 내주셨다. 우리의 영혼을 아끼고 사랑하였으므로 자신의 목숨을 죄의 대가로 지불하시고 우리의 영혼을 구원해 주셨다. 우리가 힘들고 곤고할 때에 진실한 친구가 되시고 위로자가 되셨다. 생명의 위기에 처할 때마다 산성이 되시고 피난처가 되시고 방패가 되셔서 우리 생명을 보호해 주셨다. 우리의 영혼을 살리기 위하여 생명을 주신 참된 친구는 오직 예수 그리스도뿐이시다.

"사람이 친구를 위하여 자기 목숨을 버리면 이보다 더 큰 사랑이 없나니, 너희는 내가 명하는 대로 행하면 곧 나의 친구라. 이제부터는 너희를 종이라 하지 아니하리니 종은 주인이 하는 것을 알지 못함이라. 너희를 친구라 하였노니 내가 내 아버지께 들은 것을 다 너희에게 알게 하였음이라"(요15:13-15).

우리를 위하여 생명을 바치신 그리스도께서는 자신을 우리의 친구라 하셨다. 우리는 그 분의 종에 지나지 않지만 주님께서는 친구라고 높여 주시고 친밀하게 대해 주셨다. 하나님 아버지의 구원의 비밀을 다 알려주시고 우리가 구원받도록 도와주셨다.

주님은 세리들과 죄인들의 친구가 되셨고(마11:19), 병들어 죽은 나사로를 친구라고 칭하셨다(요11:11). 그리스도는 그 시대의 죄인들과 가난하고 병들고 불쌍한 자들의 친구가 되어 주셨다.

성경에는 친구를 시험에 빠뜨리고 범죄하게 하고 망하게 하는 자도 있고, 비방하고 조롱하는 자들도 있다(삼하13:3-5, 욥16:20). 그러나 진실로 사랑하고 위해 주는 요나단과 같은 친구도 있다. 우리는 예수님처럼 마음이 가난한 자들에게 좋은 친구가 되어야 할 것이다. 병들고 고통 받고 억압 당하는 자들의 친구가 되어야 한다.

주님은 비록 가난하고 허물이 있는 자라도 가까이 찾아가셔서 친구가 되어 주시고, 그들을 격려해 주시고 진리의 길로 인도하셨다. 눅12:4에서도 제자들에게 교훈하시면서 '내 친구' 라고 호칭하셨다.

마가복음 2장에는 침상에 누운 중풍병자의 친구들이 그를 침상 채 메고 예수님 앞으로 인도했다(막2:1-5). 운집한 사람들 때문에 집 안으로 들어갈 수 없자 지붕을 뜯고 그 구멍으로 중풍병자를 달아 내리는 열심을 보이기까지 하였다. 주님은 그들 친구들 모두의 믿음을 칭찬하시고 그 중풍병자를 낫게 하셨다.

  이방인 고넬료는 일가 친척들과 친구들을 베드로 사도에게 인도하여 예수님을 믿게 하고 세례를 받게 하였다(행10:44-48).

> "이튿날 가이사랴에 들어가니 고넬료가 그의 친척과 가까운 친구들을 모아 기다리더니 마침 베드로가 들어올 때에 고넬료가 맞아 발 앞에 엎드리어 절하니"(행10:24,25).

  그리스도께서 친구들을 믿음의 길로 인도하시고 그들의 인생 문제들을 해결해 주신 것처럼, 우리도 주위 친구들을 그리스도께 인도하여 구원을 받도록 해야 할 것이다.

다윗과 낮아지신 그리스도

삼상 21:11-22:2

11아기스의 신하들이 아기스에게 말하되 이는 그 땅의 왕 다윗이 아니니이까 무리가 춤추며 이 사람의 일을 노래하여 이르되 사울이 죽인 자는 천천이요 다윗은 만만이로다 하지 아니하였나이까 한지라 12다윗이 이 말을 그의 마음에 두고 가드 왕 아기스를 심히 두려워하여 13그들 앞에서 그의 행동을 변하여 미친 체하고 대문짝에 그적거리며 침을 수염에 흘리매 14아기스가 그의 신하에게 이르되 너희도 보거니와 이 사람이 미치광이로다 어찌하여 그를 내게로 데려왔느냐 15내게 미치광이가 부족하여서 너희가 이 자를 데려다가 내 앞에서 미친 짓을 하게 하느냐 이 자가 어찌 내 집에 들어오겠느냐 하니라 1그러므로 다윗이 그 곳을 떠나 아둘람 굴로 도망하매 그의 형제와 아버지의 온 집이 듣고 그리로 내려가서 그에게 이르렀고 2환난 당한 모든 자와 빚진 모든 자와 마음이 원통한 자가 다 그에게로 모였고 그는 그들의 우두머리가 되었는데 그와 함께 한 자가 사백 명 가량이었더라

아둘람 굴의 피신

사울 왕은 하나님을 배반하였고 불순종하였다. 하나님은 그를 버리기로 작정하시고 대신 어린 다윗을 기름 부어 왕으로 세우셨다(삼상 16;13). 소년 다윗이 블레셋의 장수 골리앗을 죽이고 전쟁에 승리하였다. 온 이스라엘 백성들이 춤을 추고 노래하며 다윗을 칭송하였다.

"사울이 죽인 자는 천천이요 다윗은 만만이로다"(삼상21:11).

백성들의 그 말을 듣고 시기와 질투심에 불타던 사울은 다윗을 제거하려고 하였다. 미움이 지나치자 사울은 악신에 사로잡혀 더욱 다윗을 죽이려고 혈안이 되었다. 다윗은 어쩔 수 없이 도망자가 되었고 사해 근처의 황량한 '아둘람' 굴로 피신했다. 군대장관이 되었던 다윗, 백성들로부터 존경과 추앙을 받던 영웅 다윗은 불쌍한 도망자 신세가 되어 짐승들이나 비를 피하는 아둘람 굴까지 낮아졌다. 다윗을 잡으려는 사울의 추격으로 인하여 생명의 위협을 느낀 다윗의 가족들까지 집을 버리고 광야로 피신하였다.

"그러므로 다윗이 그 곳을 떠나 아둘람 굴로 도망하매 그의 형제와 아버지의 온 집이 듣고 그리로 내려가서 그에게 이르렀고"(삼상22:1).

우리의 구원자이시고 왕이신 예수 그리스도는 하늘의 보좌를 버리시고 이 세상의 땅까지 낮아지셨다. 하늘의 영광을 뒤로 하시고 겸손하게 낮아지셔서 나사렛의 목수가 되셨고 마침내는 십자가를 지시기까지 낮아지셨다. 다윗이 낮아져서 아둘람 굴을 피난처로 삼은 것처럼, 겸손하게 세상에 오신 예수님은 우리의 진정한 피난처가 되셨다. 우리의 영혼을 보호하시고 새롭게 살게 하셨다.

"나는 여호와를 향하여 말하기를 그는 나의 피난처요 나의 요새요 내가 의뢰하는 하나님이라 하리니, 이는 그가 너를 새 사냥꾼의 올무에서와 심한 전염병에서 건지실 것임이로다"(시91:2,3).

다윗이 있는 아둘람 굴로 사람들이 모이기 시작했다. 환난을 당한 자들과 빚진 자들과 마음이 원통한 자들 사백 명 가량이 다윗에게 찾아와 안전하게 보호를 받았다.

"환난 당한 모든 자와 빚진 모든 자와 마음이 원통한 자가 다 그에게로 모였고 그는 그들의 우두머리가 되었는데 그와 함께 한 자가 사백 명 가량이었더라"(삼상22:2).

군대장관과 왕의 부마 자리에서 쫓겨나와 낮아진 다윗의 곁으로 오히려 모여드는 백성들이 있었다. 비천한 그들에게도 위로자와 보호자가 필요했다. 예수님의 십자가는 온 인류의 피난처이다. 온갖 죄를 짓고 마음에 상처와 고통이 있는 자, 누구든지 예수님께로 찾아오면 그들을 보호하시고 평안을 주시고 구원하신다.

"수고하고 무거운 짐 진 자들아 다 내게로 오라 내가 너희를 쉬게 하리라. 나는 마음이 온유하고 겸손하니 나의 멍에를 메고 내게 배우라 그리하면 너희 마음이 쉼을 얻으리니, 이는 내 멍에는 쉽고 내 짐은 가벼움이라 하시니라"(마11:28-30).

아둘람 굴과 십자가

만약 아둘람 굴을 찾아오는 자들에게 누군가 "당신들은 어디서 옵니까"라고 물었다면, 그들은 대답하기를 "사울의 나라에서요"라고 대답했을 것이다. 사울이 다스리는 나라는 하나님께 등을 돌린 나라다. 사울이 불순종하고 교만했으므로 하나님께서 그를 버렸다. 그들도 그 나라에서 마음의 상처와 고통을 받고 더 이상 견딜 수 없어 피난 온 것이다.

사울의 나라는 이 세상과 비슷하다. 하나님의 말씀을 무시하고 사탄의 나라를 만들어 간다. 공중의 권세를 잡은 사탄이 인간의 정신과 육체를 타락시키고 마음에 상처를 입힌다. 부부의 사랑이 파괴되고, 거짓과 탐욕과 이기심과 미움이 팽배하여 불평과 불만으로 가득 차 있다.

만약 서둘러 아둘람 굴을 찾는 무리들에게 "당신들은 어디로 급히 가나요"라고 물었다면, 그들은 "사울의 나라에서 나와서 우리의 왕 다윗에게로 갑니다"라고 말했을 것이다. 그들에게는 새로운 왕이 필요했다. 마음을 아프게 하고 억울하게 하고 강탈해 가는 왕이 아니라, 백성을 불쌍하게 여겨 인자하게 다스릴 왕이 필요하고, 마음을 위로해 주고 빼앗긴 것을 되찾아 줄 지도자가 필요했던 것이다.

아둘람 굴은 우리에게 참된 위로와 평안을 주는 그리스도의 십자가이다. 다윗의 사람들이 아둘람 굴에 와서 평안을 누렸듯이, 죄를 짓고 마음에 상처를 입은 우리는 그리스도 안에 와서 참된 기쁨과 평안과 위로를 받는다. 예수님은 진정한 우리의 왕이다. 군림하는 왕이 아니라 평안과 위로를 주는 왕이다.

예수님 안으로 들어오는 자는 누구든지 죄 문제를 해결해 주시고, 세상에서 상처받은 마음을 위로해 주신다. 진리를 깨닫게 하시고 구원의 길을 알려주신다. 지옥에서 천국으로 가는 길을 인도해 주신다. 세속적인 것에서 경건한 것으로 인도하시고, 타락하여 멸망할 자리에서 진리를 알고 자유하게 하시고 구원을 받게 하신다.

아둘람 굴을 찾아 다윗을 만났던 사람들처럼 우리는 속히 세상의 죄에서 탈출하여 예수님의 품으로 들어가야 한다. 사탄의 나라에서 하나님의 거룩한 나라로 서둘러 들어가야 한다.

아둘람 굴의 다윗은 낮아지신 예수님의 그림자이다. 만약 다윗이 어떤 성을 차지하고 있었더라면 아마 더 많은 이스라엘 백성들이 찾아갔을 것이다. 그는 황량한 굴 속에 있었으므로 문제 있는 사람들만 먼저 찾아갔던 것이다. 예수님을 만나는 것은 좁은 길이다. 정말 밑바닥으로 떨어져서 주님의 은총이 없으면 살 수 없다고 깨닫는 자들이 찾아오는 겸손한 길이다. 십자가까지 낮아지신 예수님을 믿는 자는 기본적으로 겸손해져야 한다. 자신이 죄인인 줄 알고 아무 것도 아닌 것을 알고 전적으로 하나님을 의지하는 자라야 한다. 그런 자만이 십자가가 아둘람 굴처럼 참된 안식처가 될 것이다.

주님께 찾아오는 마음이 가난한 자들은 결코 버리지 않으시고 굳게 붙잡아 주시고 도와 주실 것이다.

"내가 땅 끝에서부터 너를 붙들며 땅 모퉁이에서부터 너를 부르고 네게 이르기를 너는 나의 종이라 내가 너를 택하고 싫어하여 버리지 아니하였다 하였노라. 두려워하지 말라 내가 너와 함께 함이라. 놀라지 말라 나는 네 하나님이 됨이라. 내가 너를 굳세게 하리라 참으로 너를 도와주리라 참으로 나의 의로운 오른손으로 너를 붙들리라"(사41:9,10).

"예수께서 즉시 이르시되 안심하라 나니 두려워하지 말라"(마 14:27).

마굿간에서 탄생하시고, 십자가에까지 낮아지신 그리스도는 상처 입고 가난하고 병든 자들의 보호자가 되실 것이다. 그들을 의로운 오른손으로 굳세게 붙잡아 주실 것이다.

광야로 내몰리신 그리스도

삼상 23:25-29

25사울과 그의 사람들이 찾으러 온 것을 어떤 사람이 다윗에게 아뢰매 이에 다윗이 바위로 내려가 마온 황무지에 있더니 사울이 듣고 마온 황무지로 다윗을 따라가서는 26사울이 산 이쪽으로 가매 다윗과 그의 사람들은 산 저쪽으로 가며 다윗이 사울을 두려워하여 급히 피하려 하였으니 이는 사울과 그의 사람들이 다윗과 그의 사람들을 에워싸고 잡으려 함이었더라 27전령이 사울에게 와서 이르되 급히 오소서 블레셋 사람들이 땅을 침노하나이다 28이에 사울이 다윗 뒤쫓기를 그치고 돌아와 블레셋 사람들을 치러 갔으므로 그 곳을 셀라하마느곳이라 칭하니라 29다윗이 거기서 올라가서 엔게디 요새에 머무니라

광야로 도망한 다윗

인생은 항상 형통하지 않다. 바다의 물결이 잔잔하여 항해를 시작했는데, 도중에 폭풍이 몰아칠 수도 있다. 모든 일이 순탄하다가도 갑자기 시련과 역경이 닥치기도 한다. 순경 가운데도 하나님이 함께 계시지만, 역경 가운데도 하나님이 함께 하신다.

다윗은 하나님의 은혜로 승승장구 하였다. 그가 사무엘 선지자에게 기름부음을 받은 후에 하나님의 영으로 충만하여(삼상16:13) 그가 도전하는 일마다 하나님이 함께 하셨다. 블레셋 장수 골리앗을 죽이고 전쟁을 승리로 이끌어 군대장관이 되고, 공주 '미갈' 과 혼인하여 왕의 부마가 되었다. 그리고 왕자 요나단이 그를 생명처럼 사랑하고 다윗의 목숨을 지켜주었다. 그러나 사울 왕이 왕위를 지키기 위하여 다윗을 죽이기로 굳게 결심함을 보고 왕궁을 떠나게 되었다. 다윗은 광야로 도피하게 되고 역경과 환난의 시간을 보냈다.

다윗은 그 때부터 불안하여 잠도 편하게 잘 수 없었고 통행도 자유롭지 못했다. 사해 근처 동굴들을 전전하면서 숨어 살았다. 언제 사울의 군사들이 들이닥칠지 몰랐다. 그의 가족들조차 목숨을 부지하기 위하여 숨어 지내야 했다. 그 고난의 시간에 가장 밑바닥에서 설움과 시련의 시간을 보냈던 백성들과 같이 생활하면서 그들을 사랑하고 보호하는 삶을 터득하게 되었다. 마침내 의지할 데 없는 백성들이 그에게 몰려들기 시작했다.

> "그러므로 다윗이 그 곳을 떠나 아둘람 굴로 도망하매 그의 형제와 아버지의 온 집이 듣고 그리로 내려가서 그에게 이르렀고, 환난 당한 모든 자와 빚진 모든 자와 마음이 원통한 자가 다 그에게로 모였고 그는 그들의 우두머리가 되었는데 그와 함께 한 자가 사백 명 가량이었더라"(삼상22:1,2).

삼백 명이 사백이 되었고, 그들이 또 육백 명이 되어 점차 다윗의 군사들이 세력을 형성하게 되었다. 광야의 고난이 그로 하여금 왕으로서의 면모를 갖추게 하였던 것이다.

다윗의 광야와 그리스도의 광야

다윗은 광야의 환난과 고난을 통하여 마음에 상처를 입은 많은 이스라엘 백성들을 수용하게 되고, 고난 받는 밑바닥 인생을 경험하였다. 그 광야의 시련이 메시야로 오신 그리스도에게도 있었다. 주님이 탄생하셨던 그 시대는 악하고 잔인했다. 헤롯 왕이 자기의 권력을 지키기 위하여 아기 예수님이 유대인의 왕으로 오셨다는 말에 베들레헴 지역 근처에서 태어난 두 살 이하의 모든 아기들을 죽였다. 그리고 나사렛에서 삼십 년 동안 목수의 아들로 일하셨다. 로마 권력의 억압과 가난과 노동의 고달픔을 몸소 체험하셨다. 주님의 나머지 삼 년의 삶은 더욱 힘겨운 광야 생활이었다.

예수님은 구원의 복음을 전파하기 전에 40일 동안 광야에서 금식기도를 하셨다. 그 고난의 시간에 사탄과 영적 대결을 하시면서 영혼 구원의 대업을 준비하셨다.

"그 때에 예수께서 성령에게 이끌리어 마귀에게 시험을 받으러 광야로 가사, 사십 일을 밤낮으로 금식하신 후에 주리신지라"(마4:1,2).

하나님은 더 큰 일을 위하여 시련과 역경의 시간을 통과하게 하신다. 다윗은 가정에서도 가장 촉망을 받는 아들이었다. 골리앗과 싸워 이겼을 때에는 이스라엘 백성 모두가 다윗의 용맹함을 칭송하였다. 그렇게 형통한 축복의 사람이었던 다윗이 하루 아침에 왕의 미움을 받아 반역자처럼 되어 도망자가 되었다.

"이새의 아들이 땅에 사는 동안은 너와 네 나라가 든든히 서지 못하리라. 그런즉 이제 사람을 보내어 그를 내게로 끌어 오라. 그는 죽어야 할 자이니라 한지라"(삼상20:31).

다윗이 광야로 내 몰리면서 그는 본격적으로 이스라엘의 왕이 되는 대업의 길을 준비하게 된다. 그와 같이 예수님은 목수의 아들이 되어 그의 부모에게 사랑 받는 아들이었다. 또 동생들도 돌보아야 했다. 그러나 더 이상 행복한 가정에서 평범하게 지낼 수만은 없었다. 그는 구원자 그리스도로 이 세상에 왔고, 이제 온 세상에 복음을 전하고 자신이 십자가를 지고 대속의 죽음을 죽어 인류를 구원할 때가 온 것을 아셨다. 하나님의 구속 대업을 이루기 위하여 집을 떠나 공생애의 삶을 사셨다. 예수님은 성령의 인도하심에 따라 광야로 나가셨다. 40일 광야의 금식기도가 주님에게 새로운 사역에 헌신할 성령님의 큰 능력을 얻게 하였다.

다윗과 그리스도의 광야의 시험

다윗은 광야에서 하나님의 도우심으로 여러 시련들을 이겨냈다. 사울의 군사가 많았고 고발하는 사람들도 많았지만 하나님께서 다윗의 생명을 지켜주셨다.

> "다윗이 광야의 요새에도 있었고 또 십 광야 산골에도 머물렀으므로 사울이 매일 찾되 하나님이 그를 그의 손에 넘기지 아니하시니라" (삼상23:14).

'마온' 황무지에서는 거의 포위 되어 다윗이 죽을 위기에 놓이게 되었다. 그러나 하나님께서는 사울 왕에게 이방 블레셋의 침략으로 인하여 급히 군사를 데리고 가게 하셨다. 그가 광야로 내몰려 죽게 될 지경에 이르렀어도 하나님께서 그 생명을 안전하게 보살펴 주셨다.

"사울이 산 이쪽으로 가매 다윗과 그의 사람들은 산 저쪽으로 가며, 다윗이 사울을 두려워하여 급히 피하려 하였으니 이는 사울과 그의 사람들이 다윗과 그의 사람들을 에워싸고 잡으려 함이었더라. 전령이 사울에게 와서 이르되 급히 오소서 블레셋 사람들이 땅을 침노하나이다"(삼상23:26,27).

다윗에게 육백 명 가량의 백성들이 모였다. 광야에서 피신하던 그들에게 당장에 먹을 양식이 부족했다. 하나님께서는 '그일라'에서 타작마당을 탈취하던 블레셋 사람들을 치게 하여 양식을 얻게 하셨다.

"다윗과 그의 사람들이 그일라로 가서 블레셋 사람들과 싸워 그들을 크게 쳐서 죽이고 그들의 가축을 끌어 오니라. 다윗이 이와 같이 그일라 주민을 구원하니라"(삼상23:5).

그 외에도 '마온'이란 곳에서 '아비가일'을 통하여 얼마간의 양식을 얻기도 했다(삼상25:18). 다윗은 '엔게디' 광야에서 자기를 죽이려고 혈안이 된 사울을 만났다. 다윗의 신하들이 사울을 죽이도록 명하라고 하였으나, 다윗은 "여호와의 기름 부음을 받은 내 주를 치는 것은 여호와께서 금하신 것이라"고 하며 시험을 극복했다(삼상24:6,7). '하길라' 산에서도 잠들어 있는 사울 왕을 죽일 기회가 생겼다. 부하 '아비새'가 창으로 단번에 찔러 죽이겠다고 말했으나, 다윗은 역시 하나님의 말씀에 따라 그를 죽이지 못하게 하였다.

"아비새가 다윗에게 이르되 하나님이 오늘 당신의 원수를 당신의 손에 넘기셨나이다. 그러므로 청하오니 내가 창으로 그를 찔러서 단번에 땅에 꽂게 하소서. 내가 그를 두 번 찌를 것이 없으리이다 하니, 다윗이 아비새에게 이르되 죽이지 말라 누구든지 손을 들어 여호와의 기름 부음을 받은 자를 치면 죄가 없겠느냐 하고"(삼상26:8,9).

다윗의 혹독한 광야의 시련에서 하나님의 말씀과 믿음을 실천하며 역경을 극복해내었다. 육백여 명의 상처 입은 백성들과 함께 통과했던 광야의 시련이 후일에 그가 통일왕국의 왕이 되는데 큰 밑거름이 되었다.

예수님도 광야에서 금식하시면서 사탄의 시험을 받으셨다. 사탄은 배고픈 주님에게 떡을 만들라고 시험하였고(마4:3), 만일 하나님의 아들이면 성전 꼭대기에서 뛰어내리라고 시험하였으며(마4:5,6), 사탄에게 엎드려 경배하면 천하 만국의 영광을 주겠다고 시험하였다(마4:8,9). 그러나 예수님은 사탄의 세 가지 시험을 모두 말씀으로 물리치셨다.

"이에 예수께서 말씀하시되 사탄아 물러가라 기록되었으되 주 너의 하나님께 경배하고 다만 그를 섬기라 하였느니라. 이에 마귀는 예수를 떠나고 천사들이 나아와서 수종드니라"(마4:10,11).

우리의 구원주 그리스도는 말씀으로 사탄의 세력을 물리치셨다. 우리에게도 사탄의 여러 시험들이 올 때에 오직 하나님의 말씀과 기도로 이겨야 한다. 하나님이 우리를 도우시면 어떤 악한 세력들의 공격에도 넘어지지 않을 것이다. 다윗과 그의 신하들이 수천 명의 사울의 군사에 둘러싸였어도 하나님께서 보호하시고 그들의 생명을 지켜주셨다. 우리가 어떤 역경과 시련의 광야로 내몰린다 하여도 믿음으로 극복해 내어야 한다.

38 신랑 되신 그리스도

삼상 25:39-42

39나발이 죽었다 함을 다윗이 듣고 이르되 나발에게 당한 나의 모욕을 갚아 주사 종으로 악한 일을 하지 않게 하신 여호와를 찬송할지로다 여호와께서 나발의 악행을 그의 머리에 돌리셨도다 하니라 다윗이 아비가일을 자기 아내로 삼으려고 사람을 보내어 그에게 말하게 하매 40다윗의 전령들이 갈멜에 가서 아비가일에게 이르러 그에게 말하여 이르되 다윗이 당신을 아내로 삼고자 하여 우리를 당신께 보내더이다 하니 41아비가일이 일어나 몸을 굽혀 얼굴을 땅에 대고 이르되 내 주의 여종은 내 주의 전령들의 발 씻길 종이니이다 하고 42아비가일이 급히 일어나서 나귀를 타고 그를 뒤따르는 처녀 다섯과 함께 다윗의 전령들을 따라가서 다윗의 아내가 되니라

다윗의 신부가 된 아비가일

가장 친밀하고 깊은 사랑은 부부의 사랑일 것이다. 성경은 하나님과 이스라엘 백성간의 사랑을 부부의 사랑으로 묘사하고 있다. 이사야 선지자는 하나님은 '남편'이며 우상숭배로 하나님으로부터 버림을 받은 이스라엘 백성은 '과부'로 표현하고 있다.

"....네가 네 젊었을 때의 수치를 잊겠고 과부 때의 치욕을 다시 기억함이 없으리니 이는 너를 지으신 이가 네 남편이시라 그의 이름은 만군의 여호와이시며 네 구속자는 이스라엘의 거룩한 이시라"(사 54:4,5).

호세아 선지자도 하나님과 이스라엘 백성의 관계를 부부 사이로 묘사하고 있다(호2:7,16). 바울 사도도 그리스도와 성도와의 관계를 남편과 아내로 묘사하고 있다(엡5:22-25).

다윗 왕의 신부가 된 '아비가일'을 통하여 우리는 신랑되신 그리스도의 사랑을 엿볼 수 있다. 아비가일의 일생에 가장 놀라운 반전은 그가 악한 '나발'이라는 남편에게서 벗어나 다윗 왕의 신부가 된 것이다. 아비가일은 남편 '나발'로 말미암아 다윗의 원수가 되어 살해될 위기에 놓이게 되었다.

"그런즉 이제 당신은 어떻게 할지를 알아 생각하실지니 이는 다윗이 우리 주인과 주인의 온 집을 해하기로 결정하였음이니이다 주인은 불량한 사람이라 더불어 말할 수 없나이다 하는지라"(17절).

아비가일은 온 집안 식구를 살리기 위하여 죽음 직전에 다윗을 만나 나발의 악행을 고백하고 구원을 받게 되었다. 어리석은 남편 나발이 하나님의 저주로 죽은 후에(삼상25:37,38) 다윗의 아내가 되었다.

"다윗의 전령들이 갈멜에 가서 아비가일에게 이르되 그에게 말하여 이르되 다윗이 당신을 아내로 삼고자 하여 우리를 당신께 보내더이다 하니"(40절).

아비가일은 불량한 남편 때문에 자칫 잘못했으면, 다윗의 원수가 되어 살해될 뻔했다. 그리고 그는 불행하게도 남편 '나발'이 죽어 과부가 되었다. 그런데 다윗이 그를 사랑하여 아내로 삼겠다는 것이다. '아비가일'은 다윗의 명성과 용맹함에 대하여 잘 알고 있었을 것이다. 백성들은 그를 칭송하고 잠시 후에는 왕이 될 것이라고 믿고 있었다. 그런 영웅적인 인물이 자신을 사랑한다고 했을 때 아비가일은 감격하였다.

> "아비가일이 일어나 몸을 굽혀 얼굴을 땅에 대고 이르되 내 주의 여종은 내 주의 전령들의 발 씻길 종이니이다 하고 급히 일어나서 나귀를 타고 그를 뒤따르는 처녀 다섯과 함께 다윗의 전령들을 따라가서 다윗의 아내가 되니라"(41,42절).

아비가일이 얼마나 감격했으면 몸을 굽혀 큰 절을 하였겠는가? 자신의 비천함을 고백하고 급히 일어나 다윗의 명령에 순종하였다. 아비가일이 다윗 왕의 신부가 된 것은 하나님의 놀라운 은총이다.

우리가 예수님을 신랑으로 모시게 되었는데, 우리가 과연 그리스도의 신부가 될 자격이 있는 자들인가? 범죄하여 하나님과 원수가 될 뻔하지 않았는가. 죄로 인하여 하나님의 진노를 받을 수밖에 없었던 우리가 주님의 은혜로 그리스도의 신부가 된 것이 아닌가?

> "전에는 우리도 다 그 가운데서 우리 육체의 욕심을 따라 지내며 육체와 마음의 원하는 것을 하여 다른 이들과 같이 본질상 진노의 자녀이었더니 긍휼이 풍성하신 하나님이 우리를 사랑하신 그 큰 사랑을 인하여 허물로 죽은 우리를 그리스도와 함께 살리셨고 너희는 은혜로 구원을 받은 것이라"(엡2:3-5).

죄의 속박에서 벗어남

나발은 악의 상징이다. 그는 왕이 될 다윗을 모욕하였고 대단히 교만

하였다. 사실 그는 아내 아비가일에게나 그의 하인들에게 인정받지 못한 불량한 인물이었다(삼상25:17,25,26).

아비가일이 나발과 한 집에서 살았던 것처럼, 신자인 우리가 전에는 세상의 종이었고 마귀의 종이었다. 죄와 더불어 살았고 그 죄의 속박에서 벗어나지 못했다. 그러나 신랑 되신 예수 그리스도를 만남으로 말미암아 죄의 속박에서 해방되었고 마귀의 종에서 벗어났다. 어둠의 권세가 더 이상 우리를 얽어맬 수 없게 되었다.

아비가일은 다윗의 진노로부터 자신뿐만 아니라 집안 모든 사람들을 살렸다. 아비가일이 다윗과 결혼함으로 아비가일에게 소속되었던 식구들과 하인들은 자연스럽게 다윗의 추종자가 되었을 것이다. 우리는 신랑 되신 예수님 때문에 집안 모든 식구들을 구원에 이르도록 인도할 수 있게 되었다.

"주 예수를 믿으라 그리하면 너와 네 집이 구원을 받으리라"(행16:31).

다윗의 원수로 살해될 뻔했던 아비가일이 다윗 왕의 신부가 된 것은 참으로 놀라운 하나님의 은혜다. 다윗에게는 사울의 딸 '미갈'이 첫 부인이다. 그러나 미갈은 사울이 다윗을 죽일 계책을 내다가 어쩔 수 없이 정략적으로 준 아내였다. 진정으로 다윗이 원해서 취한 아내는 '아비가일'이다.

우리는 영적으로 신랑 예수 그리스도의 사랑을 입은 신부이다. 영원히 하나님의 원수로 지옥 갈 뻔했다가 예수님을 믿음으로 그리스도의 사랑을 받는 신부가 되었다. 우리는 지금도, 그리고 영원까지 주님의 사랑을 받는 축복의 사람이 되었다.

성경은 예수 그리스도를 신랑으로, 신자를 신부로 묘사하고 있다. 아 4:7-12에서는 아무도 알아주지 않는 시골 처녀 '술람미'를 신부로 삼은 솔로몬 왕의 사랑의 노래가 나온다. 거기서 그는 신부의 아름다움에 반하여 사랑스러운 신부를 칭송하고 있다.

신약 성경에도 신자들이 신랑을 기다리는 처녀로 비유되고 있고(마 25:1-13), 엡5:22-28에서도 그리스도가 교회를 사랑하는 것은 신랑이 신부를 사랑하는 것과 같다고 말씀하고 있다. 계시록에서는 어린 양의 아내, 곧 그리스도의 신부가 되면 천국의 새 예루살렘에 들어가게 될 것을 말씀하고 있다.

> "....이리 오라 내가 신부 곧 어린 양의 아내를 네게 보이리라. 성령으로 나를 데리고 크고 높은 산으로 올라가 하나님께로부터 하늘에서 내려오는 거룩한 성 예루살렘을 보이니"(계21:9,10).

전리품을 획득한 그리스도

삼상 30:18-20

18다윗이 아말렉 사람들이 빼앗아 갔던 모든 것을 도로 찾고 그의 두 아내를 구원하였고 19그들이 약탈하였던 것 곧 무리의 자녀들이나 빼앗겼던 것은 크고 작은 것을 막론하고 아무것도 잃은 것이 없이 모두 다윗이 도로 찾아왔고 20다윗이 또 양 떼와 소 떼를 다 되찾았더니 무리가 그 가축들을 앞에 몰고 가며 이르되 이는 다윗의 전리품이라 하였더라

영적 전투의 대장

성도는 세상의 악과 싸워서 이겨야 한다. 악한 영과 세상의 죄악과 유혹은 영적인 전투의 대상이며 우리의 원수이다. 물론 우리는 영적으로 연약하기 때문에 그 악한 것들과 싸워서 충분히 이길 수 없다. 사탄은 우리보다 강한 영적 존재이다. 그러므로 우리는 예수 그리스도를 우리의 대장으로 모셔야 한다. 영적 전투에서 살아남기 위해서는 반드시 예수님의 도우심이 있어야 한다.

사무엘상 30장에는 다윗이 아말렉 사람들에게서 다윗 군사들의 가족을 구출해 내고 전리품을 획득하는 사건이 기록되어 있다. 다윗이 아직 이스라엘의 왕이 되지 못하였을 때, 사울의 적개심으로 인하여 이방 블레셋에서 생활하고 있었다. 블레셋의 왕 '아기스'의 신임을 얻고 '시글락'에서 그를 추종하던 자들과 함께 생활하였다.

블레셋과 이스라엘의 전투에 아기스를 돕기 위하여 출전했다가 방백들의 반대에 부딪쳐서 다시 그들의 가족들이 있는 시글락으로 돌아왔다. 그런데 이 어찌된 일인가? 그들의 동네가 불에 타고 잔해더미에서 연기가 피어오르고 있었다. 남자들이 출정한 후에 아말렉 사람들이 침략하여 아내들과 자녀들과 가축들을 다 끌고 갔던 것이다.

"다윗과 그의 사람들이 성읍에 이르러 본즉 성읍이 불탔고 자기들의 아내와 자녀들이 사로잡혔는지라. 다윗과 그와 함께 한 백성이 울기력이 없도록 소리를 높여 울었더라"(삼상30:3,4).

다윗과 그와 함께한 백성들은 울 기력이 없도록 소리를 높여 울었다. 얼마나 참담한 상황인가? 좀처럼 눈물을 보이지 않을 듯한 남자들이 사랑하는 가족들을 일시에 잃고 땅을 치면서 목놓아 울었던 것이다. 얼마나 절망적이고 답답했으면 그랬겠는가? 그러나 칼을 들고 맞붙어 싸운 것이 아니므로 포로로 잡혀간 가족들의 목숨은 그대로 살아 있을 가능성이 컸다.

그러나 가족을 잃은 사람들은 눈에 보이는 것이 없었다. "다윗을 돌로 쳐 죽이자!"라고 누군가 소리쳤다. 모든 책임이 다윗에게로 돌려지고, 그를 향하여 분노가 치솟았다. 자기들을 행복하게 보호해 줄 지도자라고 생각했는데, 가족을 다 잃어버리고 나니 자기들 가족을 보호해 주지 못한 다윗이 미웠던 것이다.

매서운 눈초리로 바라보는 수백 명의 백성들 가운데서 다윗은 얼마나 끔찍한 고독을 견뎌내야만 했을까? 그는 죽음과 다를 바 없는 위기와 고통을 맛보았을 것이다. 하나님께 기도하였을 때, 여호와를 힘입고 다시 용기를 얻었다.

> "백성들이 자녀들 때문에 마음이 슬퍼서 다윗을 돌로 치자 하니 다윗이 크게 다급하였으나 그의 하나님 여호와를 힘입고 용기를 얻었더라"(삼상30:6).

우리는 어떠한 역경과 황당한 상황에서도 용기와 희망을 잃어서는 안 된다. 하나님이 함께 하시면 놀라운 해법이 있다. 이스라엘 백성들이 앞에는 홍해가 가로막히고 뒤에는 애굽의 군대가 추격할 때에 그들은 절망하고 두려워떨었지만, 하나님은 상상하지도 못했던 길을 열어 주지 않았던가? 누가 깊은 바다에 마른 길이 있을 줄 알았는가? 그러나 하나님은 모세의 기도를 들으시고 바다가 갈라져 길을 열게 하셨다.

적의 패잔병

다윗은 여호와께 "내가 이 군대를 추격하면 따라잡겠나이까?"하고 물었다. 하나님은 그에게 아말렉 군대를 반드시 따라 잡을 것이고 빼앗겼던 자들을 다 찾을 것이라고 말씀하셨다(8절). 따르는 군사 육백 명 중에서 브솔 시내를 건널 기력이 없는 이백 명을 남겨놓고 사백 명만 데리고 아말렉을 추격했다. 도중에 병든 아말렉 패잔병 하나를 만났다. 하나님은 바로 이 적의 병사를 통하여 정보를 알게 하시고 다윗의 군사들이 승리하게 하셨다.

실패를 성공으로, 절망을 희망으로 바꾸는 것은 작은 실마리에서 시작된다. 하나님께서 역전의 기회를 주신다. 기도하면서 사소한 것에도 하나님이 하시는 일에 관심을 기울이고 집중해야 한다.

다윗은 우선 그 패잔병을 불쌍히 여겨 떡과 무화과와 건포도를 주어 기력을 회복하게 하였다. 병든 적의 패잔병이라 죽여버리거나 그대로 지나칠 수도 있었을 것이다. 그러나 다윗은 그 청년을 돌보고 그로 말미암아 아말렉 군대가 주둔해 있을 장소의 정보를 알아냈다.

아말렉 군대는 탈취한 것으로 먹고 마시며 춤추고 있었다. 다윗의 부하들은 매복해 있다가 새벽에 공격을 감행했다. 이튿날 저물 때까지 아말렉을 쳤다. 도망자들 외에 이스라엘의 칼에 피한 자가 없었다(삼상 30:17).

> "다윗이 아말렉 사람들이 빼앗아 갔던 모든 것을 도로 찾고 그의 두 아내를 구원하였고 그들이 약탈하였던 것 곧 무리의 자녀들이나 빼앗겼던 것은 크고 작은 것을 막론하고 아무 것도 잃은 것이 없이 모두 다윗이 도로 찾아왔고, 다윗이 또 양 떼와 소 떼를 다 되찾았더니 무리가 그 가축들을 앞에 몰고 가며 이르되 이는 다윗의 전리품이라 하였더라"(삼상30:18-20).

포로된 자들은 물론이고 그들이 강탈해 갔던 모든 것을 되찾고 오히려 많은 전리품까지 획득하게 되었다. 따르던 무리들은 도로 찾은 것들과 전리품을 보고 "이는 다 다윗의 전리품이다!"고 소리쳤다. 며칠 전에는 다윗을 돌로 쳐서 죽여야 한다고 하던 자들이 이제는 다윗의 승리를 자랑했다.

사탄을 이기신 예수님

'아말렉'은 영적 의미에서 우리의 영혼을 도둑질해 가는 사탄의 세력이다. 그리고 그 세력으로부터 우리의 영혼을 구원해 낸 다윗은 그리스도의 모습이다. 강한 자가 탈취해 간 모든 것을 되찾아 줄 수 있는 분은 오직 예수님밖에 없다.

예수님은 잃어버린 영혼을 사탄의 세력으로부터 되찾아 오신다. 절망적인 상황에서도 하나님께 기도하여 가족을 되찾았던 다윗처럼, 예수님은 지옥 갈 수밖에 없는 영혼들을 사탄의 강한 세력을 무찌르고 구원해 내신 것이다.

"그러므로 내가 그에게 존귀한 자와 함께 몫을 받게 하며 강한 자와 함께 탈취한 것을 나누게 하리니 이는 그가 자기 영혼을 버려 사망에 이르게 하며 범죄자 중 하나로 헤아림을 받았음이니라"(사53:12).

영적 싸움에서 온 인류의 영혼을 건져내기 위하여 예수님은 홀로 고독한 투쟁을 하셨다. 제자들이 잠든 어두운 겟세마네 동산에서 피와 눈물이 섞인 간절한 기도를 하셨다. 십자가의 공포를 미리 느끼시면서 홀로 영적 싸움을 하셨다. 유대인들은 "십자가에 못 박으라!"고 고함을 질러댔다. 군인들이 비웃고 희롱했으며 심지어 십자가에 달린 강도까지 비웃었다. 예수님은 홀로 십자가의 고통을 당하셨다.

다윗은 백성들이 돌로 치려고 했을 때 몹시 군급했다. 적을 추격하다 브솔 시내에 당도해서는 이백 명의 군사들이 지쳐서 다윗을 따르지 않았다. 다윗은 남은 군사 사백 명을 인솔했지만, 그들마저도 다윗이 자기들 가족을 찾아내어 구출해 내지 않으면 가만히 있지 않을 것이다. 정말 다윗을 죽이려고 달려들지 모른다. 그런 상황에서 다윗은 고독한 전투를 했던 것이다.

　다윗은 적은 수의 군사로 강한 아말렉 군대를 쳐서 이겼다. 그는 아말렉을 쳐부수고 자기가 책임진 사랑하는 백성들의 가족을 구원해 내었다. 다윗이 강한 자의 세력을 파하고 들어가서 그들의 손에 있는 것을 빼앗아 나온 것처럼, 예수님이 사탄의 권세를 짓밟고 믿음의 자녀들을 건져내었다.

　땅을 치고 통곡하던 다윗의 부하들은 그의 승리를 목격하고 "이것은 다 다윗의 전리품이라"고 다윗을 높이고 칭송했다(20절).

　구원받은 우리는 예수님의 전리품이다. 그리스도는 목숨을 걸고 싸워 사탄의 세력으로부터 우리를 건져내셨다. 악한 세력들이 빼앗아 간 것을 모두 다시 되찾으셨다.

다윗과 므비보셋

삼하 9:6-8

6사울의 손자 요나단의 아들 므비보셋이 다윗에게 나아와 그 앞에 엎드려 절하매 다윗이 이르되 므비보셋이여 하니 그가 이르기를 보소서 당신의 종이니이다 7다윗이 그에게 이르되 무서워하지 말라 내가 반드시 네 아버지 요나단으로 말미암아 네게 은총을 베풀리라 내가 네 할아버지 사울의 모든 밭을 다 네게 도로 주겠고 또 너는 항상 내 상에서 떡을 먹을지니라 하니 8그가 절하여 이르되 이 종이 무엇이기에 왕께서 죽은 개 같은 나를 돌아보시나이까 하니라

왕의 은총을 입은 므비보셋

우리는 심판받아 마땅한 죄인들이었지만 하나님의 은혜로 구원을 받았다. 예수 그리스도의 희생적인 십자가의 사랑으로 구원과 복을 받았다. 본문에 등장하는 요나단의 아들 '므비보셋'은 불쌍하고 불행한 상태에 있었지만 다윗 왕의 은총을 입고 목숨을 보장받았을 뿐만 아니라 과거의 집안 토지도 되돌려 받았다.

"다윗이 이르되 사울의 집에 아직도 남은 사람이 있느냐? 내가 요나
단으로 말미암아 그 사람에게 은총을 베풀리라"(1절).

다윗은 친구 요나단과 함께 약속한 것이 있었다. 장차 다윗의 대적들이 다 끊어진 후에 요나단의 집안에 인자함을 베풀겠다고 했다. 만약

다윗이 왕이 되면 요나단의 집안을 지켜 줄 것이라는 맹세였다.

> "여호와께서 너 다윗의 대적들을 지면에서 다 끊어 버리신 때에도 너는 네 인자함을 내 집에서 영원히 끊어 버리지 말라 하고, 이에 요나단이 다윗의 집과 언약하기를 여호와께서는 다윗의 대적들을 치실지어다 하니라. 다윗에 대한 요나단의 사랑이 그를 다시 맹세하게 하였으니 이는 자기 생명을 사랑함 같이 그를 사랑함이었더라"(삼상 20:15-17).

다윗은 사울 왕의 사위가 되었지만 사울 왕의 시기로 죽음의 위기에 몰렸다. 사울은 그를 원수처럼 미워했다. 다윗은 장인 사울은 잃었지만, 그의 아들 요나단은 얻었다. 요나단이 다윗을 자기 생명처럼 사랑하였기 때문에 죽음의 위험에서 벗어날 수 있었다. 왕의 후계자였던 요나단이 다윗을 사랑했던 것은 하나님의 은혜였다. 요나단은 다윗과 정적이 될 수도 있었지만 오히려 자기의 생명처럼 사랑하고 보호해 주었다. 다윗은 친구 요나단의 사랑을 잊지 않았고, 그가 전사한 후에 그 집안에 남은 자손을 찾았다. 요나단에게 은혜를 갚기 위해서였다.

왕이 된 다윗은 요나단의 아들 '므비보셋'에게 은총을 베풀게 된다. '므비보셋'이란 이름은 '부끄러운 추방자'란 뜻을 가지고 있다. 왕자에게 어떻게 그런 이름을 붙였는지 모르지만, 장차 그에게 닥칠 불행한 처지가 예언된 이름인 것 같다. 대상8:34에는 '므립바알'이라고 명기하고 있는데, 그 뜻은 '바알은 대변자이다'란 것이다. 므비보셋이 5살이 되었을 때 사울과 요나단이 블레셋 전투에서 전사하게 되었다. 그 비보를 듣고 아이를 죽일까봐 유모가 므비보셋을 안고 급히 도망을 치다가 아이를 떨어뜨렸고(삼하4:4). 두 발을 다쳐 양쪽 다리를 다 절게 되었다

(13절). 불쌍한 아이는 요단강 동편 '로드발'의 '마길'의 집에서 숨어 살았다. 망한 왕가의 자식이었으므로 숨을 죽이고 살았을 것이다. 거기다가 장애인이었으니 그 형편과 처지가 오죽했겠는가? 그런데 어느 날 왕이 그를 불러 아들처럼 대해 준 것이었다.

이것은 마치 우리 예수님이 죽을 수밖에 없는 불쌍한 우리를 구원해 주신 것이나 비슷하다. 므비보셋은 다윗의 정치적인 걸림돌이 될 수도 있었다. 왕위를 굳건히 하기 위하여 사울 집안의 왕족들을 남겨 둘 필요가 없었다. 므비보셋이 다윗 왕 앞에 나왔을 때 그는 내심 두려워하였다. 왕이 자기를 죽이려고 부른 것이 아닌가 하고 두려움에 떨었다. 그래서 왕은 "무서워하지 말라"고 안심을 시켰다.

> "다윗이 그에게 이르되 무서워하지 말라 내가 반드시 네 아버지 요나단으로 말미암아 네게 은총을 베풀리라 내가 네 할아버지 사울의 모든 밭을 다 네게 도로 주겠고 또 너는 항상 내 상에서 떡을 먹을지니라 하니 그가 절하여 이르되 이 종이 무엇이기에 왕께서 죽은 개 같은 나를 돌아보시나이까 하니라"(7,8절).

참으로 므비보셋의 인생은 불행하고 참담할 뻔했다. 어린 나이에 두 발에 장애를 입어 혼자서 마음대로 다니는 것조차 부자연스러웠다(3절). 거기다가 멸망한 왕족으로 목숨을 부지하기도 어려웠다. 그런데 어느 날 다윗 왕이 므비보셋을 찾아 은혜를 베푼 것이었다. 그의 할아버지 소유였던 토지도 되돌려 주었다.

우리도 므비보셋과 같이 죄로 인하여 망할 수밖에 없는 자들이었다. 범죄로 인하여 지옥에 던져질 수밖에 없었던 처참한 운명의 사람들이었다. 구원받을 만한 아무런 건더기도 없었던 자들이었다. 예수 그리스도의 전적인 은혜로 우리는 구원을 받았다.

"그는 허물과 죄로 죽었던 너희를 살리셨도다 …. 전에는 우리도 다 그 가운데서 우리 육체의 욕심을 따라 지내며 육체와 마음의 원하는 것을 하여 다른 이들과 같이 본질상 진노의 자녀이었더니 긍휼이 풍성하신 하나님이 우리를 사랑하신 그 큰 사랑을 인하여 허물로 죽은 우리를 그리스도와 함께 살리셨고 너희는 은혜로 구원을 받은 것이라"(엡2:1-5).

므비보셋의 삶은 불행했지만 왕의 은총으로 살아났다. 그는 자기를 왕의 종으로 고백하였고, 자기의 처지를 '죽은 개'라고 표현했다. 아무런 힘이나 세력이 없는 비참한 처지를 말하는 것이다.

우리가 주님의 은총을 받기 위하여 우리는 죄와 허물을 고백해야 한다. 우리가 얼마나 형편없는 인간인지 철저하게 통회자복해야 한다. 겸손하게 낮아질 때에 예수 그리스도의 은혜를 입을 수 있다.

므비보셋을 왕자로 대우하다

불쌍한 '므비보셋'은 왕의 은총을 입어 왕자와 같은 대우를 받았다. 멀리 요단강 동쪽 '로드발'에서 숨어 살았는데, 성전과 궁전이 있는 예루살렘으로 와서 떳떳하게 살게 되었다. 그리고 항상 왕의 식탁에서 함께 먹었으니 왕자가 된 것과 다를 바가 없었다(13절).

"……므비보셋은 왕자 중 하나처럼 왕의 상에서 먹으니라"(11절).

사실 다윗 왕은 친구 요나단의 사랑을 기억하고 므비보셋을 아들처럼 생각했을 것이다. 어디 먹는 것 뿐이겠는가. 사울 왕이 소유했던 토지를 다 그에게 되돌려주었다. 그리고 전에 종으로 있었던 '시바'의 식구들을 다 므비보셋의 종으로 주었다. 시바에게는 아들이 15명이었고 종이 20명이나 되었다. 사울 왕의 종으로 있던 그는 상당한 재력을 가지게 되었다. 므비보셋은 시바가 소유한 모든 것을 차지하게 되었고 그를 다시 다스리게 되었으니 과거의 영화를 다시 찾은 것이나 다를 바 없었다. 물론 시바는 대단히 못마땅했을 것이나 왕의 명령을 거역할 수 없었다.

우리가 그리스도의 은총을 입게 되면 놀라운 은혜와 복을 입게 된다. 우선 죄 사함을 받고 하나님의 거룩한 자녀가 된다.

"영접하는 자 곧 그 이름을 믿는 자들에게는 하나님의 자녀가 되는 권세를 주셨으니"(요1:12).

다윗 왕이 므비보셋을 왕자처럼 대우했던 것처럼 우리는 만왕의 왕이신 하나님의 자녀가 되었다. 왕이 므비보셋을 항상 자기의 식탁에서 왕자들과 함께 음식을 먹게 한 것처럼, 우리는 하나님의 말씀을 영적으로 먹으며 복을 받게 되었다. 주님과 친밀한 관계를 지속하게 된 것이다.

우리를 끝까지 버리지 않으신 그리스도

나중에 다윗 왕이 압살롬의 반란으로 예루살렘을 떠나게 되었을 때에 '시바'는 므비보셋을 따돌리고 그가 반역을 꾀한다고 모함을 하였다. 다윗은 교활한 시바에게 속아 므비보셋의 모든 재산을 그의 종인 시바에게 주었다(16:1-4). 다윗은 일시적으로 므비보셋을 오해하여 버리는 것 같았다. 그러나 압살롬 반란이 수습되고 왕이 다시 예루살렘으로 귀향하였을 때 므비보셋이 시바의 악행에 대하여 고하고 자기의 입장을 변명하였다.

> "대답하되 내 주 왕이여 왕의 종인 나는 다리를 절므로 내 나귀에 안장을 지워 그 위에 타고 왕과 함께 가려 하였더니 내 종이 나를 속이고 종인 나를 내 주 왕께 모함하였나이다"(삼하19:26,27).

우리 심령의 적은 항상 곁에 있다. 속으로 불만을 품고 있던 시바는 왕의 세력이 약해진 틈을 타서 주인인 므비보셋을 모함하고 그의 재산을 다 가로챘다. 오랜 시절 동안 사울 집안의 종으로 이득을 챙긴 그가 이제 그 주인인 므비보셋을 무시하고 모함했다. 그와 같이 우리가 주님의 은총과 복을 누릴 때 원수 사탄은 우리를 시험에 빠지게 하고 범죄하게 만든다. 우리가 잘 될 때 일수록 시험에 빠지지 않도록 더욱 조심해야 한다.

다윗 왕은 시바에게 속아서 므비보셋을 버릴 뻔했다. 그러나 므비보셋의 변명을 듣고 시바에게 주었던 재산을 다시 반분하도록 명령하였다(삼하19:29). 므비보셋에게 문제가 있었으나 끝까지 그를 보호해 주고 버리지 않았다.

그 후에 삼하 21장에 가면 3년 거듭되는 극심한 기근에 다윗이 하나님께 도움의 기도를 드렸더니, 사울이 기브온 사람들을 억울하게 죽인 까닭이라고 말씀하셨다(삼하21:1-6). 원한이 맺힌 기브온 사람들에게 속죄의 방법을 물었더니 사울의 자손 일곱을 목 매어 달게 해 달라고 하였다. 왕은 그들의 요구대로 사울의 다른 두 아들과 다섯 손자를 기브온 사람들에게 넘겨주어 목 매달아 죽게 하였다(삼하21:8,9). 그 때에도 요나단의 아들 므비보셋의 생명을 아껴 그들에게 넘겨주지 않았다.

> "그러나 다윗과 사울의 아들 요나단 사이에 서로 여호와를 두고 맹세한 것이 있으므로 왕이 사울의 손자 요나단의 아들 므비보셋은 아끼고"(삼하21:7).

왕은 끝까지 므비보셋의 생명을 아끼고 사랑했다. 약속에 신실하신 그리스도는 우리의 생명을 끝까지 아끼고 사랑하실 것이다. 한 번 선택하여 구원한 자는 변함없이 끝까지 사랑하시고 구원해 주실 것이다.

배신당한 그리스도

삼하 15:10-12

10이에 압살롬이 정탐을 이스라엘 모든 지파 가운데에 두루 보내 이르기를 너희는 나팔 소리를 듣거든 곧 말하기를 압살롬이 헤브론에서 왕이 되었다 하라 하니라 11그 때 청함을 받은 이백 명이 압살롬과 함께 예루살렘에서부터 헤브론으로 내려갔으니 그들은 압살롬이 꾸민 그 모든 일을 알지 못하고 그저 따라가기만 한 사람들이라 12제사 드릴 때에 압살롬이 사람을 보내 다윗의 모사 길로 사람 아히도벨을 그의 성읍 길로에서 청하여 온지라 반역하는 일이 커가매 압살롬에게로 돌아오는 백성이 많아지니라

아들에게 배신당한 다윗

우리가 살아가면서 가족이나 친척이나 동료에게 배반을 당했다면 얼마나 가슴이 아프겠는가? 예수 그리스도는 우리의 죄를 대신하여 십자가를 지실 때, 동족 유대인에게 배신을 당하였고, 제자였던 가룟유다에게 배신을 당하셨다. 그리고 베드로는 자기의 스승이신 예수님을 세 번이나 모른다고 부인하였다. 그런 심적인 고통을 당하시면서 십자가를 지게 되셨다. 배신당하신 그리스도의 한 표상이 다윗 왕의 삶 속에도 있었다.

다윗 왕은 아들 압살롬의 반역으로 예루살렘에서 피신하게 되었다(삼하15:14). 왕의 수행자들이 울면서 기드론 골짜기를 건너 유다 광야

길로 내려갔다. 피난민들의 분위기는 매우 침통했다. 다윗은 머리를 가리고 맨발로 울면서 걸었다. 수행자들도 각각 자기의 머리를 가리고 울면서 갔다(삼하15:30). 극한 슬픔과 고뇌의 표시였다(렘14:3,4, 에6:12).

배반당한 다윗의 심적 고통과 슬픔에서 그리스도의 고통과 고뇌를 엿볼 수 있다. 다윗의 피난 행렬은 감람산을 넘어 갔다. 이 길은 1000여 년 후에 예수님께서 감람산의 겟세마네 동산에서 피땀의 기도를 드리신 곳이다.

> "다윗이 감람산 길로 올라갈 때에 그의 머리를 그가 가리고 맨발로 울며 가고 그와 함께 가는 모든 백성들도 각각 자기의 머리를 가리고 울며 올라가니라"(삼하15:30).

예수님은 십자가를 지시기 전날에 제자들과 함께 감람산에 올라가셔서 피땀을 흘리시며 기도하셨다.

> "아버지여 만일 아버지의 뜻이거든 이 잔을 내게서 옮기시옵소서. 그러나 내 원대로 마시옵고 아버지의 원대로 되기를 원하나이다 하시니 천사가 하늘로부터 예수께 나타나 힘을 더하더라. 예수께서 힘쓰고 애써 더욱 간절히 기도하시니 땀이 땅에 떨어지는 핏방울 같이 되더라"(눅22:42-44).

주님은 십자가 지는 것이 하나님의 뜻이라면 그 고난의 잔을 마시겠다는 각오로 온 정성을 쏟아 기도하셨다. 물론 다윗의 울음은 예수님과는 다르다. 주님은 인류의 죄를 대신하는 고통이었지만, 다윗은 자신의 죄로 인한 압살롬과 대적들로 인한 고통의 눈물이었다. 그러나 그는 자신의 생명과 나라의 안위를 하나님의 뜻에 맡기고 고난과 슬픔 속에서 눈물을 흘렸다. 그가 하나님께 부끄러워 머리를 가리고 울면서 갈 때에 함께 가는 신하들도 각자 자기의 머리를 가리고 울면서 갔다.

예수님이 십자가를 지고 갈보리 언덕 길을 올라갈 때에 함께 따라가던 경건한 여인들은 울면서 따라갔다.

"또 백성과 및 그를 위하여 가슴을 치며 슬피 우는 여자의 큰 무리가 따라오는지라"(눅23:27).

다윗과 그리스도의 배신자들

압살롬은 왕이 누구보다 아끼고 사랑하는 아들이었다. 그러나 그 아들은 아버지의 왕권을 탐내어 반역을 저질렀다. 예수님을 배반한 자도 가장 가까이 있었던 제자 중 하나인 '가룟유다'였다. 그는 돈의 탐심에 빠져 예수님을 은 30개에 팔았다.

왕을 배신한 자들은 또 있었다. 왕의 모사였던 '아히도벨'은 다윗의 신하였으나 이제 압살롬의 지지자가 되었다(삼하15:12). 그가 압살롬을 도우므로 반역하는 일은 커지고 백성들은 압살롬에게 더 많이 모이기 시작했다.

압살롬의 반란을 기회로 '므비보셋'의 종이었던 '시바'가 왕을 만나 왕과 수행자들을 위하여 떡과 건포도를 비롯한 먹을거리를 제공했다(삼하16:1-4). 물론 전에 있었던 다윗의 선처에 대한 감사의 표시기는 하지만, 그는 은근히 압살롬을 지지했을 것이다. 압살롬이 왕이 되면 그는 므비보셋의 종에서 해방될 수도 있었다. 그래서 '시바'는 므비보셋에게 누명을 씌운다. 므비보셋이 다윗 왕에게 나타나지 않은 것은 그가 이 반란의 기회에 사울의 왕권을 다시 되찾으려 한다고 했다. 왕은 그를 괘씸하게 생각하고, 므비보셋의 재산을 시바가 다 가지도록 명령했다.

시바는 왕을 돕는 것처럼 했지만, 실상은 자기의 유익을 위하여 거짓말을 하고 므비보셋을 반역자로 몰았다. 결과적으로 볼 때 '시바'는 다윗의 지지자라고 볼 수 없다. 혼란한 틈을 타서 자기의 유익을 챙기기 위하여 왕을 속인 자이다.

또 한 사람의 배신자가 나오는데 그는 사울의 친족 '시므이'다. 그는 왕과 수행하는 신하들에게 돌을 던지며 저주하였다(삼하16:5-13). 그는 왕에게 원한을 품고 있었던 것 같다. 심적 고통을 당하면서 피난하는 다윗을 향하여 저주를 퍼부어 더 큰 마음의 상처와 고통을 입혔다. '시바'나 '시므이'는 둘 다 사울 왕과 관련이 있는 인물들이다. 그들은 압살롬의 반역에 대하여 오히려 압살롬을 지지하는 쪽에 서 있었다고 볼 수 있다.

배신을 사랑으로 바꾸신 그리스도

예수님이 빌라도의 재판정에서 곤경에 처했을 때, 군중들은 돌변하여 "예수를 십자가에 못 박아라!"고 소리질렀다. 대부분의 종교지도자들은 예수님을 시기하고 증오하였으며, 군중들까지 폭도로 변하여 소리를 질렀고, 가룟유다는 예수님을 배반하였다.

> "말씀하실 때에 한 무리가 오는데 열둘 중의 하나인 유다라 하는 자가 그들을 앞장서 와서 예수께 입을 맞추려고 가까이 하는지라 예수께서 이르시되 유다야 네가 입맞춤으로 인자를 파느냐 하시니"(눅 22:47,48).

예수님이 체포되시자 어떤 위험한 상황에서도 예수님을 보호하겠다던 제자들은 겁이 나서 다 도망을 쳤다(마26:56). 자신이 예수님과 함께 죽을지언정 주님을 부인하지 않겠다고 장담하던 베드로마저 예수님을 세 차례나 모른다고 부인하였다(마26:35, 막14:67-72, 눅22:34).

만약 우리가 예수님이 체포되신 겟세마네 동산에 있었더라면 어떻게 하였을까? 아마 우리라도 십자가 지는 것이 두려워서 주님을 버리고 도망쳤을 것이다. 주님은 죄인들을 위하여 십자가 지기를 각오하셨는데, 사람들은 주님을 배반하고 그에게 모든 죄의 책임을 전가시켰다.

> "우리는 다 양 같아서 그릇 행하여 각기 제 길로 갔거늘 여호와께서는 우리 모두의 죄악을 그에게 담당시키셨도다. 그가 곤욕을 당하여 괴로울 때에도 그의 입을 열지 아니하였음이여 마치 도수장으로 끌려가는 어린 양과 털 깎는 자 앞에서 잠잠한 양 같이 그의 입을 열지 아니하였도다"(사53:6,7).

제자들과 유대인들은 예수님을 배반하고 마음의 고통을 주었지만, 그리스도는 그 모든 고통을 다 품으시고 그들과 온 인류를 위하여 십자가를 지셨다. 그리스도의 그 놀라운 사랑이 우리를 죄로부터 구원해주셨다. 은총을 입은 인간은 하나님을 배반하여 범죄하였고 그리스도를 배신하여 십자가에 못 박혀 죽게 하였지만, 그리스도는 인간을 불쌍히 여기시고 그들의 배신을 사랑으로 품어주셨다.

혹시 우리도 누구에게 배신과 속임을 당했다면, 그리스도의 마음으로 그들의 영혼을 불쌍히 여기고 기도할 수 있어야 할 것이다.

시체 위에 엎드린 엘리야

왕상 17:17-22

17이 일 후에 그 집 주인 되는 여인의 아들이 병들어 증세가 심히 위중하다가 숨이 끊어진지라 18여인이 엘리야에게 이르되 하나님의 사람이여 당신이 나와 더불어 무슨 상관이 있기로 내 죄를 생각나게 하고 또 내 아들을 죽게 하려고 내게 오셨나이까 19엘리야가 그에게 그의 아들을 달라 하여 그를 그 여인의 품에서 받아 안고 자기가 거처하는 다락에 올라가서 자기 침상에 누이고 20여호와께 부르짖어 이르되 내 하나님 여호와여 주께서 또 내가 우거하는 집 과부에게 재앙을 내리사 그 아들이 죽게 하셨나이까 하고 21그 아이 위에 몸을 세 번 펴서 엎드리고 여호와께 부르짖어 이르되 내 하나님 여호와여 원하건대 이 아이의 혼으로 그의 몸에 돌아오게 하옵소서 하니 22여호와께서 엘리야의 소리를 들으시므로 그 아이의 혼이 몸으로 돌아오고 살아난지라

죽은 자를 살리신 그리스도

예수님은 죽은 자를 살리시는 부활의 주님이시다. 우리가 범죄하여 영원히 지옥에 떨어질 수밖에 없었지만, 대속의 그리스도를 믿게 하여 우리를 살리셨다. 죽은 자를 살리신 그리스도의 그림자가 구약에 가끔씩 나타나 있는데, 그 중에 선지자 엘리야와 그의 제자 엘리사의 기적이 있다. 그들은 하나님께 기도하여 죽은 아이를 살렸다(왕상17:20-22, 왕하4:32-35).

죽은 자를 살릴 수 있는 분은 오직 하나님뿐이시다. 구약에 죽은 자가 살아난 기적이 몇 번 있고, 신약에서도 예수님께서 죽은 나사로를

비롯하여 회당장 '야이로'의 죽은 딸과 장례를 치루는 한 과부의 젊은 아들을 살리는 기사들이 있다. 이런 기적은 인간으로서는 불가능한 일이다. 구약의 죽은 자가 살아난 기적들은 장차 오실 그리스도는 죽은 자를 살리시는 분임을 미리 예표한 것이며, 예수 그리스도가 십자가에 죽었다가 부활하실 것을 보여주는 모형이라 할 것이다.

죽은 영혼을 구원하시기 위하여 주님은 범죄한 인간이 받아야 할 저주와 형벌의 상징인 십자가 위에 못 박히셨다. 저주 받은 영혼과 동일시 함으로 그리스도는 자기 백성을 대신하여 고통을 받으시고 함께 죽으셨다. 또 주님이 부활하실 때 그 죽은 자들을 함께 살리신 것이다.

"만일 우리가 그리스도와 함께 죽었으면 또한 그와 함께 살 줄을 믿노니"(롬6:8).

시체와 하나가 된 엘리야

엘리야 선지자는 3년 6개월 동안 가뭄이 극심할 때, 시돈 땅 사르밧에 사는 한 과부의 집에서 숙식을 해결하였다. 비가 지면에 내리는 날까지 하나님의 은혜로 가루통에 계속 하여 밀가루를 주시고, 병에 기름이 마르지 않게 하셨다(왕상17:14). 그런데 그 집에 우환이 생겼다. 여주인의 아들이 병이 들어 위중하다가 그만 숨을 거두고 말았다. 이 사건으로 인하여 그 과부는 인간적인 절망뿐 아니라 하나님을 향한 영적 절망을 경험한다.

"여인이 엘리야에게 이르되 하나님의 사람이여 당신이 나와 더불어

무슨 상관이 있기로 내 죄를 생각나게 하고 또 내 아들을 죽게 하려
고 내게 오셨나이까"(왕상17:18).

그 과부는 마치 엘리야 선지자에게 원망하듯이 "내 아들을 죽게 하려
고 오셨나이까"라고 말했다. 사실 엘리야 선지자가 그들의 집을 방문하
지 않았더라면 그 모자는 굶주려 죽었을 것이다. 하나님께서 선지자를
그들의 집에 보내신 것은 그들을 살리기 위함이었다. 그러나 그 과부는
막상 자기 생명처럼 아끼고 사랑하는 아들이 죽자 너무 괴로운 나머지
그렇게 하소연 한 것이다.

엘리야는 죽은 아들을 달라 하여 자기가 거처하는 다락에 올라가 자
기 침상에 눕혔다. 그리고 하나님께 간절히 부르짖으며 기도드렸다.

"여호와께 부르짖어 이르되 내 하나님 여호와여 주께서 또 내가 우거
하는 집 과부에게 재앙을 내리사 그 아들이 죽게 하셨나이까"(20절).

싸늘한 아이의 시체를 앞에 둔 엘리야는 하나님께 살려달라고 간절
히 기도하였다. 하나님은 무언의 질문을 그에게 던졌다.

"너는 이 죽음의 상황 앞에서 어떻게 할래?"

엘리야는 그 저주의 상황을 자신과 동일시하였다. "이 아이를 살리지
못한다면 저도 저주와 형벌을 받겠습니다"라고 마음 속으로 생각하며,
그 죽은 아이의 위에 자신의 몸을 세 번 펴서 엎드렸다. 그리고 아이의
혼이 돌아오도록 하나님께 간곡히 기도하였다(21절).

율법은 이스라엘 백성에게 죽은 시체와의 접촉을 금지시켰다. 부득
이한 경우는 그 부정을 정결하게 하는 의식을 통하여 부정을 씻도록 하
셨다. 접촉만으로도 저주의 전염이 되므로 정결예식이 없이는 다시 회

중에 들어가지 못하게 하셨다. 거룩한 선지자인 엘리야가 그 사실을 모를 리 없다. 그런데도 엘리야는 접촉 정도가 아니라 완전히 자신의 몸을 시체에 겹치듯 자신을 그 위에 엎었다.

왕하4:34에 나타난 엘리사 선지자가 아이를 살릴 때에도 자기 입을 죽은 아이의 입 위에, 자기의 눈을 그 눈에, 자기 손을 그 죽은 아이의 손에 댔다. 그 죽은 자와 하나가 되었다는 의미이다. 같이 죽었다는 상징적인 행위이다. 엘리야 선지자는 말없이 하나님께 부르짖었다.

"주님 이 죽음의 상황을 내 힘으로는 어쩔 수 없습니다. 그러나 죽은 아이를 포기할 수도 없습니다. 나도 이 아이처럼 저주를 받을 각오가 되어있습니다. 나를 죽이시려면 죽이십시오. 그러나 만약 나를 불쌍히 여기시고 살려주시려면, 나와 일체가 된 이 아이도 살려주소서."

세 번은 완전수이다. 아이와 함께 죽어도 좋다는 각오로 율법을 어기고 시체에 세 번이나 엎드린 엘리야를 향하여 하나님은 그를 저주하거나 죽이지 않으시고 살려주셨다. 살려주시면서 엘리야와 하나가 된 그 아이도 함께 살려주셨다. 엘리야 선지자만 살아난 것이 아니고, 그와 하나가 된 그 아이도 회생시켜 주셨다.

엘리야 선지자의 시대는 바알 숭배가 극에 달했던 영적 죽음의 시대였다. 인간적으로는 살릴 방법이 없었다. 엘리야는 자기의 생명을 던져 그 아이의 영혼을 구하려고 했다.

죽으시고 부활하신 그리스도

예수님이 범죄한 인생들을 구원하신 방법도 마찬가지다. 극심한 고

통과 저주를 받아야 마땅한 인간들처럼 예수님도 인간 최고의 고통인 십자가 위에 자신을 바쳤다. 사람들이 머리로 범죄하였으니 머리에 씌운 가시 면류관에 찔리시고, 사람들이 손과 발로 범죄하였으니 예수님은 손과 발에 못 박히셨다. 인간의 욕심과 탐욕의 형벌로 옆구리에 창으로 찔리셨다. 예수님은 온전히 자신의 목숨을 인간의 죄에 따라 그대로 고난을 받으셨다.

엘리야 선지자가 죽은 시체 위에 자신의 산 몸을 엎은 것처럼, 예수 그리스도는 죽은 영혼들을 위하여 자신의 산 몸을 십자가 위에 고스란히 바치신 것이다. 십자가 형틀이 바로 저주와 형벌의 상징이 아닌가? 예수님은 저주와 형벌의 십자가 위에 자신을 그대로 눕히셨다.

율법을 범한 엘리야 선지자가 죽지 않고 살아날 때에 그 죽었던 아이도 살아난 것처럼, 그리스도도 십자가의 죽음 이후 삼 일만에 부활하심으로 말미암아 함께 십자가를 지고 가는 사람들의 영혼을 살리셨다. 우리는 예수님과 함께 죽고 예수 그리스도와 함께 살아났다. 그리고 후일에 부활하게 될 것이다.

"우리가 주와 함께 죽었으면 또한 함께 살 것이요"(딤후2:11).

엘리사 선지자도 아이를 살리면서 그의 스승과 같이 죽은 아이를 자기의 침상에 눕혔다. 누구든지 시체가 자기의 침상에 눕혀진다는 것을 좋아할 사람은 없다. 그리고 거룩한 선지자가 시체와 접촉하는 것은 그 부정을 함께 하는 것과 같다. 그러나 그 아이가 살아날 것을 믿고, 자기가 이용하는 침상에 아이를 눕히고 그 아이가 살아나도록 여호와 하나님께 간절히 기도하였다. 그리고 그의 스승 엘리야와 같이 자기의 입을 아이의 입에 대고, 자기의 눈을 그의 눈에 대고, 자기 손을 그의 손에 대고 엎드렸다(왕하4:34). 그랬더니 하나님의 기적이 일어났다. 아이의 살이 차차 따뜻하더니, 그가 또 다시 아이 위에 올라 엎드리니 아이가 일곱 번 재채기를 하고 눈을 떴다(왕하4:35). 엘리사 선지자는 살아난 아이를 그 어머니인 수넴 여인에게 돌려주었다.

아이를 살린 두 사건은 너무나 비슷하다. 예수님도 죽음의 상징인 저주와 형벌의 십자가 위에 자신을 온전히 못 박히도록 내어주셨고, 저주받은 우리와 함께 죽으시고 우리와 함께 살아나셨다.

그리스도는 치료의 강물

왕하 5:10-14

10엘리사가 사자를 그에게 보내 이르되 너는 가서 요단 강에 몸을 일곱 번 씻으라 네 살이 회복되어 깨끗하리라 하는지라 11나아만이 노하여 물러가며 이르되 내 생각에는 그가 내게로 나와 서서 그의 하나님 여호와의 이름을 부르고 그의 손을 그 부위 위에 흔들어 나병을 고칠까 하였도다 12다메섹 강 아바나와 바르발은 이스라엘 모든 강물보다 낫지 아니하냐 내가 거기서 몸을 씻으면 깨끗하게 되지 아니하랴 하고 몸을 돌려 분노하여 떠나니 13그의 종들이 나아와서 말하여 이르되 내 아버지여 선지자가 당신에게 큰 일을 행하라 말하였더면 행하지 아니하였으리이까 하물며 당신에게 이르기를 씻어 깨끗하게 하라 함이리이까 하니 14나아만이 이에 내려가서 하나님의 사람의 말대로 요단 강에 일곱 번 몸을 잠그니 그의 살이 어린 아이의 살 같이 회복되어 깨끗하게 되었더라

나병과 죄의 증상

사람들은 자기에게 병이 있다고 생각되면 병원의 의사를 찾아 간다. 그와 같이 자신에게 죄가 있다고 생각하는 사람은 죄를 회개하고 예수님께 나아와 죄 사함을 청해야 한다. 자신을 죄인으로 인식한 자만이 복음에 대해 열린 귀를 가지고 있다. 그리고 동시에 예수님의 피흘림으로 자신이 의롭게 된 것을 또한 믿는다.

아람의 군대장관인 '나아만'은 그 나라의 큰 영웅이었지만 나병 환자였다. 그가 그 비참하고 무서운 병을 이스라엘에 와서 하나님의 은혜로 고침을 받았다. 고대에는 나병을 천형(天刑)으로 생각했다. 피부와

뼈가 썩고 상하는 무서운 질병이었다. 그래서 구약 성경에서는 나병을 죄의 모형으로 다루고 있다. 나병의 전염성처럼 죄도 전염성이 강하고, 영혼을 부패하게 만들고 결국에는 사람을 죽인다.

사기꾼은 오랫동안 혼자 있지 않는다. 그의 부정직한 생각과 말 잘하는 재주로 친구를 만든다. 그리고 그를 속이고 마음이 병들게 만든다. 불량배들은 자기의 완악하고 불순한 마음을 혼자만 가지고 있지 않는다. 또 다른 사람들을 자기와 같은 불량배로 만든다. 정숙하지 못한 자는 주변의 사람들을 부정한 행실로 물들게 하고, 욕정의 쾌락을 친구들에게 자랑하고 유혹하여 끌어들인다. 하나님을 경외하지 않는 자는 불신앙의 분위기를 조장하여 함께 멸망의 길로 끌어들인다. 죄는 나병과 같이 전염을 시키고 함께 썩고 부패하도록 한다.

모세가 시내산에 올라간 40일 동안 불신앙의 백성 몇 명은 군중들을 선동하여 지도자를 위협하고 다 함께 금송아지를 숭배하는 악한 분위기를 만들었다. '고라'와 같은 악한 선동자는 자기뿐만 아니라 250여명의 지휘관들을 반역자가 되게 하였고, 백성들을 원망과 불평의 사람으로 만들었다.

술 취하는 자는 자기 혼자 취하기를 원하지 않는다. 친구들에게 술을 권하여 함께 타락의 길을 걷도록 만든다. 남을 중상모략하는 자들의 입술은 얼마나 속도가 빠른지 모른다. 입 속의 독을 많은 사람들의 귀 속에 물방울처럼 떨어뜨려 선한 공동체를 금방 파괴시킨다.

나병환자는 동네에서 추방당하여 고립되고, 결국 비참한 죽음에 이르게 된다. 죄 역시도 사람을 어둠에 고립시키고 결국에는 그 영혼을 죽인다.

권력 있는 나아만이었지만 그는 나병환자였다. 아람나라의 군대장관이고 왕을 위하여 공을 크게 세운 자였지만 애석하게도 그는 나병환자로 고통을 받고 있었다.

> "아람 왕의 군대 장관 나아만은 그의 주인 앞에서 크고 존귀한 자니 이는 여호와께서 전에 그에게 아람을 구원하게 하셨음이라 그는 큰 용사이나 나병환자더라"(1절).

나아만이 병든 후에는 어느 누구도 그의 곁에 있기를 원하지 않았다. 누가 그와 함께 식사를 하며 대화하기를 원하겠는가? 병으로 괴로워하던 그는 무섭도록 고독했다. 죄도 그렇다. 죄인은 하나님으로부터 분리되고, 선한 사람들로부터 멀어진다. 죄는 인간을 고립시키고 스스로 비참한 상태에 빠지게 하고 절망하게 만든다. 그리고 급기야는 생명까지 앗아간다.

나아만의 희소식

나아만은 노예로 잡혀온 이스라엘의 소녀를 통하여 나병을 고칠 수 있는 선지자가 있다는 희소식을 듣게 되었다.

"우리 주인이 선지자 엘리사 앞에 계셨으면 좋겠나이다. 그가 나병을 고쳤을 것입니다."

그 말을 들은 나아만은 왕에게 협조 서신을 받아 수행원들과 함께 이스라엘로 갔다. 선지자 엘리사의 집을 물어서 겨우 찾아갔으나 "당신은 요단강에 가서 일곱 번 씻으시오. 그러면 몸이 깨끗함을 얻게 될 것이요"라는 말을 선지자의 종을 통하여 듣게 되었다(10절).

나아만은 일국의 군대장관에게 얼굴도 내밀지 않는 엘리사에게 서운하고 괘씸한 생각이 들어 자기 나라로 되돌아 가려고 했다. 아마 전시(戰時) 같았으면 선지자를 죽였을지도 모른다. 적국의 사람 한 명 죽이는 것은 눈도 깜짝하지 않는 군대장관이 아니었던가? 얼마든지 외교적으로 트집을 잡을 수 있는 일이었다. 불신앙의 이스라엘 왕은 그러지 않아도 나아만 장군이 와서 아람 왕의 편지를 전달할 때 전쟁을 하기 위하여 시비를 거는 것으로 이해했다(7절). 그런 막강한 권력과 영향력을 가진 아람의 군대장관에게 엘리사 선지자가 감히 푸대접을 한 것이었다.

그러나 선지자는 하나님의 대리자이다. 나아만은 큰 용사이며 군대장관이라도 나병환자가 아닌가? 하나님의 도움을 받기 위하여 온 자이므로 겸손하게 하나님의 말씀에 순종하는 것이 당연하다.

과연 나병을 치료하는 강물이 있는가? 요단강이 그런 능력을 보유하고 있다는 것인가? 요단강의 물이 나병을 치료할 수 있는 것은 아니다. 나아만이 자신의 죄를 회개하고 겸손하게 낮아진다면 하나님께서 긍휼히 여기시고 치료해 주실 것이다. 다만 요단강은 이스라엘 백성들을 건너게 했던 구원의 상징적인 강이다. 그리스도의 구원과 치료의 영적인 의미를 가졌을 뿐, 일반적인 강과 크게 다를 바 없다. 그런데 그 강에서 나아만은 나병을 고침 받았다.

죄를 치료하는 강물

죄를 치료하는 강이 있다. 그 맑은 강은 바로 예수 그리스도다. 예수님의 보혈은 모든 죄인들의 죄를 다 씻을 수 있다. 예수님은 죄를 치료하는 강물이다. 예수 그리스도는 죄인들에게 생명수이다. 그들의 죄를 깨끗하게 씻기고 그들의 메마른 영혼에게 생수가 되실 것이다.

> "그 날에 죄와 더러움을 씻는 샘이 다윗의 족속과 예루살렘 주민을 위하여 열리리라"(슥13:1).
> "내가 생명수 샘물을 목마른 자에게 값없이 주리니"(계21:6).
> "또 그가 수정 같이 맑은 생명수의 강을 내게 보이니 하나님과 및 어린 양의 보좌로부터 나와서 길 가운데로 흐르더라"(계22:1).

화가 난 나아만은 요단강보다 자기 나라의 '아마나'와 '바르발' 강이 더 낫지 않겠느냐고 말하고 처음에는 순종하지 않고 돌아섰다. 그 때에 나아만 장군의 종이 권면했다.

"만일 선지자께서 더 어려운 것을 하라고 하셨더라도 주인께서는 그 일을 하지 않았겠습니까?"

얼마나 옳은 충고인가? 나병을 고칠 수 있다면 무슨 일인들 못하겠는가? 나아만은 자기의 교만한 생각을 고쳤다. 그리고 하나님의 말씀에 순종했다. 나병을 고치는 일은 결코 자기가 생각한 것처럼 어려운 일이 아니었다. 하나님이 지시하신 그 말씀대로 행하였을 때, 썩고 진물나는 피부가 아이의 피부처럼 깨끗하고 부드럽게 나았다.

> "나아만이 이에 내려가서 하나님의 사람의 말대로 요단 강에 일곱 번 몸을 잠그니 그의 살이 어린 아이의 살 같이 회복되어 깨끗하게 되었더라"(왕하5:14).

나아만은 자기에게 일어난 기적을 체험하고 진실로 하나님은 살아계신다고 고백하였다.

"나아만이 모든 군대와 함께 하나님의 사람에게로 도로 와서 그의 앞에 서서 이르되 내가 이제 이스라엘 외에는 온 천하에 신이 없는 줄을 아나이다 청하건대 당신의 종에게서 예물을 받으소서 하니"(15절).

처음과는 전혀 딴판으로 바뀌었다. 나아만은 방금 전까지는 엘리사 선지자가 자기에게 나와 예의를 갖추지 않았다고 화를 내었으나, 이제는 자기 스스로 선지자에게 찾아와서 이스라엘의 하나님만이 참 신인 줄 알았다고 고백하고 또 자신을 '당신의 종' 이라고 겸손하게 낮추었다. 사람이 하나님을 만나고 은혜를 입으면 자동적으로 자신의 존재를 낮추고 겸손해지게 된다.

죄를 씻는 그리스도의 피

불순종의 사람은 죄 사함의 은혜를 경험할 수 없지만, 아이처럼 하나님의 말씀대로 순종하는 자는 놀라운 은혜와 기적을 체험하게 된다. 나아만은 그의 충성된 신하의 충고에 따라 요단강에 내려가서 일곱 번 몸을 씻고 순종할 때에 놀라운 치료의 기적이 일어났다.

예수 그리스도는 우리의 죄를 치료하는 생명수 강이다. 주님의 말씀 그대로 순종할 때에 나병처럼 흉측한 죄라도 씻음 받는 기적이 일어난다. 예수 그리스도의 대속의 피를 믿음으로 우리는 죄 씻음을 받는다.

"우슬초로 나를 정결하게 하소서 내가 정하리이다 나의 죄를 씻어 주소서 내가 눈보다 희리이다"(시51:7).

"....이는 큰 환난에서 나오는 자들인데 어린 양의 피에 그 옷을 씻어 희게 하였느니라"(계7:14).

성경은 예수님의 피로 우리의 죄를 씻는다는 상징적인 표현들을 많이 하고 있다. 예수님께서는 요9:7에서 날 때부터 맹인이 되었던 치료 불능의 환자에게 진흙을 이겨 그의 눈에 발라주셨다. 그리고는 실로암 못에 가서 씻으라고 말씀하셨다. 얼굴에 흙이 묻었으니 얼마나 찝찝하고 불편하겠는가? 그리고 맹인이 실로암까지 찾아가는 것이 그리 단순한 일도 아니었을 것이다. 그러나 그는 주님의 말씀대로 순종하였고 물로 씻었을 때에 앞을 볼 수 없었던 눈병을 고치고 밝은 세상을 보게 되었다. 실로암 물로 흙을 씻어낸 것과 같이 우리가 그리스도의 보혈로 죄를 씻으면 캄캄한 죄에서 벗어나 영광스러운 주님의 빛을 볼 수 있게 된다.

최후의 만찬석에서도 주님은 제자들의 발을 씻어주셨다. 발은 더러운 먼지가 묻어있는 곳이다. 주님이 제자들의 발을 씻어주심은 그들의 죄를 씻어주시는 상징적 행위이다. 오직 그리스도만이 우리의 죄를 씻으실 수 있다는 것을 암시하신 것이다.

예수님은 죄를 치료하는 강물이다. 말씀을 온전히 믿고 십자가를 지신 주님께로 나오는 자는 누구든지 죄를 씻고 깨끗함을 입을 것이다. 십자가에 달리신 그리스도가 우리의 생명수이시며 죄를 씻으시는 치료하는 강물이시다.

그리스도는 기적의 나무

왕하 6:1-7

1선지자의 제자들이 엘리사에게 이르되 보소서 우리가 당신과 함께 거주하는 이 곳이 우리에게는 좁으니 2우리가 요단으로 가서 거기서 각각 한 재목을 가져다가 그 곳에 우리가 거주할 처소를 세우사이다 하니 엘리사가 이르되 가라 하는지라 3그 하나가 이르되 청하건대 당신도 종들과 함께 하소서 하니 엘리사가 이르되 내가 가리라 하고 4드디어 그들과 함께 가니라 무리가 요단에 이르러 나무를 베더니 5한 사람이 나무를 벨 때에 쇠도끼가 물에 떨어진지라 이에 외쳐 이르되 아아, 내 주여 이는 빌려온 것이니이다 하니 6하나님의 사람이 이르되 어디 빠졌느냐 하매 그 곳을 보이는지라 엘리사가 나뭇가지를 베어 물에 던져 쇠도끼를 떠오르게 하고 7이르되 너는 그것을 집으라 하니 그 사람이 손을 내밀어 그것을 집으니라

도끼를 강물에 빠뜨린 제자

한 가난한 선지자의 제자가 쇠도끼를 요단강에 빠뜨렸다. 빌려온 것인데 낭패를 당한 것이다. 엘리사 선지자는 하나님이 주신 능력으로 쇠도끼를 찾아주었다. 이 본문에서 그리스도의 구원에 대한 상징성을 찾아볼 수 있다.

엘리사와 선지 생도들은 학교를 확장하기 위하여 요단 강변에 가서 재목을 구했다. 신학교를 확장하는 일에 교장과 생도들이 헌신적으로 수고하였다. 그들은 하나님의 거룩한 일을 이루기 위하여 함께 협력하였다.

"그 하나가 이르되 청하건대 당신도 종들과 함께 하소서 하니 엘리사가 이르되 내가 가리라 하고, 드디어 그들과 함께 가니라 무리가 요단에 이르러 나무를 베더니"(3,4절).

선지자의 제자들은 엘리사 선지자를 하나님의 사람으로 존경하고 있었다. 엘리사 앞에서 자신들을 '종'이라고 낮춘 것을 보면 짐작할 수 있다. 제자들이 엘리사와 함께 하기를 원했던 것처럼, 우리도 항상 그리스도와 함께 동행하기를 원해야 한다. 주님이 대장이 되시고 주인이 되셔야 어떤 난관도 극복할 수 있게 된다.

함께 벌목을 하는 중에 한 사람이 나무를 찍다가 실수하여 쇠도끼가 물에 빠지고 말았다. 빌려왔기에 이웃에게 돌려주어야 하는 도끼인데 강 깊은 곳에 빠지고 말았다.

"한 사람이 나무를 벨 때에 쇠도끼가 물에 떨어진지라. 이에 외쳐 이르되 아, 내 주여 이는 빌려 온 것이니이다 하니 하나님의 사람이 이르되 어디 빠졌느냐 하매 그 곳을 보이는지라. 엘리사가 나뭇가지를 베어 물에 던져 쇠도끼를 떠오르게 하고"(왕하6:5,6).

쇠도끼를 잃은 그 제자는 엘리사에게 요청했고, 선지자는 도끼가 떨어진 장소를 물은 후에 나뭇가지를 베어 그 곳에 던졌다. 신기하게도 쇠도끼가 물 위로 떠오른 것이다. 정말 감탄할 수밖에 없다. 누가 쉽게 믿으려 하겠는가?

쇠도끼가 떠오르다

이 기적은 단순한 사건으로 기록되어 있지만 구속사적인 의미가 포함되어 있다. 인간 영혼 깊숙한 곳에 가라앉은 것을 표면에 떠오르게 할 수 있는 그런 기적의 나무가 정말 없을까? 인간의 마음은 강보다 더 깊다. 은밀하게 숨기고 있는 죄의 습관이나 잠재된 교만과 이기심은 언뜻 보아서는 잘 나타나지 않는다. 그리고 긍정적인 측면에서 볼 때에 인간의 가치와 자기 정체성과 달란트도 때로 깊이 가라앉아 있어 자신도 잘 모를 수 있다. 인간 영혼 깊숙한 곳에 잠재된 것을 떠오르게 하는 기적의 나무는 바로 십자가를 지신 그리스도다.

예수님을 구주로 영접하고 나면 인간은 거듭난다. 그 동안 깨닫지 못했던 자아를 발견하게 된다. 자신이 지옥에 갈뻔 했던 죄인이라는 것과 또 자신은 허무하게 사라지는 존재가 아니라 하나님의 거룩한 자녀라는 사실을 깨닫게 되는 것이다. 자기 존재의 진실성과 가치를 깨닫게 된다. 자신이 어떤 존재인지 어디서 왔으며 어디로 가는 존재인지 몰랐던 사실을 불현듯 깨우치게 된다. 진리의 말씀이 영적인 눈을 뜨게 하는 것이다. 그리스도의 진리는 쇠도끼처럼 무겁게 가라앉아 있던 자신의 존재를 새삼 떠오르게 한다.

"예수께서 대답하여 이르시되 진실로 진실로 네게 이르노니 사람이
거듭나지 아니하면 하나님의 나라를 볼 수 없느니라"(요3:3).

유대인의 지도자 중 한 사람이었던 '니고데모'는 예수님을 만나고 거듭난 참된 자아를 발견하게 된다. 그는 변화를 받고 성령의 사람이

된다. 진정한 자기를 발견한 것이다. 그는 나중에 예수님이 십자가에서 운명하신 후에 아리마대 요셉과 함께 주님의 장례식에 향품을 드리며 헌신했다(요19:39,40).

또한 십자가의 사랑에 접하게 되면 마음 깊숙이 가라앉은 죄악들과 나쁜 습관들이 떠올라 회개하지 않고는 견딜 수 없는 심령이 된다. 그래서 철저히 눈물로 회개하고 청결한 심령을 소유하게 된다.

잃은 것을 찾아주실 그리스도

도끼를 잃어버리고 안타까운 마음으로 강변에 서 있는 사람에게 만약 내가 다가가서 "이미 물에 빠져버렸으니 잊어버리지요"라고 말했다면, 그가 무엇이라고 대답하겠는가?

"나는 쇠도끼를 살 정도로 넉넉하지 않아요. 돌려주어야 하므로 꼭 건져야 해요"라고 말했을 것이다. 중요하고 꼭 건져내야 하는 것들을 오늘날 우리는 깊이 빠뜨리고 있지는 않는가? 희망을 가지고 하나님을 간절히 찾고 정직하게 살아야 할 청소년들이 세속 문화에 빠져 부정직하고 타락된 삶을 살고 있지는 않는가? 좌절과 근심의 강물에 빠져 참 진리의 길로 가지 못하는 사람들은 없는가? 자신이 얼마나 귀하고 영광스러운 존재인지 모르고 살아가는 사람들은 없는가?

귀한 것을 상실하여 망연자실하게 앉아있는 사람들에게 그 귀한 것을 떠오르게 하고 되찾아 주실 분은 오직 예수 그리스도밖에 없다. 예수님은 온 인류의 유일한 희망이다.

"예수께서 이르시되 내가 곧 길이요 진리요 생명이니 나로 말미암지
않고는 아버지께로 올 자가 없느니라"(요14:6).

초림의 예수님은 인간 세계의 강물 속에 던져졌다. 그리고 십자가를 지고 대신 죽으시고 부활하셨다. 부활의 주님은 죽은 것처럼 가라앉아 있던 사람들의 영혼을 떠오르게 하셨다. 골고다 언덕 위에서 예수님의 십자가 옆에 달린 한 강도는 모든 것이 절망적인 상태였다. 영혼 회복의 그 마지막 순간에 그는 예수님의 말씀을 들을 수 있었고 예수님을 구주로 영접하였다.

"이르되 예수여 당신의 나라에 임하실 때에 나를 기억하소서 하니,
예수께서 이르시되 내가 진실로 네게 이르노니 오늘 네가 나와 함께
낙원에 있으리라 하시니라"(눅23:42,43).

그에게는 예수님의 십자가가 자기의 영혼을 살리고 구원시키는 기적의 나무였다. 그는 십자가상에서 처형당하는 강도였고 죽음 직전에 놓인 불쌍하고 비참한 영혼이었다. 절망의 최고 밑바닥에 빠진 자였다. 지옥의 문이 바라보이는 바로 그 시간에 그의 영혼은 다시 잠에서 깨어나듯 눈을 떴다. 예수 그리스도가 그를 건진 것이다. 그의 영혼을 절망과 지옥에서부터 떠오르게 하셔서 주님의 손으로 건져내셨다.

예수님을 십자가에 못 박도록 지시했던 로마의 백부장도 십자가 사건을 통하여 예수님은 진실로 하나님의 아들인 것을 믿었다. 그에게는 예수님의 십자가가 더 이상 잔혹한 처형도구가 아니었다. 그의 영혼을 눈뜨게 한 기적의 나무였다.

불가능을 가능하게 하신 그리스도

예수님은 인간적으로 소외되고 스스로 드러내지 않으려고 했던 불쌍한 사람들을 영광스럽게 세우셨다. 키 작은 세리장 삭개오는 동네 사람들에게 지탄의 대상이었다. 소경 바디매오는 자신이 불행한 거지생활을 청산할 것이라고는 상상도 못하였을 것이다. 그러나 예수님을 만난 후에 새로운 인생을 살았다.

막달라 마리아는 귀신에 들렸던 불행한 여인이었다. 누가 그런 여자를 가까이 하겠는가? 그는 마치 깊은 강 밑바닥에 빠져서 도무지 구원받지 못할 뻔하였던 여자가 아니었던가? 그러나 예수님을 만나고 위대한 주님의 제자가 되었다. 예수님의 십자가는 참으로 기적의 나무였다. 수 많은 영혼들, 귀한 영혼들을 깊은 죽음의 심연에서 건져내셨다.

지금도 계속하여 예수님의 십자가는 여전히 인간 세계의 물 속에 던져져 있다. 밑바닥에 잠겨있는 영혼들을 빛 가운데로 건져내고 있다. 빛을 볼 수 없는 불행하고 병들고 가난한 사람들을 표면 위로 영광스럽게 드러나게 하신다.

엘리사 선지자가 던진 나뭇가지는 자연법칙을 거슬러 쇠도끼를 떠오르게 하였다. 예수님의 십자가도 불가능한 것을 가능하게 만든다. 불신앙과 교만으로 가득했던 청년 '사울'을 누가 그리스도인으로 변화시킬 수 있었겠는가? 교회를 핍박하는 것이 옳다고 생각한 그의 비뚤어진 사상을 누가 고칠 수 있었겠는가? 예수님은 불가능한 것을 가능하게 하셨다. '사울'을 경건한 '바울'로 변화시키셨다. 교회를 핍박하던 그가 예수님은 구세주라고 전도하는 위대한 사도가 되었다.

기적의 나무가 쇠도끼를 떠오르게 한 것처럼, 그리스도는 우리의 영혼 깊숙이 가라앉아 있는 복음의 열정과 감격과 지혜를 끌어올리신다. 예수님의 십자가는 어둠의 바다에 떨어져 구원을 상상할 수도 없었던 우리를 떠오르게 하셨다. 지옥에 떨어질 뻔한 우리를 천국으로 떠오르게 하셨고, 사탄의 자식이 될 뻔 했던 우리를 하나님의 자녀가 되도록 높이 들어 올리셨다.

45 죽은 자를 살리시는 그리스도

왕하 13:20-21

20 엘리사가 죽으니 그를 장사하였고 해가 바뀌매 모압 도적 떼들이 그 땅에 온지라 21 마침 사람을 장사하는 자들이 그 도적 떼를 보고 그의 시체를 엘리사의 묘실에 들이던지매 시체가 엘리사의 뼈에 닿자 곧 회생하여 일어섰더라

엘리사의 영향력

이스라엘은 아합과 예후 왕을 거쳐 오면서 하나님 앞에서 우상숭배의 죄를 많이 지었다. 그리고 정치적으로나 사회적으로 여호와를 떠나 타락된 생활을 하였다. 범죄한 이스라엘 왕과 백성에게 선지자들은 경고의 메시지를 보냈다. 그 시대에 주로 활동하던 선지자는 엘리야와 미가야와 엘리사였다. 이스라엘의 왕 '요아스'(Joash: B.C. 801-786) 시대에 '하나님의 사람'인 엘리사 선지자가 병이 들어 죽게 되었다(왕하 13:14,20). 그 당시 그의 영향력이 얼마나 컸던지 요아스 왕이 엘리사에게 아버지라고 했다.

> "엘리사가 죽을 병이 들매 이스라엘의 왕 요아스가 그에게로 내려와 자기의 얼굴에 눈물을 흘리며 이르되 내 아버지여 내 아버지여 이스라엘의 병거와 마병이여 하매"(14절).

하나님께 기도하였던 엘리사 선지자 한 사람의 역할이 이스라엘에 지대한 영향력을 끼쳤다. 왕이 그를 아버지처럼 의지하였고, 그는 하나님께 기도하여 적들을 물리치기도 했으므로 '이스라엘의 병거와 마병'이라는 별칭까지 얻을 정도였다. 그는 기도하는 중에 아람의 군대가 어디로 공격해 올 것인지 미리 알고 왕에게 알려주었다. 그리고 하나님께 기도하여 아람 군대의 눈을 어둡게 하여 그들을 제압하기도 했다(왕하 6:9,14-18).

엘리사는 눈물을 보이는 요아스에게 동쪽 창을 열고 화살을 쏘게 하였고, 그 화살로 땅을 치게 하였다. 요아스가 세 번 쳤을 때, 아람을 세 번 칠 것이라고 예언하였다. 그의 예언대로 요아스는 아람 왕 '벤하닷'을 세 번 쳐서 무찌르고 성읍들을 빼앗았다(19,25절).

엘리사는 요아스 왕에게 안수하면서 하나님의 능력을 전달시키는 상징적인 행위를 하였다.

> "또 이스라엘 왕에게 이르되 왕의 손으로 활을 잡으소서 하매 그가 손으로 잡으니 엘리사가 자기 손을 왕의 손 위에 얹고"(16절).

히브리 성경에는 "엘리사의 손들을 왕의 손들 위에"라고 되어 있다. 엘리사의 두 손을 왕의 두 손 위에 얹은 것은 무의미한 접촉이 아니라 안수(按手)였다. 선지자가 하나님이 함께 하시는 것을 느끼고 왕에게 하나님의 은혜를 전달하려는 행동이다. 왕하4:34에도 죽은 아이를 회생시키면서 엘리사는 그 죽은 아이의 입과 눈과 손에 자기의 입과 눈과 손을 접촉시켰던 적이 있었다. 안수를 통하여 생명과 능력이 전달되도록 했다. 하나님의 종은 하나님의 생명과 능력을 다른 사람들에게 전달시키는 영력을 가지고 있다.

엘리사 선지자의 이런 영력에서 우리는 그리스도의 모형을 발견하게 된다. 그리스도 역시 우리의 보호자시며 주인이시다. 우리가 예수님을 의지할 때에 나라와 교회와 우리의 가정을 안전하게 보살펴 주시고 도우신다. 사도 바울은 "내게 능력 주시는 자 안에서 내가 모든 것을 할 수 있다"고 말씀하면서, 예수 그리스도는 그의 종들에게 능력을 부여하시는 하나님으로 고백하였다(빌4:13).

예수님은 하늘의 복음, 구원의 복음을 우리에게 전하셨으며 영원한 생명을 전달해 주셨다. 엘리사 선지자가 안수를 통하여 생명과 능력을 전달해 주었던 것처럼, 예수 그리스도는 우리의 영혼을 만져 회개하게 하시고 영원한 생명을 전달해 주시고 세상을 이길 수 있는 놀라운 능력들을 부여해 주셨다.

죽은 자의 회생

엘리사 선지자는 이스라엘 백성들이 아버지처럼 의지하고 따랐던 능력의 종이었다. 그런데 그는 죽어서도 영향력을 나타내었다.

> "엘리사가 죽으니 그를 장사하였고 해가 바뀌매 모압 도적 떼들이 그 땅에 온지라. 마침 사람을 장사하는 자들이 그 도적 떼를 보고 그의 시체를 엘리사의 묘실에 들이던지매 시체가 엘리사의 뼈에 닿자 곧 회생하여 일어섰더라"(왕하13:20,21).

장례를 행하던 사람들이 모압의 도적 떼들이 몰려오는 것을 보고 당황하여 급한 김에 시체를 엘리사의 묘실에 던져넣었다. 그런데 그 시체가 엘리사의 뼈에 닿자 죽었던 사람이 회생하였다.

사실 죽은 자가 살아나는 것은 불가능한 일이다. 구약에는 죽은 자가 회생한 기록이 희귀하다. 엘리사 선지자를 세심하게 배려했던 수넴 여인의 아들이 죽었다가 살아난 기적이 있다(왕하4:35-37). 그리고 엘리사가 죽은 후에 그의 묘실에서 죽은 자가 회생한 사건이 간략하게 소개되어 있다.

신약에는 죽은 자가 회생한 기록이 비교적 많이 나온다. 예수님께서 '나인' 성의 슬픈 장례 행렬을 보시고 불쌍히 여기사 과부의 아들을 살리셨고(눅7:14,15), 회당장 '야이로'의 12살 된 딸을 살리셨다(눅8:54,55). 그리고 죽은 지 나흘이 된 마리아의 오빠 나사로를 묘실에서 불러내어 회생시켰다(요11:43,44). 베드로가 선행과 구제를 많이 행한 욥바의 '다비다'를 살린 사건이 있고(행9:40,41). 바울이 강론 중에 삼층 창문에서 졸다가 떨어져 죽은 드로아의 청년 '유두고'를 회생시켰다(행20:9-12).

무덤에서 일어난 회생의 사건은 예수님이 운명하시면서 성소의 휘장이 찢어지고 땅이 진동하며 바위가 터지고 무덤들이 열려 자던 성도의 몸이 많이 일어났다(마27:52,53). 예수님의 부활 후에 회생한 그들은 예루살렘에 들어가 많은 사람들에게 보이기까지 했다.

엘리사의 묘실에서 일어난 사건은 장차 예수 그리스도의 죽음으로 인하여 무덤이 열려 죽은 자들이 살아난 사건의 한 그림자라고 볼 수 있다. 거룩한 엘리사의 죽음은 죽은 후에도 하나님께서 죽은 자를 회생시키는 일이 일어나게 하셨다. 엘리사는 장차 오실 예수님의 표상이다. 신자는 그리스도와 함께 십자가에 못 박히고, 그리스도와 함께 장사되고, 그리스도와 함께 부활할 것이다.

　엘리사의 뼈에 접촉하자 죽은 시체가 살아난 것처럼, 우리는 예수님의 죽음과 부활 사건을 믿음으로 접촉할 때에 새롭게 태어나는 놀라운 은혜를 체험하게 된다. 예수님께서 나를 대신 하여 죽으셨다는 사실이 확실히 믿어질 때에 우리는 영혼과 육신이 살아나게 된다. 예수님이 나를 위하여 십자가에서 죽으셨다는 믿음이야말로 빛나고 축복된 확신이다.

　예수님의 죽음은 끝이 아니라 시작이었다. 예수님을 십자가에 매달아 사형시켰던 로마의 백부장이 예수님은 진실로 하나님의 아들인 것을 믿고 고백했다(마27:54). 그리고 제자들을 위시한 오천 여명의 성도들이 영적으로 살았고, 초대교회는 바울을 비롯하여 온 세상에 복음을 전하는 선교사들을 보내기 시작했다. 그리고 오늘 날 수십 억의 크리스찬들이 주일마다 예배를 드리고 있다. 예수님의 십자가의 죽음과 부활의 소식에 접촉되는 자마다 구원과 영생을 얻는 놀라운 일들이 지금도 계속 진행되고 있다.

46 법궤 이동과 그리스도

대상 13:5-14

5이에 다윗이 애굽의 시홀 시내에서부터 하맛 어귀까지 온 이스라엘을 불러모으고 기럇여아림에서부터 하나님의 궤를 메어오고자 할새 6다윗이 온 이스라엘을 거느리고 바알라 곧 유다에 속한 기럇여아림에 올라가서 여호와 하나님의 궤를 메어오려 하니 이는 여호와께서 두 그룹 사이에 계시므로 그러한 이름으로 일컬음을 받았더라 7하나님의 궤를 새 수레에 싣고 아비나답의 집에서 나오는데 웃사와 아히오는 수레를 몰며 8다윗과 이스라엘 온 무리는 하나님 앞에서 힘을 다하여 뛰놀며 노래하며 수금과 비파와 소고와 제금과 나팔로 연주하니라 9기돈의 타작 마당에 이르러서는 소들이 뛰므로 웃사가 손을 펴서 궤를 붙들었더니 10웃사가 손을 펴서 궤를 붙듦으로 말미암아 여호와께서 진노하사 치시매 그가 거기 하나님 앞에서 죽으니라 11여호와께서 웃사의 몸을 찢으셨으므로 다윗이 노하여 그 곳을 베레스 웃사라 부르니 그 이름이 오늘까지 이르니라 12그 날에 다윗이 하나님을 두려워하여 이르되 내가 어떻게 하나님의 궤를 내 곳으로 오게 하리요 하고 13다윗이 궤를 옮겨 자기가 있는 다윗 성으로 메어들이지 못하고 그 대신 가드 사람 오벧에돔의 집으로 메어가니라 14하나님의 궤가 오벧에돔의 집에서 그의 가족과 함께 석 달을 있으니 여호와께서 오벧에돔의 집과 그의 모든 소유에 복을 내리셨더라

다윗 성으로 법궤를 이동하다

다윗이 헤브론에서 왕이 되자 '기럇여아림'에 있던 법궤를 다윗 성으로 옮기려 하였다. 이스라엘 백성들은 대속죄일에 하나님을 만날 때에 성막의 지성소 안에 있는 법궤 앞에서 하나님을 만났다. 하나님은 지성소의 법궤 뚜껑인 속죄소 위에 임재하셨다. 대제사장이 제물의 피

를 일곱 번 뿌리고 백성의 죄를 속죄한 후에 하나님을 만났다.

그 법궤를 마침내 다윗 성으로 옮겨 하나님의 뜻을 궤 앞에서 묻겠다는 것이 다윗 왕의 의도였다. 법궤를 다윗의 도성인 예루살렘으로 모시려고 한 것은 하나님 중심으로 정치하겠다는 다윗의 신앙이 잘 나타나 있다. 사울 왕 때에는 그리 하지 못했다(대상13:3). 하나님의 법궤가 유다에 속한 '기럇여아림'에 있었지만(대상13:6) 사울은 법궤를 자기가 정치하던 '기브아'에 모시지 않았다(삼상15:34). 그는 하나님의 뜻을 따르기보다 자기의 주관대로 정치를 하였고 하나님의 말씀대로 순종하지 않았다.

삶의 우선순위는 먼저 하나님께 묻는 것이다. 다윗 왕은 온 이스라엘 백성들이 하나님 중심의 신앙을 가지도록 하기 위하여 법궤를 옮기게 되었다(대상13:5,6). 그런데 법궤는 반드시 제사장들이 메고 이동해야 한다. 일반인이 함부로 만지거나 속죄소를 열고 볼 수도 없었다. 죄인이 감히 거룩하신 하나님을 접촉할 수 없다는 것이다. 하나님을 볼 수도 없고 감히 하나님 앞에 나갈 수도 없다. 단지 중보자인 제사장이 제물의 피를 가지고 들어갈 때만 하나님을 만날 수 있었다.

법궤를 만진 웃사

왕의 명령에 따라 '아비나답'의 집에서 법궤를 모시고 나오면서 그의 아들 '웃사'와 '아히오'가 궤를 새 수레에 싣고 나왔다(삼하6:3, 대상13:7). 아마 일을 주관하는 자들이 법궤 이동에 대한 말씀을 예사로 생각했든지, 아니면 좀 더 편하게 이동하고 싶었던 것 같다. 새 수레를 장만한 것으로 보아 그들이 정성을 쏟은 것은 분명하다. 자기들 생각에는 정성껏 잘 한다고 했지만 하나님이 보실 때에는 올바르지 못한 방법이었다. 하나님의 뜻대로 하지 않고 자기들의 주관대로, 자기들이 편한 방법을 택했던 것이다. 블레셋 사람들이 법궤를 유다에 되돌려 보낼 때 수레에 실어보냈다(삼상6:8). 이스라엘 사람들은 하나님의 방법대로 법궤를 이동하지 않고 이방인들이 한 대로 따라하였다.

실책을 깨닫지 못한 다윗과 이스라엘 온 무리는 하나님 앞에서 힘을 다하여 뛰놀며 노래하며 수금과 비파와 여러 악기로 연주하였다(대상 13:8). 새 수레를 몰고 나오던 '웃사'가 하나님의 임재의 상징인 법궤를 수레에 싣고 가는 것이 잘못된 것인 줄 깨닫지 못했다.

'기돈의 타작마당'에 이르렀을 때, 소들이 뛰므로 웃사가 손을 펴서 궤를 붙들었다(9절). 아마 흔들려 넘어질까 염려했기 때문일 것이다. 법궤를 만진 것은 곧 하나님과 접촉한 것이다. 함부로 하나님을 접촉한 웃사에게 진노하셔서 그 자리에서 웃사를 치셨다. 과거에도 하나님의 법궤를 만지고 열어서 보다가 '벧세메스' 사람들이 많이 죽은 적이 있었다(삼상6:19).

웃사가 갑자기 죽자 흥겹고 즐거운 분위기는 일시에 중단이 되었다(대상13:10). 다윗은 하나님의 진노하심을 보고 두려워하여 더 이상 법궤를 모시고 가지 못하고 석 달 동안 '오벧에돔'의 집에 머물게 하였다.

법궤를 만진 웃사가 죽은 이 사건이 예수 그리스도와 무슨 상관이 있다는 것인가? 예수님을 통하지 않고는 누구라도 감히 하나님을 만날 수 없고 구원을 받을 수 없음을 말하고 있다.

"예수께서 이르시되 내가 곧 길이요 진리요 생명이니 나로 말미암지 않고는 아버지께로 올 자가 없느니라"(요14:6).

구약의 하나님은 죄에 대하여 엄격하게 차단하셨다. 성소와 지성소 앞에는 두꺼운 휘장이 가로막혀 있었다. 죄인이 하나님을 만나거나, 하나님의 임재를 목격하지 못하게 차단한 것이다. 오직 제물의 피가 없이는 하나님 앞에 감히 나올 수 없도록 하셨다. 죄의 삯은 사망이다. 속죄를 위해서는 생명의 희생이 있어야 가능하다.

예수 그리스도의 십자가의 보혈이 아니고는 어느 누구도 하나님을 만날 수 없고 아버지라 부를 수 없다. 십자가의 대속의 피를 믿지 않고는 구원을 받을 수 없는 것이다.

신약의 하나님은 우리의 죄를 용서하기 위하여 오셨다. 구약의 하나님은 감히 접촉할 수 없는 하나님이었다면, 신약의 하나님은 화목 제물이 되신 예수님을 통하여 가까이 만날 수 있는 하나님이 되셨다.

예수님은 사람들을 사랑하셨고 안수기도해 주셨으며 어린 아이들을 품에 안아 주셨다. 사람들은 능력을 받기 위하여 예수님의 옷을 만지기도 했고 예수님 가까이 따라다녔다.

십자가의 대속의 피 공로를 믿는 자는 이제 하나님을 가까이 만난 사람들이다. 하나님을 만났을 뿐만 아니라 거룩하신 하나님의 자녀가 되었다. 함부로 가까이 다가갈 수 없는 엄위하신 하나님이 아니라 우리 마음에 모시게 된 아버지 하나님이 되셨다. 우리는 예수님을 믿고 마음에 영접하면 하나님의 자녀가 되는 놀라운 권세를 부여받는다(요1:12).

오직 십자가로 말미암아

하나님의 법궤는 제사장들이 메고 이동해야 하고, 만질 수도 없었다. 우리가 하나님을 만날 수 있는 유일한 방법은 십자가를 지신 예수 그리스도를 믿고 순종하는 것이다. 그리고 우리도 십자가를 지는 마음으로 교회를 위하여 헌신하고 봉사해야 한다. 수레에 짐을 싣고 편히 옮기는 것처럼 신앙은 인간 중심의 편의주의로 가서는 안 된다. 하나님의 뜻대로 살기 위하여 자기를 부인하고 오직 십자가를 지고 주님을 따라야 한다.

"이에 예수께서 제자들에게 이르시되 누구든지 나를 따라오려거든 자기를 부인하고 자기 십자가를 지고 나를 따를 것이니라"(마16:24).

예수님도 우리의 죄를 짊어지신 어린 양이 되셨다. 우리 대신 십자가를 지셨기 때문에 인간 구원을 위한 하나님의 뜻을 성취할 수 있었다(요1:29). 예수님을 믿고 따른다면, 자기의 주관이나 고집대로 행하지 않고 자기를 부인하고 성경 말씀대로 순종하는 삶을 살아야 한다. 법궤를 만져서는 안 된다는 것은 죄인인 우리가 감히 하나님을 만날 수 없고, 오직 대제사장이신 예수 그리스도의 십자가의 피 공로로만 하나님을 가까이 대할 수 있다는 것이다. 또한 법궤를 제사장들이 메고 가야 한다는 것도 자기의 편한 방법이 아닌 예수 그리스도의 십자가의 방법으로만 하나님을 만나고 구원을 받는다는 진리를 깨닫게 한다.

은혜를 입은 오벧에돔

같은 법궤를 모시고 있었지만 '웃사'는 벌을 받았고, '오벧에돔'의 가족은 복을 받았다. 아마 웃사가 법궤를 모시는 일에 앞장 선 것을 보면, 그가 아비나답 집안의 장자나 신뢰받는 책임자였을 것이다. 그 가족들은 20년 동안 법궤를 모셨다(삼상7:1,2). 블레셋 사람들이 엘리제사장 시대에 법궤를 빼앗아 갔다가 재앙으로 인하여 법궤를 되돌려 준 이래로 아비나답의 가족들이 법궤를 계속해서 모시고 있었다. 상당한 세월 동안 법궤를 모시고 있었던 집안에는 웃사가 죽는 불행이 생기고, 고작 법궤를 석 달밖에 모시고 있지 않았던 오벧에돔의 집은 복을 받았다.

그리고 전에 블레셋 사람들이 법궤를 가지고 갔을 때 큰 재앙을 당한 적이 있었다. 법궤가 블레셋의 '아스돗'에 있을 때에 그 지역 사람들이 독한 종기의 재앙을 당했다. 다시 '가드'로 옮겼을 때도 독한 종기의 재앙으로 고통을 받았고, 또 다시 '에그론'으로 옮겨졌을 때 종기의 재앙으로 사람들이 죽었다(삼상5:10-12).

웃사가 죽자 하나님의 진노를 두려워한 이스라엘 사람들이 감히 법궤를 자기의 집에 모시는 것을 원하지 않았을 것이다(삼하6:9,10). 그래서 블레셋 출신인 '가드' 사람 '오벧에돔'의 집에 법궤를 임시로 모신 것은 아닌지 모르겠다. '오벧에돔'의 이름은 '에돔의 종'이란 뜻인데, 여호와 신앙에서는 거리가 먼 이름이다. 그의 출신도 이방 블레셋의 '가드'였다. 그럼에도 불구하고 오벧에돔의 가족들은 복을 받았다(대상 26:5).

블레셋 사람이기 때문에 저주를 받고, 유대인이기 때문에 복을 받는 것이 아니라는 것이 사실로 드러났다. 블레셋 사람이든지 유대인이든지 하나님의 뜻을 따르지 않을 때 법궤를 모시고 있어도 그들에게 재앙이 내렸다. 그러나 하나님의 뜻을 순응하고 겸손하게 받아들인 자는 오벧에돔과 같이 복을 받는다. 오벧에돔의 가족이 복을 받은 것은 그들이 무엇인가 선한 일을 했기 때문이 아니라 하나님의 임재를 받아들이고 은혜를 입었기 때문이다.

우리가 믿는 예수 그리스도는 불순종의 사람들에게 심판의 주님이 되시지만, 순종하여 은혜를 입은 자들에게는 구원과 복을 주신다.

> "그를 믿는 자는 심판을 받지 아니하는 것이요 믿지 아니하는 자는 하나님의 독생자의 이름을 믿지 아니하므로 벌써 심판을 받은 것이니라"(요3:18).

똑 같은 법궤였지만 행실이 나쁜 엘리 제사장의 두 아들인 '홉니' 와 '비느하스' 가 법궤를 가지고 전쟁에 나갔을 때는 전사하였다(삼상2:22, 4:11). 그들은 법궤를 모신 거룩한 제사장이었지만 죽임을 당했다. 그러나 '오벧에돔' 은 블레셋 가드 출신이었지만 석 달 동안 법궤를 모시고 있는 동안에 복을 받았다. 그가 하나님의 은혜를 입었기 때문이다.

예수 그리스도는 십계명이 든 법궤와 같이 복음을 받아들이고 하나님의 은혜를 입은 자에게는 구원과 복을 주시는 분이지만, 믿는다고 하지만 여전히 범죄하고 불순종하는 자에게는 저주와 형벌의 심판주이시다. 하나님의 말씀대로 순종하여 은혜와 복을 받는 성도가 되어야 할 것이다.

오르난의 번제와 그리스도

대상 21:22-24

22다윗이 오르난에게 이르되 이 타작하는 곳을 내게 넘기라 너는 상당한 값으로 내게 넘기라 내가 여호와를 위하여 여기 한 제단을 쌓으리니 그리하면 전염병이 백성 중에서 그치리라 하니 23오르난이 다윗에게 말하되 왕은 취하소서 내 주 왕께서 좋게 여기시는 대로 행하소서 보소서 내가 이것들을 드리나이다 소들은 번제물로, 곡식 떠는 기계는 화목으로, 밀은 소제물로 삼으시기 위하여 다 드리나이다 하는지라 24다윗 왕이 오르난에게 이르되 그렇지 아니하다 내가 반드시 상당한 값으로 사리라 내가 여호와께 드리려고 네 물건을 빼앗지 아니하겠고 값 없이는 번제를 드리지도 아니하리라 하니라

생사(生死)의 경계선

성지순례를 갔을 때 이집트와 이스라엘의 경계 지역인 '타바'를 통과하면서 "이렇게 다를 수가 있을까"라는 생각을 했다. 이집트는 온통 황량한 사막 같았고, 이스라엘은 연계된 땅인데도 불구하고 거기에는 대추야자의 과수원을 비롯하여 공원들이 아름답게 정비되어 있었다. 푸른 나무와 정원이 있는 곳에는 스프링클러가 돌아가고 있었다. 국경선을 중심으로 사람들의 모습과 삶의 자세도 확연히 달랐다. 이집트 사람들은 과묵한 편이고 얼굴이 다소 어두워보였고, 행동은 느렸다. 그러나 이스라엘 사람들은 눈이 반짝이고 무슨 일이든지 민첩하고 세밀했다.

우리나라도 그렇지 않는가. 군사분계선 북쪽과 남쪽은 얼마나 판이

한가? 말씨도 차이가 나고 얼굴의 표정도 차이가 나고 건강상태도 차이가 난다. 이념도 다르고 신앙관도 다르다. 같은 한반도의 사람이지만 하나의 경계선이 사람을 다르게 만든 것이다.

'오르난'의 타작마당은 죽음과 삶의 경계였다. 하나님의 재앙인 전염병으로 이스라엘 백성들 중에 죽은 자가 칠만 명에 이르렀다(14절, 삼하24:15). 그러나 오르난과 그 아들들은 밀을 타작하고 있었다(20절). 아직 거기까지 전염병의 재앙이 미치지 않았다. 하나님의 긍휼이 없었더라면 그들과 예루살렘 성의 주민들도 많이 죽었을 것이다. 하나님의 은혜로 다윗이 그 타작마당에서 번제를 드린 후에는 죽음의 천사가 칼을 거두었다.

출애굽기 12장에 열 가지 재앙 중에 마지막 재앙을 내리는 천사가 애굽의 집마다 찾아들어가 장자를 죽였다. 아마 본문의 전염병을 일으키는 '멸하는 천사'도 비슷한 존재였을 것이다(15절). 이 천사는 하나님의 명령을 받아 파괴하는 임무를 맡은 자이다.

멸하는 천사가 하늘과 땅 사이에 서서 예루살렘도 멸하려고 칼을 빼 들고 서 있었다(16절). 오르난의 타작마당은 인생의 생사(生死)를 결정하는 경계선이 되었다. 지금 우리에게 생사(生死)를 결정하는 경계선은 무엇인가? 예수 그리스도의 십자가가 아닌가? 예수님을 구주로 믿는 자는 구원을 받고, 그렇지 않는 자는 죄로 말미암아 멸망을 받게 된다. 예수 그리스도에 대한 신앙 유무(有無)에 따라 생명의 길이 나누어지는 것이다.

"좁은 문으로 들어가라 멸망으로 인도하는 문은 크고 그 길이 넓어 그리로 들어가는 자가 많고, 생명으로 인도하는 문은 좁고 길이 협

착하여 찾는 자가 적음이라"(마7:13,14).

예수님이 목자로 묘사된 말씀에는 목자의 오른쪽에는 양이, 왼쪽에는 염소가 있는 것으로 표현되어 있다. 이 역시 구원을 받는 자와 구원을 받지 못하는 자의 양분(兩分)을 뜻한다.

오르난의 타작마당에 제단을 쌓다

다윗 왕이 하나님의 은혜로 승승장구하면서 그는 교만해졌다. 그래서 자기의 군사력이 얼마나 되는지 알기 위하여 요압 장군에게 인구조사를 시켰다(대상21:1-5). 하나님은 이 일을 기뻐하지 않으시고 악하게 보셨다(대상21:7). 다윗도 나중에는 자기가 범죄했다고 고백했다(삼하24:10).

하나님께서 이스라엘에 대하여 진노하신 이유는 그들이 일시 동안 압살롬의 반역을 따라 갔던 것과(삼하15:12), 세바의 반란을 지지했던(삼하20:1,2) 큰 죄악 때문이다. 하나님께서 이스라엘을 징벌하시기 위하여 다윗이 교만하여 실수하는 것을 방치하셨다. 사람이 죄의 유혹을 받을 때에 하나님께서 범죄하도록 내버려두는 것도 일종의 벌이다.

하나님은 선지자 '갓' 을 통하여 세 가지 재앙 중 하나를 선택하게 하였고, 다윗은 하나님의 손에 벌을 받기 원하였다. 하나님은 이스라엘 백성들에게 전염병을 내리셨고 이스라엘 백성들이 많이 죽었다(대상21:14). 마침내 죽음의 천사가 예루살렘 산 위에 있는 오르난의 타작마당에 이르렀을 때, 하나님은 전염병 재앙의 중지를 선포하셨다(대상

21:15). 그리고 다윗은 장로들과 더불어 굵은 베옷을 입고 얼굴을 땅에 대고 엎드려 회개했다.

선지자 '갓'이 여부스 사람 오르난의 타작마당에서 여호와를 위하여 제단을 쌓으라고 다윗에게 지시했다(대상21:18). 이 사건은 오르난의 타작마당에 여호와를 위한 성전이 서게 되는 영적인 근거가 된다. 그 장소에서 죽음은 멈추고 생명을 건지는 역사가 일어났다.

다윗은 다급해졌다. 한 사람의 목숨이라도 더 상하게 할 수 없었다. 그는 오르난의 타작마당을 사서 번제와 화목제를 드렸다. 오르난은 왕에게 그 땅을 그냥 가지라고 말했지만, 다윗은 상당한 값을 지불하였다 (삼하24:24,대상21:25). 사무엘하와 역대상에는 오르난의 땅과 소에 대한 지불 금액이 다르게 기록되어 있다. 박윤선 박사는 사무엘하의 은 50세겔은 좁은 타작마당의 값으로 설명하고, 역대상의 은 600세겔은 넓은 성전 부지를 다 포함한 가격이므로 그 값이 많다고 해석했다.

이것 외에도 두 책에는 군사의 수도 차이가 난다. 사무엘하에는 130만 명으로, 역대상에는 157만 명으로 기록되어 있다(대상21:5). 이 차이도 박윤선 박사는 요압이 왕의 명령을 못마땅하게 생각하여 레위와 베냐민 사람은 계수하지 않았기 때문에 차이가 난 것으로 이해하고 있다(대상21:6). 혹은 계수하는 자가 이방인의 수까지 넣었기 때문이라고 추측한다. 또 다른 점은 사무엘하에는 타작마당의 주인이 '아라우나'로 나오고, 역대상에는 '오르난'으로 나온다. 학자들은 같은 인물로 보고 있다.

상당한 값을 지불함

다윗은 오르난에게 상당한 금액을 주고 번제를 드렸다. 제사는 대가를 마땅히 지불해야 한다. 사람의 죄를 사하기 위하여 제물의 목숨을 대신 바쳐야 하는 것이다.

> "다윗 왕이 오르난에게 이르되 그렇지 아니하다 내가 반드시 상당한 값으로 사리라 내가 여호와께 드리려고 네 물건을 빼앗지 아니하겠고 값 없이는 번제를 드리지도 아니하리라. 그리하여 다윗은 그 터 값으로 금 육백 세겔을 달아 오르난에게 주고, 다윗이 거기서 여호와를 위하여 제단을 쌓고 번제와 화목제를 드려 여호와께 아뢰었더니 여호와께서 하늘에서부터 번제단 위에 불을 내려 응답하시고 여호와께서 천사를 명령하시매 그가 칼을 칼집에 꽂았더라"(대상 21:24-27).

예수님이 우리의 죄를 사하실 때에 무흠하신 주님의 목숨을 값으로 지불하셨다. 십자가에 달려 모진 고난을 받으시고 보혈을 흘려주셨다. 주님의 보배로운 피의 값으로 우리가 구원을 받게 된 것이다.

> "너희가 알거니와 너희 조상이 물려준 헛된 행실에서 대속함을 받은 것은 은이나 금 같이 없어질 것으로 된 것이 아니요. 오직 흠 없고 점 없는 어린 양 같은 그리스도의 보배로운 피로 된 것이니라"(벧전 1:18,19).

예수님의 십자가는 하나님의 진노의 왕국과 자비의 왕국 사이의 경계이다. 십자가는 하나님과 원수가 된 자와 화해한 자의 경계가 되었다(골 1:20). 십자가는 무시무시한 영원한 죽음과 영원한 생명의 경계에 서 있다.

골고다 십자가의 경계선에서 한 강도가 구원을 받았고, 십자가형을 맡았던 백부장이 "그는 과연 하나님의 아들이라"고 신앙을 고백했다. 탈북자들이 생사의 경계를 넘어 한국에 도착하면 '살았다!' 라고 탄성을 지를 것이다. 오르난의 타작마당이 이스라엘의 생사의 갈림길이 된 것 처럼, 예수 그리스도의 십자가가 생사의 갈림길이다. 예수님의 십자가를 통한 구원을 믿지 않는 자는 영원한 멸망인 지옥으로 떨어지고, 십자가의 구원을 믿고 예수님 안으로 들어오는 자는 영생을 얻게 된다.

"아들이 있는 자에게는 생명이 있고 하나님의 아들이 없는 자에게는 생명이 없느니라"(요일5:12).

오르난의 타작마당은 약 일천년 전에 믿음의 조상 아브라함이 독자 이삭을 번제로 드리려고 했던 모리아 산이다. 다윗의 제단이 세워진 그 자리에 그 아들 솔로몬이 성전을 건립하게 되었던 것이다.

"솔로몬이 예루살렘 모리아 산에 여호와의 전 건축하기를 시작하니 그 곳은 전에 여호와께서 그의 아버지 다윗에게 나타나신 곳이요 여부스 사람 오르난의 타작마당에 다윗이 정한 곳이라"(대하3:1).

희생 제물이 없고서는 구원이 없다. 그리스도의 십자가의 희생으로 우리가 구원을 받았다. 죽음의 경계선에 서 있었던 우리에게 예수 그리스도께서 구원의 손을 내밀어 주셨다. 그 구원의 손을 잡는 순간에 하나님의 진노가 풀렸다.

48

해방자 고레스와 그리스도

스 1:1-4

1바사 왕 고레스 원년에 여호와께서 예레미야의 입을 통하여 하신 말씀을 이루게 하시려고 바사 왕 고레스의 마음을 감동시키시매 그가 온 나라에 공포도 하고 조서도 내려 이르되 2바사 왕 고레스는 말하노니 하늘의 하나님 여호와께서 세상 모든 나라를 내게 주셨고 나에게 명령하사 유다 예루살렘에 성전을 건축하라 하셨나니 3이스라엘의 하나님은 참 신이시라 너희 중에 그의 백성 된 자는 다 유다 예루살렘으로 올라가서 이스라엘의 하나님 여호와의 성전을 건축하라 그는 예루살렘에 계신 하나님이시라 4그 남아 있는 백성이 어느 곳에 머물러 살든지 그 곳 사람들이 마땅히 은과 금과 그 밖의 물건과 짐승으로 도와 주고 그 외에도 예루살렘에 세울 하나님의 성전을 위하여 예물을 기쁘게 드릴지니라 하였더라

유다인 포로가 고국으로 귀환하다

고레스는 비록 바사(페르시아)의 왕이지만, 이스라엘의 포로를 예루살렘으로 돌려보내는 칙령을 선포했다(B.C.538년). 예레미야 선지자는 바벨론 포로생활 70년이 지나면 포로에서 귀환하게 될 것을 예언했다(렘25:11,29:10). 그 예언의 말씀대로 70년이 지나 바사의 '고레스' 왕이 하나님의 감동을 받아 이스라엘의 포로를 돌려 보냈으며 여호와의 성전을 건축하도록 독려했다.

"바사 왕 고레스는 말하노니 하늘의 하나님 여호와께서 세상 모든 나

라를 내게 주셨고 나에게 명령하사 유다 예루살렘에 성전을 건축하라 하셨나니, 이스라엘의 하나님은 참 신이시라. 너희 중에 그의 백성 된 자는 다 유다 예루살렘으로 올라가서 이스라엘의 하나님 여호와의 성전을 건축하라 그는 예루살렘에 계신 하나님이시라"(스1:2,3).

이사야 선지자는 장차 '고레스' 라는 인물이 하나님이 쓰시는 목자가 될 것이고, 성전 건축의 기초를 놓는 자가 될 것이라고 예언했다(사 44:28). 그리고 여호와의 기름 부음을 받은 자가 될 것이라고 예언했다(사45:1).

조병호 목사의 "성경과 5대 제국"에 보면 '고레스' 의 역사이야기가 나온다. '메대' (메디아)와 '바사' (페르시아)는 각기 도시국가 형태로 존재하고 있었다. 메대의 '아스티아게스' 왕에게 '만다네' 란 공주가 있었다. 어느 날 왕이 꿈을 꾸었는데, 공주 만다네가 소변을 했는데 전 도시가 물에 잠기고 아시아 전역에 물이 범람하는 꿈이었다. 사제들이 그 꿈에 대하여 해몽하기를 만다네가 낳은 아들이 왕을 배반하여 아시아 전역을 점령한다는 것이었다. 불길한 징조라고 생각한 왕은 자기 나라 메대에서 사위감을 고르지 않고 파사의 중류층보다 훨씬 낮은 신분에 있었던 '캄비세스' 란 청년에게 시집을 보냈다. 그런데 딸이 결혼하여 임신한 후에 왕은 전보다 더 불길한 꿈을 꾸었다. 그러자 아스티아게스 왕은 공주가 낳은 아기를 죽이는 것이 좋겠다고 판단하여 신복 '하르파고스' 를 보내 외손자를 죽이도록 했다. 그러나 그는 차마 왕의 명령대로 아기를 죽일 수 없어서 만다네가 낳은 아기를 산 속에 사는 소치기 내외에게 주었다. 나중에 그 아들은 '바사' 의 친부모인 만다네 공주에게로 보내지고, 결국 그 아들이 커서 고레스 왕(559-529년)이 되었다.

고레스는 메대의 도시 '에크바타나'로 진군하여 메대를 차지한 후(550년) 메대와 바사의 힘을 합하여 29년간 재위하면서 리디아, 앗수르, 바벨론을 정복하고 제국의 영토를 동쪽으로 확산하여 아시아의 지배자가 되었다(성경과 5대 제국 p.192-194).

고레스가 메대와 바사를 통일시키면서 유다 민족의 포로 해방을 명령하게 되었다. 고레스 왕은 B.C.537년에 바사에 있던 유다인을 1차 포로귀환하도록 했다. 그는 앗수르 제국의 혼혈주의나 바벨론 제국의 인질 교육정책과 달리 관용의 정책을 펴기로 결심했다. 그래서 점령한 대부분의 지역에서 끌려온 포로들을 각 나라로 돌려보내는 정책을 폈던 것이다. 성경은 하나님께서 고레스의 마음을 감동시키셨다고 기록하고 있다(스1:1). 하나님께서 그에게 선한 마음을 주셨고 유다 민족을 예루살렘으로 돌아가도록 감동시키셨다.

유대인 역사가 요세푸스(Josepus)에 의하면 고레스가 그 당시로부터 약 150여년 전에 이사야 선지자가 예언했던 자신에 대한 예언을 읽고 그런 선한 결심을 했다고 말한다. 그리고 신학자 '그로세드'(H.H. Grosheide)도 그의 '에스라' 주석에서 유다인들이 '고레스에 관한' 선지자들의 예언을 그에게 알려주어 그가 바벨론을 제압하고 승리할 것을 알려주었기 때문에 그가 유다인의 해방을 적극적으로 힘썼을 것이라고 말했다.

고레스는 그리스도의 모형

바사 왕 고레스(כּוֹרֶשׁ)의 이름의 뜻은 '태양', '보좌'이다. 온 세상을 어둠에서 빛으로 나가게 하는 것이 태양이 아닌가? 말라기 선지자는 장차 오실 그리스도를 '태양'으로 묘사했다.

> "내 이름을 경외하는 너희에게는 공의로운 해가 떠올라서 치료하는 광선을 비추리니 너희가 나가서 외양간에서 나온 송아지 같이 뛰리라"(말4:2).

그리고 요한도 초림의 예수 그리스도를 '세상의 빛'으로 묘사했다.

> "참 빛 곧 세상에 와서 각 사람에게 비추는 빛이 있었나니 그가 세상에 계셨으며 세상은 그로 말미암아 지은 바 되었으되 세상이 그를 알지 못하였고"(요1:9,10).

'고레스'는 포로가 된 한 맺힌 이스라엘 백성에게 해방을 준 구원자였고 빛과 같은 존재였다. 그래서 이사야 선지자는 사44:28에서 고레스를 가리켜 '그의 목자'로 표현하고 있다. 선택받은 유다인이 아닐지라도 하나님은 페르시아의 고레스를 이스라엘을 해방시키는 목자로 쓰셨다. 고레스는 해방자 예수 그리스도의 그림자이다.

예수님은 우리의 해방자이시다. 죄와 사탄의 세력으로부터 우리를 해방시키셨다. 어둠의 세력과 죽음과 지옥의 고통으로부터 우리를 해방시키셨다. 우리는 죄와 사탄의 포로가 되어 죄와 죽음의 법에서 벗어나지 못하고 몸부림치고 부르짖었다. 예수님은 죄의 세력에 포로 된 우리를 해방시켜 주시고 참 자유를 주셨다.

> "그러나 이제는 너희가 죄로부터 해방되고 하나님께 종이 되어 거룩

함에 이르는 열매를 맺었으니 그 마지막은 영생이라"(롬6:22).
"그러므로 이제 그리스도 예수 안에 있는 자에게는 결코 정죄함이 없나니, 이는 그리스도 예수 안에 있는 생명의 성령의 법이 죄와 사망의 법에서 너를 해방하였음이라"(롬8:1,2).
"우리를 사랑하사 그의 피로 우리 죄에서 우리를 해방하시고"(계1:5).

예수님의 십자가의 보혈로 우리를 죄와 사망의 법에서 해방시켜 주셨다. 그러므로 예수 그리스도 안에 있는 자는 결코 정죄함이 없다. 예수님 안에서 참된 자유의 기쁨을 누리며 영생의 복을 누리게 된다. 죄의 삯은 사망이지만, 예수님이 주시는 은사는 영생이다(롬6:23).

총독 스룹바벨과 그리스도

스 3:8

8예루살렘에 있는 하나님의 성전에 이른 지 이 년 둘째 달에 스알디엘의 아들 스룹바벨과 요사닥의 아들 예수아와 다른 형제 제사장들과 레위 사람들과 무릇 사로잡혔다가 예루살렘에 돌아온 자들이 공사를 시작하고 이십 세 이상의 레위 사람들을 세워 여호와의 성전 공사를 감독하게 하매

유다 왕족인 총독 스룹바벨

스룹바벨은 하나님의 성전을 재건축하여 하나님께 영광을 돌린 자이다. 바사 왕 '고레스'는 B.C.537년에 그를 총독으로 임명하여 바사국에 있던 유다인 약 오만 명과 함께 고향 예루살렘으로 귀환하도록 칙령을 내렸다(스2:64,65). 그리고 그에게 예루살렘 성전을 건축하도록 지시했다(8,9절).

사마리아인들의 방해 공작으로 성전의 기초를 놓다가 건축이 중단된 채 약 16년의 세월을 허송하다가, 바사 왕 '다리오' 이 년에 다시 재개하여 B.C. 515년에 '스룹바벨 성전'을 완공하게 되었다(스4:24).

학개와 스가랴 선지자는 스룹바벨에게 메시야적 영광을 부여하고 있다. 스룹바벨이 성전을 재건축하고 예루살렘의 영광과 이스라엘의 영광을 회복시킨 지도자가 된 것은 장차 오실 메시야이신 예수 그리스도의 그림자로 해석한 것이다. 그리스도는 자신이 제물이 되어 십자가에서 죽으심으로 거룩한 성전이 되어 죄인인 온 인류가 죄 용서함을 받고 하나님을 만나도록 해 주셨다. 두 선지자는 구약에서 그 예수님의 그림자의 역할을 한 사람이 바로 스룹바벨이라는 것이다.

> "만군의 여호와가 말하노라. 스알디엘의 아들 내 종 스룹바벨아 여호와가 말하노라 그 날에 내가 너를 세우고 너를 인장으로 삼으리니 이는 내가 너를 택하였음이니라 만군의 여호와의 말이니라 하시니라"(학2:23).
> "말하여 이르기를 만군의 여호와께서 이같이 말씀하시되 보라 싹이라 이름하는 사람이 자기 곳에서 돋아나서 여호와의 전을 건축하리라. 그가 여호와의 전을 건축하고 영광도 얻고 그 자리에 앉아서 다스릴 것이요 또 제사장이 자기 자리에 있으리니 이 둘 사이에 평화의 의논이 있으리라"(슥6:12,13).

스가랴 선지자는 "먼 데 사람들이 와서 여호와의 전을 건축할 것이라"고 말씀하셨는데(슥6:15), 그것은 바벨론에서 돌아온 유다인들을 뜻한다. '싹이라 불리는 사람'은 일차적으로는 총독 '스룹바벨'을 뜻한다. 장차 오실 그리스도 역시 선지자들은 '메마른 땅에서 올라온 싹'으로 표현하고 있다. 나무가 완전히 잘려서 그루터기만 남기고 있는데 봄에 그 밑둥에서 새싹이 올라온 것을 말한다.

스룹바벨의 이름은 '바벨론의 씨, 혹은 바벨론의 후손'이란 뜻이다. 그 이름부터 그는 유다인이 아닌 이방인처럼 된 사람이었다. 그런데 그가 본연의 정체성을 찾게 되었다. 그는 대가 끊겨버린 유다의 왕족이다. 바벨론 느부갓네살에 의해 포로로 잡혀간 유다의 왕 '여호야긴'(여고냐)의 손자이다.

"바벨론으로 사로잡혀 갈 때에 요시야는 여고냐와 그의 형제들을 낳으니라. 바벨론으로 사로잡혀 간 후에 여고냐는 스알디엘을 낳고 스알디엘은 스룹바벨을 낳고"(마1:11,12).

느부갓네살의 후계자인 '에윌므로닥'(562-560년)이 즉위한 그 해에 포로로 잡혀갔던 '여호야긴' 왕이 포로 된 지 37년만에 옥에서 해방이 되었다(왕하25:27-30). 유다 왕통의 후손을 지키려는 하나님의 은혜가 아닐 수 없다. 후일에 스룹바벨이 여호야긴의 손자로 태어나서 포로들과 함께 예루살렘으로 돌아가 여호와의 성전을 건축하고 하나님의 영광을 회복하게 되었다(대상3:16-19, 스6:13-15).

하나님은 이스라엘 백성들에게 장차 오실 메시야는 유다 자손 중에서 나오며 다윗의 왕통에서 올 것이라고 예언하셨다. 그러므로 유다의 왕이었던 여호야긴이 살았고 그 왕통에서 손자 스룹바벨이 새싹처럼 피어나 유다의 총독이 되어 다시 성전을 건축하게 되었던 것이다. 그리고 마침내 그 후손인 요셉과 마리아가 그들의 고향이며 다윗의 고향인 베들레헴에 호적을 등록하러 갔다가 온 세상의 구세주이신 예수 그리스도를 탄생시키게 되었다. 메시야의 오심이 하나님이 말씀하신 그대로 성취되었다.

메시야를 예표한 스룹바벨

에스라 2장에는 제 1차 포로귀환자들 명단이 나와 있다. 그들 중 스룹바벨을 비롯한 유다 지도자들의 명단이 먼저 서술되어 있다(스2:1,2).

"곧 스룹바벨과 예수아와 느헤미야와 스라야와 르엘라야와 모르드개와 빌산과 미스발과 비그왜와 르훔과 바아나 등과 함께 나온 이스라엘 백성의 명수가 이러하니"(2절).

이들은 유다의 광복운동의 선구자이며 하나님의 성전 재건의 헌신자들이다. 이들은 일반 민중의 인솔자였고 하나님의 말씀을 가르쳤던 자들이다. 이들은 주로 유다와 베냐민 지파의 족장들이고 레위 지파의 제사장과 성전의 일을 맡은 레위 사람들이다. 백성의 지도자로 이들은 하나님께 감동을 받고 백성들을 인솔하였다(스1:5).

오늘날도 교회의 지도자들은 인간의 재능만으로 섬기는 것이 아니라, 성령님의 감동을 받아야 한다.

"그가 내게 대답하여 이르되 여호와께서 스룹바벨에게 하신 말씀이 이러하니라 만군의 여호와께서 말씀하시되 이는 힘으로 되지 아니하며 능력으로 되지 아니하고 오직 나의 영으로 되느니라"(슥4:6).

귀환자들의 우선 목적은 여호와의 성전을 건축하는 일이었다. 그 사역에 하나님의 감동을 받은 스룹바벨이 앞장을 섰다. 그는 왕 같은 지도자로 세움을 받아 하나님의 성전을 건축하였고, 메시야를 예표하는 자가 되었다.

야곱은 일찍이 유다 지파의 자손이 모든 형제의 왕이 될 것을 예언하였다. 그 혈통에서 모든 백성을 복종시킬 메시야가 올 것을 예언하였다.

"규가 유다를 떠나지 아니하며 통치자의 지팡이가 그 발 사이에서 떠나지 아니하기를 실로가 오시기까지 이르리니 그에게 모든 백성이 복종하리로다"(창49:10).

스가랴 선지자는 이스라엘 민족에게 산과 같은 큰 어려운 문제를 유다 지파의 자손이며 다윗 왕의 혈통인 '스룹바벨'이 와서 해결할 것이라고 예언하였다. 그가 예루살렘 성전의 기초를 쌓고 완공까지 할 것이라고 예언하였다.

> "큰 산아 네가 무엇이냐 네가 스룹바벨 앞에서 평지가 되리라 그가 머릿돌을 내놓을 때에 무리가 외치기를 은총, 은총이 그에게 있을지어다 하리라"(슥4:7).
> "스룹바벨의 손이 이 성전의 기초를 놓았은즉 그의 손이 또한 그 일을 마치리라"(슥4:9).
> "이르되 이는 기름 부음 받은 자 둘이니 온 세상의 주 앞에 서 있는 자니라 하더라(슥4:14).

스가랴 선지자가 말한 '두 감람나무'와 '기름 부음 받은 두 사람'은 왕과 제사장을 뜻하는데, 성전의 기초를 놓은 스룹바벨과 예수아를 뜻한다. 순금 등대에 감람 기름이 부어져서 금빛 찬란한 빛을 밝히듯이 스룹바벨과 예수아는 이스라엘과 온 세상을 비추는 빛이 될 것이다.

스룹바벨은 장차 오실 메시야이신 그리스도의 그림자로서 예수 그리스도야말로 온 세상을 비추는 참된 빛임을 알리는 일을 하였다. 스룹바벨은 성전을 건축하였지만, 예수님은 무너진 성전을 대신하여 자신이 온 인류의 제물이 되어 영원한 성전이 되셨다. 그리고 온 세상 사람들이 하나님의 은총을 입어 죄사함을 받고 영원히 구원을 받도록 해 주셨다.

50

총독 느헤미야와 그리스도

느 1:3-7

3그들이 내게 이르되 사로잡힘을 면하고 남아 있는 자들이 그 지방 거기에서 큰 환난을 당하고 능욕을 받으며 예루살렘 성은 허물어지고 성문들은 불탔다 하는지라 4내가 이 말을 듣고 앉아서 울고 수일 동안 슬퍼하며 하늘의 하나님 앞에 금식하며 기도하여 5이르되 하늘의 하나님 여호와 크고 두려우신 하나님이여 주를 사랑하고 주의 계명을 지키는 자에게 언약을 지키시며 긍휼을 베푸시는 주여 간구하나이다 6이제 종이 주의 종들인 이스라엘 자손을 위하여 주야로 기도하오며 우리 이스라엘 자손이 주께 범죄한 죄들을 자복하오니 주는 귀를 기울이시며 눈을 여시사 종의 기도를 들으시옵소서 나와 내 아버지의 집이 범죄하여 7주를 향하여 크게 악을 행하여 주께서 주의 종 모세에게 명령하신 계명과 율례와 규례를 지키지 아니하였나이다

눈물로 기도한 느헤미야

구약성경 마지막 역사에 등장하는 느헤미야는 이스라엘 민족을 사랑하여 온전히 자신을 헌신한 인물이다. 그는 바사 왕궁에서 '아닥사스다' 왕에게 술이나 음료를 올려드리는 술 관원이었다(11절). 왕의 최측근에서 고문 역할도 하는 고위직이었다.

그러나 그는 하나님의 성전이 있는 예루살렘과 이스라엘 민족을 위하여 눈물로 기도했던 신앙의 사람이다. 예루살렘 성벽이 무너지고 훼파되었다는 소식을 듣고 금식기도하는 중에 왕의 허락을 받아 이스라엘의 총독이 되어 성벽을 재건하는 위대한 일을 성취하게 된다. 그리고

학사 에스라와 함께 이스라엘 백성들의 불신앙과 율법에서 이탈한 생활들을 바로잡고 개혁하는 일에 앞장을 섰다.

총독 느헤미야는 선지자들이 예언한 초림의 예수 그리스도의 그림자이다. 그가 선택받은 이스라엘 민족을 위하여 눈물로 기도하고 금식한 것이나, 불의와 타협하지 않고 하나님의 영광을 위하여 성벽을 재건한 것은 예수님의 마음과 닮은 점이 있다.

느헤미야는 예루살렘이 큰 환난을 당하였고 성은 허물어지고 성문들은 불탔다는 말을 전해 듣고, 수일 동안 슬퍼하며 울었다. 하나님의 영광을 위하여 살아야 할 자기 민족의 고통에 함께 동참하여 울며 기도했다.

> "그들이 내게 이르되 사로잡힘을 면하고 남아 있는 자들이 그 지방 거기에서 큰 환난을 당하고 능욕을 받으며 예루살렘 성은 허물어지고 성문들은 불탔다 하는지라. 내가 이 말을 듣고 앉아서 울고 수일 동안 슬퍼하며 하늘의 하나님 앞에 금식하며 기도하여"(3,4절).

그리스도의 눈물의 기도

예수님도 영혼을 사랑하여 눈물을 흘리셨다. 죄로 말미암아 지옥의 고통을 받게 될 불쌍한 인생을 위하여 눈물을 흘리셨다. 죽은 나사로의 무덤 앞에서 우셨고, 거룩한 성 예루살렘이 무너질 것을 예견하시고 애통하셨다.

> "예수께서 그가 우는 것과 또 함께 온 유대인들이 우는 것을 보시고 심령에 비통히 여기시고 불쌍히 여기사 이르시되 그를 어디 두었느

냐 이르되 주여 와서 보옵소서 하니 예수께서 눈물을 흘리시더라"
(요11:33-35).

인간은 죄로 말미암아 병들어 죽게 되고 무덤에 들어가게 되니 왜 아니 슬프겠는가? 나사로의 누이들과 지인들이 울고 선 것을 보시고, 예수님의 마음도 찢어지게 아팠다. 주님은 나사로의 무덤 앞에서 불쌍한 인간을 생각하시면서 눈물을 흘리셨다. 인간 구원의 시작은 죄를 지은 인간을 향한 이 불쌍함과 비통함이다. 마음의 아픔과 눈물이 없고서는 사람의 영혼을 구원할 수 없다.

"가까이 오사 성을 보시고 우시며"(눅19:41).

예수님은 예루살렘의 멸망과 이스라엘 백성들의 고난을 예견하시고 성을 바라보시며 우셨다. 주님은 지금도 성도들 중에 믿음으로 바로 살지 못하여 고난 받게 될 자들을 향하여 안타까운 눈물을 흘리실 것이다. 그리고 믿음을 지키려고 하다가 모진 핍박과 환난을 당하는 자들을 보시며 눈물을 흘리며 우실 것이다. 우리의 구원자 예수 그리스도는 우리의 영혼을 사랑하시기 때문에 눈물을 흘리신다. 그 불쌍히 여기시고 긍휼히 여기시는 마음 때문에 우리가 구원을 받게 된 것이다.

느헤미야는 유대 민족과 예루살렘의 영광 회복을 위하여 금식기도하였다. 예루살렘에 대한 비극적인 소식을 들은 것은 양력으로 11-12월에 해당하는 '기슬르월'이다(느1:1). 그리고 아닥사스다 왕에게 얼굴에 수심이 있는 것이 발견된 것은 양력으로 3-4월에 해당하는 니산월이다(느2:1). 아마 그는 약 3-4개월 동안 금식하면서 기도한 것으로 짐작된다. 금식기도는 자기를 희생하는 기도다. 느헤미야는 민족을 위하여 자기의 생명도 아끼지 아니하고 희생하면서 기도했다.

예수님도 인류 구원을 위하여 금식기도하였고, 밤을 새워 기도하기도 하셨다.

"그때에 예수께서 성령에게 이끌리어 마귀에게 시험을 받으러 광야로 가사 사십 일을 밤낮으로 금식하신 후에 주리신지라"(마4:1,2).

사십 일의 금식은 목숨을 걸고 하는 기도이다. 우리의 영혼을 구원하시려고 주님은 자신의 목숨을 아낌없이 바치셨다.

"나는 선한 목자라 선한 목자는 양들을 위하여 목숨을 버리거니와"(요10:11).

악인과 타협하지 않은 느헤미야

그리스도의 속성 중의 하나는 죄를 미워하고 불의와 타협하지 않는 것이다. 느헤미야에게도 그런 점이 많이 드러났다. 대적 '산발랏'이 다섯 번이나 느헤미야에게 만나자고 제의를 했다(느6:2-7). 느헤미야는 불의와 거짓의 음모에 타협하지 않았다. 제사장 '스마야'가 느헤미야를 위하는 척 하면서 대적들이 죽일지 모르니 성소에 숨으라고 권하였지만, 느헤미야는 율법에 어긋난 일을 하지 않았다. 나중에 알고 보니 도비야와 산발랏에게 뇌물을 받고 느헤미야를 함정에 빠뜨리려 했던 것이다(느6:10-13).

느헤미야는 죄와 불의에 대하여 철저하게 대항하고 강력하게 조치를 취했던 인물이다. 성전 뜰 안에 있던 대적자 도비야의 방을 치운 것과 (느13:7,8) 대제사장 '엘리아십' 집안과 사돈을 맺은 산발랏의 사위된 자를 추방한 일과 이방인과 결혼한 자들을 엄히 다스린 일들은 그가 얼마나 죄를 미워하였는 지를 보여준다(느13:25,28). 그리고 율법대로 바로 행하지 않았던 십일조 문제와 안식일 성수의 문제도 엄격하게 시행하도록 가르쳤다(느13:10-12, 19-21).

예수님은 우리의 영혼은 사랑하시고 구원하시지만 죄는 미워하신다. 성전 뜰에서 장사하는 자들을 내어 쫓으시면서 "내 집은 만민이 기도하는 곳이다"고 말씀하시고 채찍으로 장사치들을 몰아내셨다(막11:15-17). 예수님은 외식하는 가증한 바리새인들과 서기관들에게 "회칠한 무덤"과 같은 자들이라고 책망하셨다. 죄와 불의를 용납하지 않으시고, 인간이 지은 모든 죄를 대신하여 주님께서 십자가의 형벌과 저주를 받으신 것이다.

느헤미야는 어려운 환경과 시련 가운데서도 예루살렘의 성벽 재건을 완공할 때까지 최선을 다하였다. 생활고에 대한 백성들의 호소와 대적들의 위협에도 불구하고 오직 하나님의 뜻을 이루기 위하여 심혈을 기울였다. 그는 끊임없이 하나님께 기도하며 백성들에게 협조를 구했다. 백성의 절반은 공사에 동원하고 절반은 무장시켜 원수를 방어하도록 했다. 마침내 52일만에 성벽이 완공되었다. 느헤미야와 온 이스라엘 백성들은 크게 찬송하고 감격하면서 하나님께 영광을 돌렸다.

예수님은 유대지도자들의 모함과 백성들과 제자들에게 배신을 당하시고 그 모진 십자가의 형을 받으셨다. 온 인류를 구원하셔야 하는 하나님의 계획을 십자가를 통하여 마침내 이루셨다. 사탄의 권세를 깨뜨리고 인류에게 구원의 길을 열어주셨다.

> "예수께서 신 포도주를 받으신 후에 이르시되 다 이루었다 하시고 머리를 숙이니 영혼이 떠나가시니라"(요19:30).
> "오직 이것을 기록함은 너희로 예수께서 하나님의 아들 그리스도이심을 믿게 하려 함이요 또 너희로 믿고 그 이름을 힘입어 생명을 얻게 하려 함이니라"(요20:31).

총독 느헤미야가 역경을 극복하고 예루살렘 성벽을 중건하여 하나님께 영광을 돌렸던 것처럼, 예수 그리스도는 십자가의 고난을 겪으시고 인류의 죄를 대속하심으로 하나님께 영광을 돌렸다.

51

에스더의 헌신과 그리스도의 십자가

에 4:16

16당신은 가서 수산에 있는 유다인을 다 모으고 나를 위하여 금식하되 밤낮 삼일을 먹지도 말고 마시지도 마소서 나도 나의 시녀와 더불어 이렇게 금식한 후에 규례를 어기고 왕에게 나아가리니 죽으면 죽으리이다 하니라

죽으면 죽으리이다

에스더는 영화로운 자리에 앉아 있던 바사(페르시아)의 왕비였다. 그의 남편이었던 바사 왕 '아하수에로'는 B.C.486-465에 통치하였던 크셀크세스(Xerxes)왕으로 전해지고 있다. 느헤미야 시대의 '아닥사스다' 왕(B.C.465-424) 바로 직전의 왕이다. 에스더서는 이스라엘 백성들이 제 1차 포로귀환 후, 2차 귀환이 이루어지기 전에 바사의 수산궁과 그의 통치 영역에서 일어났던 유대민족의 심각한 사건을 다루고 있다.

아말렉의 후손인 '하만'이 유대민족을 말살하려고 왕의 승인을 받으려 했다. 왕은 유다인을 몰살시키려는 악한 하만의 음모를 모르고 '유다인 학살'의 조서에 도장을 찍었다. 이미 왕이 결정한 일을 번복시키는 것은 대단히 어려운 일이었다. 어쩌면 에스더는 자신이 유다인이라는 사실이 발각이 되고, 왕이 제정한 규율에 따라 처형될 지도 모르는 상황이었다. 그리고 왕의 명령이 없고서는 비록 왕비라 할지라도 왕 앞

에 나갈 수 없는 법을 알면서도(에4:11), 에스더는 죽을 결심을 하고 아하수에로 왕 앞에 나섰다. 에스더가 자기의 유다 민족을 구원하기 위하여 목숨을 버릴 각오를 하였다.

> "당신은 가서 수산에 있는 유다인을 다 모으고 나를 위하여 금식하되 밤낮 삼 일을 먹지도 말고 마시지도 마소서 나도 나의 시녀와 더불어 이렇게 금식한 후에 규례를 어기고 왕에게 나아가리니 죽으면 죽으리이다 하니라"(에4:16).

에스더는 자기 민족을 살리기 위하여 자기의 목숨을 아끼지 않았다. 죽을 날을 받아놓은 온 유다인들과 '모르드개'는 하나님의 은혜를 입기 위하여 금식하며 부르짖었다.

그리스도의 십자가

예수님은 선택된 하나님의 백성을 구원하기 위하여 40일 금식기도를 하시면서 사탄의 시험을 이겨내셨다. 그리고 범죄한 인류를 구원하기 위하여 자신이 십자가를 지고 목숨을 바치셨다.

에스더는 영광스러운 왕비의 자리에서 죽게 될 유다인의 자리로 낮아졌다. 자신이 유다인이라는 것을 밝히고 자기 민족을 살려달라고 왕에게 간청했다. 왕이 말살시키기로 선포된 유다인인 것을 왕비 스스로 밝히는 것이 어찌 쉬운 일이었겠는가? 그러므로 에스더는 "죽으면 죽으리이다"라고 마음의 각오를 하였던 것이다. 자신의 목숨을 바쳐서라도 유다인들의 목숨을 구하려고 하였다. 그를 키워주었던 사촌 오빠 모르드개는 "네가 왕후의 자리를 얻은 것이 이 때를 위함이 아닌지 누가 알겠느냐"라고 하였다(14절). 하나님은 유다인에게 이런 큰 환난이 올 것을 예지하시고 미리 에스더를 왕후에 자리에 앉게 하셨을 것이다. 에스더는 유다인 구원을 위하여 하나님께서 선택한 사람이었다.

그와 같이 그리스도는 하나님께서 인류의 구원을 위하여 기름을 부어 세우신 구원자이시다. 유다인 구원에 에스더 한 사람의 역할이 결정적이었듯이, 온 인류의 구원에 예수 그리스도 한 분은 결정적인 역할을 하신 분이다. 그리스도의 십자가의 죽음과 부활이 아니고서는 어떤 누구도 인류의 구원 문제를 해결할 수 없었다.

예수님은 하나님의 아들의 영광스러운 자리에서 십자가의 죄수로 낮아지셨다. 십자가의 형벌이 얼마나 잔혹한가를 주님을 아신다. 그래서 그 전날 밤에 겟세마네 동산에서 피땀의 기도를 하시면서 "이 십자가의 쓴잔을 마시지 않을 수 없는지" 성부 하나님께 애타게 부르짖었다. "그러나 내 뜻대로 마옵시고 아버지의 뜻대로 되기 원합니다"고 부르짖어 기도하였다(마26:39). 예수 그리스도는 마침내 죄인들이 매달려야 할 십자가에 자신이 못 박혔다. 뜨거운 보혈을 흘리시고 생명을 희생하셨다. 그리고 온 인류의 죄를 사하시고 구원의 길을 열어놓으셨다. 누구든지 예수님을 구주로 믿는 자는 구원을 받을 수 있도록 은혜의 길을 열어놓으셨다.

유다인의 역전

12월 13일은 유다인들이 모두 학살되는 죽음의 날이었다. 그러나 에스더의 희생 각오로 그 죽음의 날이 구원의 날이 되었고, 반대로 원수를 갚는 날이 되었다(에8:12,13).

> "아달월 곧 열두째 달 십삼일은 왕의 어명을 시행하게 된 날이라. 유다인의 대적들이 그들을 제거하기를 바랐더니 유다인이 도리어 자기들을 미워하는 자들을 제거하게 된 그 날에"(에9:1).

유다인을 죽이려고 벼루고 있던 원수들이 오히려 죽게 된 그 날 12월 13일은 유다인에게 역전의 날이요 새 생명과 축제의 날이 되었다.

우리는 하나님 앞에서 범죄하였고 저주와 형벌을 받아야 마땅했다. 종국에는 지옥에 떨어져 영원히 고통을 받아야 했던 어둠의 자식들이었다. 그러나 예수 그리스도가 우리를 위하여 십자가를 지고 죽으시는 그 날에 상황은 역전이 되었다. 그리스도를 구주로 믿는 자들은 하나님의 저주와 형벌에서 풀려나게 되었고, 지옥의 고통에서 천국의 영광으로 자리를 옮기게 되었다. 예수 그리스도의 십자가와 부활의 사건은 죄로 말미암아 죽어야 할 사람이 살아서 영생을 얻게 되는 기회가 되었다.

십자가 사건은 우리의 영혼을 죽이려던 사탄의 세력이 오히려 짓밟히고 죄가 파괴되는 반전을 일으켰다. 그리스도의 부활은 우리 생명의 첫 열매가 되었고, 후일에 천국에 올라가 영광스러운 몸을 입고 영원토록 살게 될 것이다. "죽으면 죽으리라" 하고 희생을 각오한 에스더의 헌신적인 신앙에서 우리는 그리스도의 십자가의 희생과 사랑을 본다. 그래서 에스더는 예수 그리스도의 그림자이다.

52

부림절과 그리스도의 승리

에 9:24-28

24곧 아각 사람 함므다다의 아들 모든 유다인의 대적 하만이 유다인을 진멸하기를 꾀하고 부르 곧 제비를 뽑아 그들을 죽이고 멸하려 하였으나 25에스더가 왕 앞에 나아감으로 말미암아 왕이 조서를 내려 하만이 유다인을 해하려던 악한 꾀를 그의 머리에 돌려보내어 하만과 그의 여러 아들을 나무에 달게 하였으므로 26무리가 부르의 이름을 따라 이 두 날을 부림이라 하고 유다인이 이 글의 모든 말과 이 일에 보고 당한 것으로 말미암아 27뜻을 정하고 자기들과 자손과 자기들과 화합한 자들이 해마다 그 기록하고 정해 놓은 때 이 두 날을 이어서 지켜 폐하지 아니하기로 작정하고 28각 지방, 각 읍, 각 집에서 대대로 이 두 날을 기념하여 지키되 이 부림일을 유다인 중에서 폐하지 않게 하고 그들의 후손들이 계속해서 기념하게 하였더라

기쁨의 부림절

에스더와 모르드개와 유다인 모두가 죽음의 위기를 극복하고 승리하였다. 하나님의 은혜이며 긍휼이다. 예수 그리스도는 십자가와 부활의 사건을 통하여 사탄의 권세를 짓밟고 승리하셨다. 악의 권세를 무찌르고 온 인류의 영혼을 구원하셨다. 이제는 누구든지 예수 그리스도를 믿는 자는 죄사함을 받고 구원을 받게 하셨다. 유다인들의 슬픔이 변하여 기쁨이 되고, 애통이 변하여 길한 날이 된 것처럼, 믿음의 사람들은 사망의 권세가 물러나고 영생의 복과 감사가 충만하게 되었다.

"그러므로 시골의 유다인 곧 성이 없는 고을고을에 사는 자들이 아
달월 십사일을 명절로 삼아 잔치를 베풀고 즐기며 서로 예물을 주더
라"(에9:19).
"한 규례를 세워 해마다 아달월 십사일과 십오일에 지키라. 이 달 이
날에 유다인들이 대적에게서 벗어나서 평안함을 얻어 슬픔이 변하
여 기쁨이 되고 애통이 변하여 길한 날이 되었으니 이 두 날을 지켜
잔치를 베풀고 즐기며 서로 예물을 주며 가난한 자를 구제하라"(에
9:21,22).

부림절은 '푸르'(פּוּר)라는 '제비를 뽑다'는 말에서 왔다. '하만'이
유다인을 말살하기 위하여 제비를 뽑아 12월 13일을 정하였는데, 하나
님께서는 그 날을 유다인의 구원의 날로 바꾸시고 오히려 원수들을 진
멸하는 날로 바꾸셨다. 부림절은 유다인의 구원의 날이요 잔치와 기쁨
의 날이 되었다.

사탄의 권세를 짓누른 그리스도

예수님은 평화의 왕으로 오셔서 죄인들을 지옥에서 천국으로 건져내
셨다. 십자가는 죄와 사탄의 머리를 파괴하고 선택된 자들의 영혼을 구
원하였다. 하나님께서는 에덴동산에서 사탄에게 말씀하셨다. 장차 오
실 여자의 후손인 그리스도께서 사탄의 머리를 상하게 할 것이라고 하
셨다.

"내가 너로 원수가 되게 하고 네 후손도 여자의 후손과 원수가 되게

하리니 여자의 후손은 네 머리를 상하게 할 것이요 너는 그의 발꿈치를 상하게 할 것이니라"(창3:15).

하나님은 뱀의 허물을 입은 사탄에게 경고하셨다. 사탄은 예수 그리스도의 발꿈치를 상하게 하는 것처럼 십자가를 지게 하겠지만, 그리스도는 사탄의 머리를 짓밟고 인류의 영혼을 건져내실 것이다. 사탄이 결코 지배할 수 없는 거룩한 하나님의 자녀들이 생기게 될 것을 예언하신대로 오늘날 수 많은 그리스도인들이 생겼다.

"영접하는 자 곧 그 이름을 믿는 자들에게는 하나님의 자녀가 되는 권세를 주셨으니"(요1:12).

예수님은 악인에게는 엄위하신 심판주로 오시고, 의인에게는 구원주로 오셨다. 그리스도는 악의 권세를 무찌르고 승리하셨다. 그리스도를 믿는 거룩한 자들 또한 영적인 승리자들이다.

"그의 입에서 예리한 검이 나오니 그것으로 만국을 치겠고 친히 그들을 철장으로 다스리며 또 친히 하나님 곧 전능하신 이의 맹렬한 진노의 포도주 틀을 밟겠고, 그 옷과 그 다리에 이름을 쓴 것이 있으니 만왕의 왕이요 만주의 주라 하였더라"(계19:15,16).

천국의 잔치

에스더와 유다인들의 승리는 기쁨의 잔치가 되었다. 그와 같이 그리스도의 구원의 승리는 믿는 자들의 기쁨과 잔치가 되었다. 그 감격스러운 잔치의 주인공은 신랑이신 그리스도시며 은총을 입은 그리스도의 신부인 성도들이다. 신약성경에도 예수님은 죄인들을 회개시켜 구원하시고 잔치를 베풀어주셨다.

> "레위가 예수를 위하여 자기 집에서 큰 잔치를 하니 세리와 다른 사람이 많이 함께 앉아 있는지라"(눅5:29).
> "어떤 사람이 큰 잔치를 베풀고 많은 사람을 청하였더니"(눅14:16).

예수님을 구주로 믿게 된 '레위'는 사회적으로 지탄을 받는 대표적인 죄인인 세리들과 다른 사람들을 초청하여 잔치를 벌였다. 영적으로 죽을 수밖에 없는 죄인들이 예수님을 구주로 믿고 함께 즐거운 잔치의 자리에 앉게 된 것이다.

그리고 눅14:16에서 예수님은 잔치의 주인으로 묘사되고 있다. 청한 자들은 모두 바쁘다고 주인의 초청을 거절했다. 주인은 시내의 거리와 골목을 찾아다니며 가난한 자, 몸이 불편한 자들과 맹인들과 저는 자들을 데려오라고 했다(눅14:21). 예수님의 잔치에는 마음이 가난하고 궁핍한 자들이 초청되었고, 몸에 장애가 있어 삶이 고달픈 자들이 초청을 받았다.

유다인들은 그들의 운명이 뒤바뀐 그 날을 부림절로 정하고 12월 13일은 원수를 갚는 날로, 14일과 15일은 그들의 잔치의 날로 정하였다. 에스더서의 전체 문학적인 구조도 잔치이야기로 구성되어 있다. 처음에 아하수에로 왕은 180일 동안의 거국적인 잔치를 열어 바사의 영화와 위엄을 자랑하였고, 이어서 도성 '수산' 궁에서 7일 동안의 잔치를 열었다(에1:3-8). 나중에 에스더가 왕비가 된 후에 원수 하만의 죄를 고발하기 위하여 또 두 번의 잔치를 열어 왕과 하만을 초청하였다(에 5:6,7, 7:1-6). 그리고 후반부에 유다인의 두 번의 잔치가 나온다(에 9:17-19,21,27,28). 그리스도는 믿는 신자의 신랑이 되어 신부인 성도를 위하여 하늘 잔치를 베푸실 것이다. 성경은 그리스도의 재림을 잔치의 날로 묘사하고 있다.

> "천사가 내게 말하기를 기록하라 어린 양의 혼인 잔치에 청함을 받은 자들은 복이 있도다"(계19:9).

유다인에게 제비 뽑아 정해진 12월 13일은 원통하고 슬픈 민족 말살의 날이었다. 그러나 에스더의 헌신과 유다인들의 기도를 통하여 하나님께서 긍휼을 베푸심으로 부림의 그 날은 유다인의 잔치와 축제의 날이 되었다. 죽음에서 해방되고 도리어 원수를 갚는 날이 되었다.

우리가 불신앙의 사람이었을 때를 생각해 보자. 만약 예수님을 구세주로 믿지 못하고 생을 마감하고 죽었더라면 바로 그 날은 영원한 죽음인 지옥으로 떨어지는 날이 되었을 것이다. 그러나 예수 그리스도의 지극하신 십자가의 사랑으로 우리는 거듭나게 되었고 새사람이 되었다. 그러므로 우리가 죽는 바로 그 날은 비극의 날이 아니고 기쁨과 감격의 잔치 날이다. 우리의 신랑이신 예수 그리스도를 만나는 감격의 날이다. 이제 우리는 사나 죽으나 주님의 것이다. 살아 호흡하는 동안에 그리스도의 제자로 열심히 복음을 전할 것이고, 죽으면 영원한 잔치의 기쁨을 누리는 천국에 들어갈 것이다.

구속사적 설교 52

구약에 나타난 예수 그리스도

초판 1쇄 발행 / 2013년 2월 20일
초판 2쇄 발행 / 2021년 3월 2일

지은이 / 김 홍 규
펴낸이 / 김 수 관
펴낸곳 / 도서출판 영문
03401 서울시 은평구 역말로 53(역촌동)
☎ (02)357-8585
FAX • (02)382-4411
E-mail • kskym49@daum.net

출판등록번호 / 제 03-01016호
출판등록일 / 1997. 7. 24

파본은 교환해 드립니다.
본 출판물은 저작권법으로 보호 받는
저작물이므로 출판사나 저자의 허락없이
무단 전재나 무단 복제를 할 수 없습니다.

정가 13,000원
ISBN 978-89-8487-300-1 03230

Printed in Korea